Westeuropäische Buchmalerei
des 8. bis 16. Jahrhunderts

Genehmigte Lizenzausgabe
für Weltbild Verlag GmbH, Augsburg 2000

Deutsche Bearbeitung: Inge Schmiedendorf
Layout: Sergei Diatschenko
Umschlaggestaltung: Studio Höpfner-Thoma, München
Umschlagmotiv: Illustration aus den Botschaften in Versen
für Anna von Bretagne und Ludwig XII., Frankreich, Anfang 16. Jahrhundert
Gesamtherstellung: Offizin Andersen Nexö - ein Betrieb
der INTERDRUCK Graphischer Großbetrieb GmbH
Printed in Germany
3-8289-0751-2

TAMARA WORONOWA · ANDREJ STERLIGOV

Westeuropäische Buchmalerei des 8. bis 16. Jahrhunderts

in der Russischen Nationalbibliothek,
Sankt Petersburg

Frankreich · Spanien · England · Deutschland
Italien · Niederlande

BECHTERMÜNZ

INHALTSANGABE

Ex Museo Petri Dubrowsky

EINLEITUNG

Der Bildband enthält Reproduktionen aus 69 westeuropäischen illuminierten Handschriften, die in der Sammlung ausländischer Handschriften der Russischen Nationalbibliothek in Sankt Petersburg aufbewahrt werden. Die Verfasser stellten sich die Aufgabe, die westeuropäische Buchmalerei in der Petersburger Sammlung möglichst umfassend zu zeigen, die bis jetzt nicht einmal den Fachleuten zur Genüge bekannt ist. Viele Miniaturen werden in diesem Bildband erstmalig veröffentlicht.

In den meisten Fällen wird die ganze Manuskriptseite reproduziert. Das erlaubt, alle Elemente der Illuminierung und ihre Korrelation zum Text zu zeigen. Ausnahmen werden für besonders große Manuskripte und für einzelne Medaillons sowie einzelne Illustrationen in Kolumnenformat gemacht. Die Maße der ganzseitigen Miniaturen sind nicht angegeben, da in den Beschreibungen die Blattgröße angeführt wird, ebenso auch für diejenigen Illustrationen, die auf dem Blattrand angeordnet sind.

Es war der Wunsch der Verfasser, den Leser möglichst abwechslungsreich mit der Vielfalt der Typen und den Sujets der Illuminierung bekannt zu machen und, soweit es die Sammlung gestattet, eine Vorstellung über die Geschichte der westeuropäischen Buchmalerei zu geben. Aus diesem Grunde enthält der Bildband nicht nur einen Beitrag über die Entstehungsgeschichte der einzigartigen Petersburger Handschriftensammlung, sondern auch eine allgemein gehaltene Untersuchung über die Bedeutung, Eigenart und grundlegende Entwicklungsetappen der Buchmalerei.

Die Beiträge werden durch die Beschreibungen der Handschriften und der im Bildband reproduzierten Miniaturen ergänzt. Die Titel der Handschriften sind in der Originalsprache angeführt oder in der für die Fachliteratur üblichen Benennung. Danach ist das Land und, soweit festgestellt, der Ort und die Zeit der Herstellung des Manuskripts angeführt. Weiter ist die Anzahl der Blätter und ihre Größe angegeben (sowie die Maße des Schriftspiegels) und das Material (Pergament oder Papier). Mitgeteilt wird ferner, in welche Sprache der Codex umgeschrieben wurde, es folgen die Art und Anzahl der Miniaturen und sonstige Gestaltungselemente, darunter auch die Beschreibung des Einbands. Und schließlich wird die Katalognummer der Handschrift in der ausländischen Handschriftenabteilung der Russischen Nationalbibliothek angegeben, die aus fünf Elementen besteht: Sprache (z.B. Fr. für Französisch; bei zwei oder mehr Sprachen, wird die Abkürzung Rasn. verwendet); Format (F für Folio, Q für Quart und O für Octav; Abkürzung v für vellum (Pergament); die römische Ziffer, die den sachlich-thematischen Abschnitt der Bücherklassifikation aus dem Beginn des 19. Jahrhunderts nach dem sog. Oleninsystem bezeichnet (dieses System hat Alexander Olenin, der von 1808 bis 1843 Direktor der damaligen Kaiserlichen Öffentlichen Bibliothek war, ausgearbeitet) und die arabische Ziffer als laufende Nummer der Handschrift im Inventar. Zum Beispiel: Lat. Q. v. I, 13, Fr.F.v. XIV, 3 oder Rasn. Q.v.I.8. Das Oleninsystem besteht aus 19 Abschnitten: I — Theologie, II — Recht, III — Philosophie und Pädagogik, IV — Geschichte und Geographie, V — Geschichte der Naturwissenschaften, VI — Medizin, VII — Physik, VIII — Chemie, IX — Mathematik und Militärwissenschaft, X — Mechanische Künste, XI — Freie Künste, XII — Musik, XIII — Bildende Kunst, XIV — Literatur und Poesie, XV — Rhetorik, XVI — Sprachkunde, XVII — Buchdruck (Sammelbände), XVIII — Literaturgeschichte (Kataloge und Inventare) und schließlich XIX — lateinische Klassiker (cl. lat).

Kommentiert wird der Inhalt und der Bestand des Codex sowie seine Besonderheiten. Es folgen eine kurze kunsthistorische Charakteristik der Buchilluminierung und Überlegungen zu ihrer Attribution. Natürlich kann man nicht alle Zuschreibungen als endgültig betrachten. Die Verfasser hoffen, daß dieser Bildband das Studium der Miniaturen fördern und ihre Lokalisierung und Datierung weiter präzisieren wird. Es werden Angaben über die Herkunft der Handschriften vor ihrer Aufnahme in die Sammlungen der Russischen Nationalbibliothek gemacht. Für diejenigen Manuskripte, die zeitweilig in der Eremitage aufbewahrt wurden, wurde die Inventarnummer angegeben. Sie besteht aus drei Elementen: der abgekürzten Bezeichnung für Eremitage (Erem.), der Sprache und der Inventarnummer (z.B. Erem. lat. 19).

Die bibliographischen Angaben bringen die grundlegenden Forschungsarbeiten, in denen der vorliegende Codex, seine Geschichte und Illuminierung behandelt werden oder seine Miniaturen reproduziert sind. Die Titel der mehrmals erwähnten Arbeiten sind abgekürzt (Abkürzungsliste: siehe Seite 287).

Der letzte Abschnitt der Beschreibung ist den Illustrationen gewidmet, die in den Bildband aufgenommen sind. In den Erläuterungen werden die Sujets der Miniaturen erklärt und einer kurzen kunsthistorischen Analyse unterworfen.

Die Kaiserliche Öffentliche Bibliothek ist 1795 gegründet und 1814 eröffnet worden. Nach der Oktoberrevolution von 1917 erhielt die Bibliothek (1932) den Namen des bekannten russischen Schriftstellers Michail Saltykow-Schtschedrin. Für den Leser wird in dem vorliegenden Bildband aus Gründen der Klarheit die heutige Bezeichnung Russische Nationalbibliothek verwendet.

Die Verfasser möchten auf diesem Wege ihren aufrichtigen Dank Inna Mokrezowa, Nicole Renaud, Michail Libman und Alexander Nemilow aussprechen, ohne deren ständige Hilfe diese Veröffentlichung unmöglich gewesen wäre. Besonders dankbar sind sie Herrn François Avril, Kustos der Nationalbibliothek in Paris, für seine hilfreichen Ratschläge während der Arbeit an diesem Bildband.

S. 5 :
TETRAEVANGELIUM
Northumbrien (?). Ende 13. Jh
Initialenseite des Matthäus-Evangeliums
(Liber generationis). Bl. 18

WESTEUROPÄISCHE BUCHMALEREI IN DER SAMMLUNG DER RUSSISCHEN NATIONALBIBLIOTHEK, SANKT PETERSBURG

Wer einmal ein mittelalterliches illuminiertes Manuskript in die Hand genommen hat, kennt die freudige Erregung, die er beim Durchblättern desselben empfindet. Man spürt darin den unmittelbaren Kontakt mit längst vergangenen Zeiten, hier finden sich Schöpfungen berühmter, manchmal aber auch unbekannt gebliebener früher Autoren aus dem Bereich der Philosophie, der Naturwissenschaft und der Theologie, von Ritterromanen und Höfischer Dichtung, Werke von Humanisten und gelehrten Theologen, welche die Schriften antiker Klassiker übersetzten und kommentierten, von Reisenden, die ihre phantastischen Erkundungen beschrieben, von Chronisten, die mit großem Eifer historische Ereignisse für die Nachkommen aufgeschrieben haben. In unserer Vorstellung sehen wir einen Kopisten, der sich von früh bis spät in einer mittelalterlichen Werkstatt abmüht, oder einen Klosterschreiber, der in der Stille des Skriptoriums peinlich genau die Texte der Heiligen Schrift wieder und wieder niederschreibt.

Der Zauber des alten Manuskripts ist um so stärker, je reicher und verworrener seine historische Vergangenheit ist, je mehr Menschen es zu verschiedenen Zeiten gelesen, besessen oder sich an ihm erfreut haben. Zur Freude am Literarischen kommt auch die Freude an der Buchmalerei, einem Zweig der bildenden Kunst, der hohe professionelle Perfektion, reiche Phantasie und feinste Gestaltung abverlangte. Der harmonische Ausgleich zwischen Schrift und künstlerischer Ausstattung mehrt die starke emotionale Wirkung.

Die dicken Folianten der historischen Chroniken und Bibeln, die Werke antiker und mittelalterlicher Autoren sowie die kleinen erlesenen Stundenbücher verwandelten sich unter der Hand der Buchmaler in kleine Ansammlungen von Bildern, die zwischen den Seiten versteckt lagen. Zum Glück erhielt die Zeit für uns die Meisterwerke der byzantinischen, südslawischen, altrussischen, armenischen, georgischen, persischen und indischen Miniatur, die eine wichtige Rolle in der Geschichte der Weltkunst gespielt haben. Unser Bildband ist der Miniatur in westeuropäischen Handschriften gewidmet. Ihr Charakter und ihre Bedeutung werden der Gegenstand weiterer Ausführungen sein.

Was die Fresken anbetrifft, so konnten sie sogar in den seltenen Fällen auch dann ihr ursprüngliches Kolorit nicht bewahren, wenn sie in späteren Epochen dem neuen Geschmack entsprechend nicht übermalt worden sind, und die Gebäude, die sie schmückten, keinen starken Umbauten oder Beschädigungen unterlagen, denn Temperaturschwankungen und atmosphärische Einflüsse wirkten sich schädlich auf sie aus. Etwas günstiger erwiesen sich die Umstände für die Tafelmalerei, doch auch hier bewirkten Licht- und Lufteinflüsse, daß die Farben sich änderten, stellenweise abbröckelten, oft nachgemalt oder aufgefrischt wurden. Es verblaßten die Farben der prächtigen Gobelins, und das brüchige Glas der Fenstermalerei überlebte oft nicht die stürmischen historischen Ereignisse. Nur die zwischen den Buchseiten sorgfältig verwahrte Miniatur war gegen Feuchtigkeit, Luft, Licht und Staub geschützt, und ihr Kolorit behielt für uns seine ursprüngliche Frische.

Ein wichtiger Grund für den guten Erhaltungszustand der Miniaturen ist auch die äußerste Sorgfalt, die Gewissenhaftigkeit und die hohe Technik der Maler. Für die Mönche in den Skriptorien war ihre Tätigkeit mit Ehrfurcht und Andacht verbunden, die keine Nachlässigkeit duldete. Die weltlichen Meister wiederum dachten an die Ehre der Zunft, die Ehre ihrer Werkstatt, denn von der hohen technischen Ausführung hingen die Aufträge ab, und schließlich waren die Auftraggeber nicht «irgend jemand», so daß eine nachlässige Arbeit undenkbar war. Die illuminierten Handschriften wurden für die Aristokratie, die hohe Geistlichkeit sowie für das aufstrebende Finanz- und

Handelsbürgertum angefertigt. Sie waren wahre Kleinodien, die in ihrer virtuosen Ausführung und im Preis mit den kostbarsten Juweliererzeugnissen wetteifern konnten.

Das Schicksal der illuminierten Handschriften gestaltete sich auch aus dem Grunde günstig, daß sie stets ein Objekt des Sammelns waren. Die Bibliotheken waren in der Regel Vorläufer der Museen. Aber nicht nur ihr relativ glückliches Schicksal bestimmte die Bedeutung der Buchmalerei. Ihre immer umfassendere Erforschung hat in den letzten Jahren gezeigt, daß sie innerhalb der Kunstgattungen jener Zeit einen sehr wichtigen Platz eingenommen hat. Ohne Berücksichtigung ihrer Errungenschaften kann man heute das künstlerische Leben der Vergangenheit nicht gültig bewerten und verstehen.

Die Miniatur wurde für den Leser geschaffen, sie war für die obere Intelligenzschicht der Gesellschaft gedacht. Das Analphabetentum der breiten Schichten und der hohe Preis der Unikate schränkte in großem Maße den Kreis jener Menschen ein, an die der Maler sein Werk richtete. Aber das Elitäre an der Miniatur führte nicht zu einer erstarrten Technik. Im Gegenteil, als die Anfertigung von Büchern größtenteils Sache der städtischen Handwerker wurde, machte man gerade in der Miniatur immer öfter maltechnische Entdeckungen, die die gesamte bildende Kunst beeinflußt haben. Die heutigen Forscher bezeichnen sie oft als »Versuchsfeld« der Malerei, als »Laboratorium neuer Techniken«. Die Erarbeitung einer neuen Kunstsprache – die Gestaltung des Raumes, die Wiedergabe von Masse und Volumen, Bewegung usw. – ging zum großen Teil aus den Werkstätten der Buchmaler hervor. Die illustrative Funktion der Miniaturen führte die Maler zum Narrativen, dazu, nicht nur den Raum, sondern auch den Zeitverlauf darzustellen. »Die frühe französische Malerei ist auf dem Pergament kühner als auf den Holztafeln«, schreibt Grete Ring, eine vorzügliche Expertin der französischen Kunst.

Eine große Rolle spielte auch die Miniatur beim Aufkommen neuer Genres, in erster Linie der Landschafts- und Porträtmalerei. Das ist einleuchtend, denn die freien Sujets und der breite Themenkreis sind in der Miniatur weitreichender als in der Tafelmalerei. Man kann jetzt nicht umhin, die Kühnheit, die schöpferische Energie und den Erfindergeist der Buchmaler zu bewundern, denn gerade sie förderten die Malkunst, obwohl sie streng an feste Traditionen und Vorbilder gebunden waren. Jeder brachte etwas Neues in die Zeichnung, das Kolorit und die Komposition ein, erweiterte den Kreis der Szenen, der Objekte und der dekorativen Motive, indem er in sein Schaffen immer eindringlicher Beobachtungen aus dem täglichen Leben aufnahm.

Bei der Einschätzung der Rolle, welche die Miniatur für die Geschichte der Kunst gespielt hat, ist hier noch ein Umstand zu berücksichtigen. Das illustrierte Buch ist ebenso wie die Erzeugnisse des Kunsthandwerks eine der mobilsten Kunstarten. Die Kaufleute brachten unter anderen Waren auch illuminierte Manuskripte mit. Prinzessinnen, die ins Ausland heirateten, hatten unter ihrer Mitgift Werke der besten Buchmaler, und die Söhne, die neue Besitztümer erhielten, nahmen ererbte Bücher mit sich. Bücher gehörten auch zu den Siegestrophäen. Auf diese Weise migrierten die illuminierten Handschriften durch Europa und waren Wegbereiter neuer Ideen, neuer Geschmacks- und Stilrichtungen. Es besteht kein Zweifel darüber, daß der Einfluß der Pariser Kunst auf viele Länder in der zweiten Hälfte des 14. bis zum Anfang des 15. Jahrhunderts in nicht geringem Maße gerade durch die Verbreitung der Buchmalerei zu erklären ist.

Die Miniatur steht nicht nur mit der Tafelmalerei in fester Wechselbeziehung, sondern auch mit der Skulptur, denn bei der Ausarbeitung des plastischen Dekors von romanischen und gotischen Kathedralen dienten die illustrierten Handschriften als Inspirationsquellen von Themen, Gestalten und der Ikonographie. Emailmaler, Elfenbeinschnitzer, Weber, Meister der Glasmalerei und sogar Architekten schöpften die Anregungen für ihre Darstellungen aus den Handschriften. Selbstverständlich existierte auch eine bisweilen starke Wechselwirkung, wenn sich die Errungenschaften anderer plastischer Künste in der Miniatur fruchtbringend niederschlugen. Doch auch in diesem Fall trägt ihre Erforschung viel zur Erfassung der Kultur vergangener Zeiten bei. Bis zur Mitte des 15. Jahrhunderts, bis Jean Fouquet einschließlich, wurden die Meister der französischen Miniatur von der großartigen Skulptur der Hochgotik inspiriert. Im 13. Jahrhundert ist die Miniatur stark von der Glasmalerei, im 14. Jahrhundert von den italienischen Fresken beeinflußt worden, und im 15. Jahrhundert ist sie von den grundlegenden Entdeckungen der niederländischen Maler, der italienischen Architekten und Bildhauer sowie der Maler des Quattrocento geprägt worden. Betont sei, daß in dieser komplizierten und fruchtbringenden Wechselwirkung von Schulen, Genres und Kunstarten der Miniatur eine selbständige und gewichtige Rolle zukam.

Das Sammeln, Erforschen und Veröffentlichen von Miniaturen erwies sich so wichtig für die Kunstgeschichte, daß eine abermalige Überprüfung von ganzen kunsthistorischen Konzeptionen vonnöten war. Wenn man z.B. früher den Trend zum Beobachten, das aufmerksame Studieren der Details und das Interesse an der Landschaft in der europäischen Malerei nördlich der Alpen im 15. Jahrhundert vorwiegend mit dem Einfluß der großen niederländischen Meister in Verbindung brachte, so wird jetzt angenommen, daß diese Eigenschaften in großem Maße ein Erbe der Pariser Schule der Miniaturmalerei von der Wende zum 15. Jahrhundert gewesen sind. Ohne die uns erhaltene Buchmalerei würden ganze Jahrhunderte in einer Reihe von Ländern Jahrhunderte ohne Malerei geblieben sein, denn viele große Meister sind nur durch ihre Buchmalereien bekannt geworden.

Nicht nur die Kunsthistoriker erforschen mit wachsendem Interesse die Miniaturen, denn wie kein anderer Zweig der bildenden Kunst geben sie uns einen Einblick in vergangene Zeiten. Als *»sekundäre Kunst«*, als Interpretation eines literarischen Werks ist die Miniatur ein unschätzbares Dokument dafür, wie die Menschen jener Zeit die Literatur verstanden und deuteten, welche Empfindungen die antiken Werke bei ihnen hervorriefen, wie diese der entsprechenden Zeit angepaßt wurden und wie sie mit den Auffassungen der folgenden Entwicklungsetappe der geistigen Kultur korrelierten.

Trotz alledem ist die Buchmalerei in erster Linie als eigenständige Kunstgattung aufzufassen, die als ein wichtiger Bestandteil des Kulturerbes der Menschheit zu verstehen ist. Bisweilen vergleicht man die Miniatur mit der Kammermusik, während die Tafel- und Monumentalmalerei Assoziationen an die sinfonische Musik hervorruft. Dieser Vergleich ist nur zum Teil berechtigt, denn die Miniatur setzt ein inneres Einverständnis mit dem Betrachter voraus. Sie ist nicht für ein breites Publikum gedacht. Hier gibt es einen anderen Begriff von Monumentalität und Maßstab. Wenn man jedoch die Mannigfaltigkeit und die Prägnanz der Ausdrucksmittel, die Möglichkeit der Orchestrierung in Betracht zieht, so erweist sich die Miniatur nicht minder sinfonisch als die ihr zeitgleiche große Malerei.

Das Illuminieren von Handschriften ist eine äußerst wichtige Etappe in der Geschichte der Buchgestaltung. Das Ausschmückungssystem des Manuskripts wird immer komplizierter und reichhaltiger, bis es im 14. und 15. Jahrhundert zur vollen Blüte gelangt. Die Initialen haben verschiedene Größen, unterschiedlichen Charakter und Inhalt, die Rubriken im Text sind mit Farben und Gold gemalt, es gibt horizontale ornamentale Verzierungen im Bereich einer Textzeile und mit reichem Pflanzenornament gesättigte Bordüren, Darstellungen von realen und phantastischen Wesen, Menschenfigürchen und verschiedene Monstren, ein auf das Randfeld übergehendes filigranes Ornament, ausgedehnte Kompositionen auf dem unteren Feldrand und schließlich selbständige Illustrationen in Form von Miniaturen. Wenn die Handschrift ausgeschmückt, illuminiert, werden sollte, so ließ der Schreiber Platz frei für die Initialen, Felder, Medaillons, halb- und ganzseitigen Illustrationen. Manchmal wurden neben diesen leeren Stellen, die für die zu illustrierenden Sujets oder »Historien«, wie man sie damals zu nennen pflegte, reserviert waren, am Rande Hinweise für den Maler geschrieben. Danach begann die Arbeit der Maler. Als sich der Schwerpunkt für die Herstellung von Handschriften aus den Klöstern in die weltlichen, städtischen Werkstätten verlagerte, begann sich eine Spezialisierung durchzusetzen. Der «Hauptmeister» leitete den gesamten Prozeß, fertigte die Skizzen an und führte die wichtigsten Stellen selbst aus (bei besonders verantwortungsvollen Aufträgen war es die gesamte Illuminierung bzw. ihr größter Teil). Einer der Gehilfen trug, gemäß den Vorlagen und den Hinweisen des Werkstattleiters, die Zeichnung mit Tinte oder einem Blei- bzw. Silberstift auf, ein anderer vergoldete die nötigen Stellen, ein dritter legte die Farben auf usw. Eine solche Spezialisierung förderte die Leistungsfähigkeit der Werkstatt und gewährte eine hohe Qualität. Die Ehre aber, eine neue Technik entwickelt, ein Sujet auf neue Weise interpretiert und eine kunsttechnische Entdeckung eingeführt zu haben, kam allein dem Leiter der Werkstatt zu.

Die Arbeit des Schreibers und des Miniaturmalers war sehr schwer. Uns haben die Worte eines Klosterschreibers aus der Abtei Corbie erreicht: »Lieber Leser, wenn du diese Blätter mit den Fingern wendest, so gib acht, daß die Schrift nicht beschädigt wird. Außer dem Schreiber macht sich keiner einen Begriff davon, was für eine schwere Arbeit das ist. Der Schreiber empfindet beim Niederschreiben der letzten Zeile das gleiche Glücksgefühl wie der Seemann, dessen Schiff in den heimatlichen Hafen einläuft. Nur drei Finger des Meisters hielten das Kalam (Rohrfeder), es litt aber sein ganzes Wesen bei dieser Arbeit.« Die alten Traktate lehrten, daß man das Gold zuerst zart, danach aber immer stärker polieren muß, und schließlich mit solcher Energie, daß der Schweiß auf die Stirn tritt. Bisweilen trug man die Farbe in sieben Lagen auf und mußte oft mehrere Tage warten, bis die vorige Schicht getrocknet war. Die mühselige Arbeit der Meister wurde jedoch durch das glänzende Resultat belohnt. Emile Male, ein namhafter Kenner der mittelalterlichen Kunst, beschrieb folgendermaßen eine Handschrift: »Der Psalter Ludwigs IX. scheint ein Kleinod aus Gold und Email zu sein. Man weiß nicht, ob es das Erzeugnis eines Malers oder eines Juweliers ist. Wenn der König sein Gebetbuch in der Sainte-Chapelle aufschlug, so harmonierten die Miniaturen mit dem Azurblau der Gewölbe, mit den farbigen Glasfenstern und den kostbaren Reliquienschreinen.«

Die virtuose Meisterschaft der frühen Buchmaler ist bewunderungswürdig. Die kalligraphische Zeichnung und die Harmonie von Gold und Farbe sind eine Augenweide. Um aber die künstlerische Qualität der Miniaturen in vollem Maße würdigen zu können, genügt es nicht, nur ihre Herstellungstechnik zu kennen, ihre abstrakte Schönheit zu empfinden und ihren materiellen Wert zu erfassen. Wir Heutigen müssen uns bemühen, die Darstellungen in ihrer ganzen Komplexität zu begreifen. Die Miniaturen illustrierten nicht nur das Sujet oder eine bestimmte Idee, sie riefen gewisse Stimmungen und Gefühle hervor wie Freude oder Trauer, Schönes oder Häßliches, Angst oder Liebe. Die Sprache der religiösen Symbole und der poetischen Allegorien war den Menschen jener Zeit verständlich. Nah und kenntlich waren alle Realien, und das Verhältnis des Menschen zum Buch und damit auch zu der Miniatur war von ernsthafter Natur und erlaubte keine Hast.

Der spezifisch intime Charakter der Miniatur, die eng mit dem Buchtext verknüpft ist, erschwert die Möglichkeit, die Handschriften so zu exponieren, daß die Besucher einer Ausstellung alle Miniaturen betrachten können. Deshalb ist die Buchmalerei nur einem engen Kreis von Fachleuten zugänglich, die Kunstliebhaber müssen jedoch mit Reproduktionen in Büchern und Bildbänden vorliebnehmen. Die Miniatur ist besonders gut für den vorliegenden Bildband geeignet, denn im Unterschied zur Tafel- und Monumentalmalerei können hier die Maße oft in Originalgröße wiedergegeben werden. Außerdem kann man die Miniaturen wie in ferner Vergangenheit in der stillen Abgeschiedenheit des Zimmers, am Fenster oder bei Lampenlicht beschaulich und eingehend betrachten. Geduld und Aufmerksamkeit werden durch die sich dabei eröffnende Welt reichlich belohnt.

Die reiche Sammlung an westeuropäischen Handschriften in der Russischen Nationalbibliothek ermöglicht es, den vorliegenden Bildband nach historischem Prinzip aufzubauen. Obwohl nicht alle nationalen Schulen und nicht alle Perioden in unserer Sammlung vertreten sind – es fehlt die ottonische Miniatur, die romanische Epoche weist nur englische und deutsche Handschriften auf – ,ist es dennoch gelungen, viele Grundetappen in der tausendjährigen Entwicklung der Buchmalerei zu veranschaulichen, und zwar von ihren ersten Errungenschaften auf den Britischen Inseln bis zu den letzten Beispielen dieser erlesenen Kunst im 16. Jahrhundert. Besonders vollständig ist die gotische Miniatur vorgestellt, als Frankreich in Europa zweifellos der erste Platz zukam. Entsprechend der Entstehungsgeschichte und entsprechend dem Bestand der Petersburger Sammlung ist unsere Untersuchung aufgebaut. Es ist keine kurzgefaßte Übersicht über die Geschichte der Miniatur, sondern eher eine Art Wegführer durch den Bildband, der, wie wir hoffen, dem Leser helfen wird, jede Handschrift und jede Miniatur in ihren kunsthistorischen Kontext einzuordnen.

Während Byzanz die von der Antike übernommene Tradition in der künstlerischen Gestaltung des Buches beibehalten hatte, so entstand in Westeuropa die Illuminierung der Codices

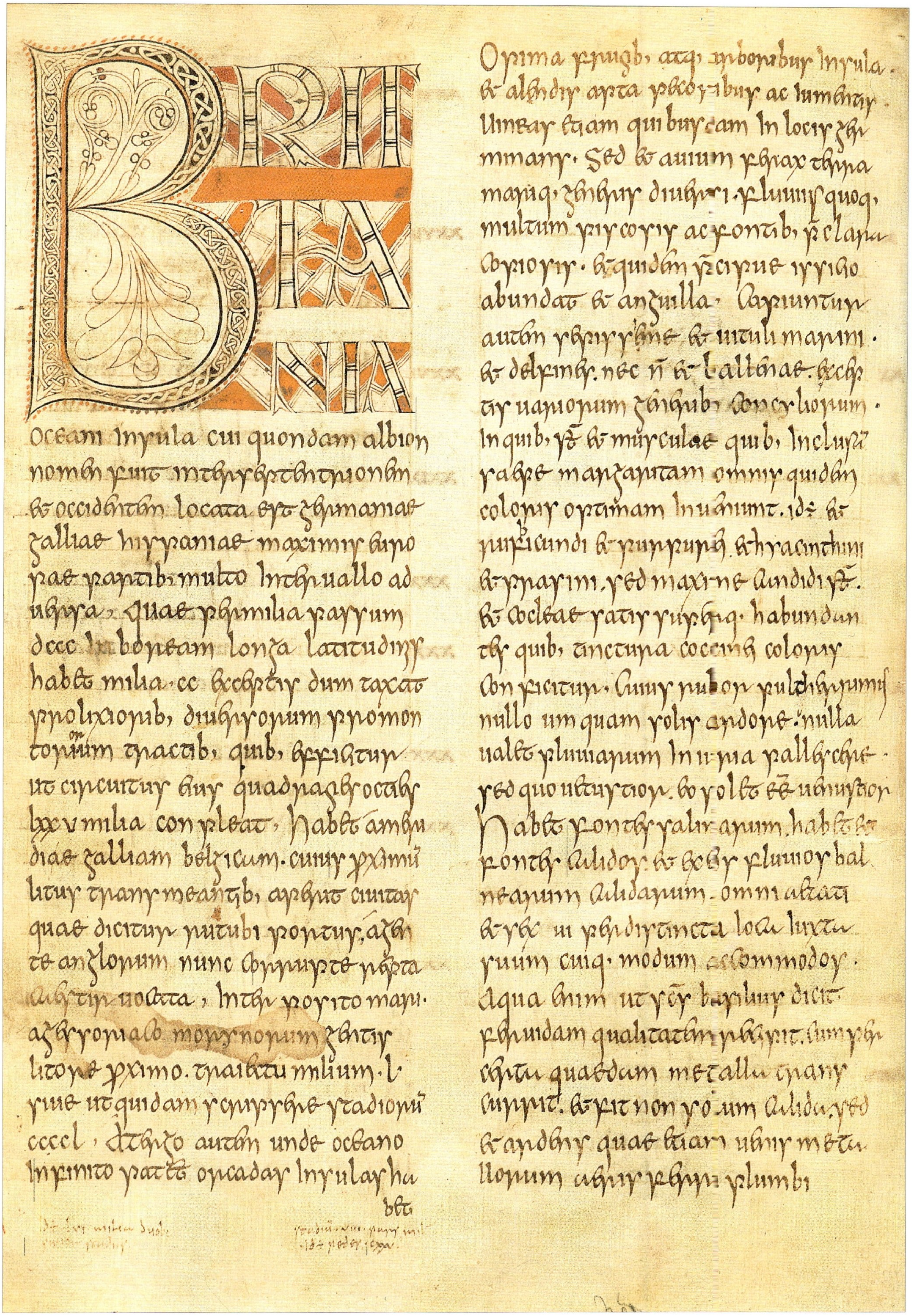

BEDA DER EHRWÜRDIGE.
Englische Kirchengeschichte.
Northumbrien. 746.
Initialen des ersten Buches. Bl. 3v.

eigentlich erst im 6. Jahrhundert. Die ersten Handschriften mit illuminiertem Text erschienen in Italien und auf dem Gebiet des heutigen Frankreichs. Hier entwickelte sich vom Ende des 5. bis zur Mitte des 8. Jahrhunderts eine Kunstkultur, die den Namen merowingische, nach der herrschenden fränkischen Dynastie erhielt. Die wenigen Handschriften aus der Mitte des 7. bis zur zweiten Hälfte des 8. Jahrhunderts, die uns erreicht haben, zeigen, daß in der merowingischen Illuminierung der graphische Stil vorherrschte, der den Einfluß sowohl der spätrömischen Kunst, der Lombardei und Norditaliens (Figurendarstellung und architektonische Motive) als auch des Orients, in erster Linie des koptischen Ägyptens (Ornamentik und Farbe), widerspiegelte. Die führenden Zentren für die Anfertigung von Handschriften waren die Klöster in Fleury und Tours (Loiretal), in Luxeuil (Burgund) und in Corbie (Picardie). Ein gutes Beispiel für die Buchmalerei von Corbie ist das Blatt aus den Sendschreiben des Hieronymus, wo wir eine für die merowingische Epoche äußerst seltene Darstellung des Menschen finden. Diese Miniatur, die früheste in diesem Bildband, demonstriert die Hauptmerkmale der merowingischen Buchmalerei, nämlich eine zügige und emotionale Zeichnung.

Am prägnantesten und originellsten bildete sich die Kunst der Miniatur auf den Britischen Inseln nach der Annahme des Christentums aus. Nach der Meinung von Carl Nordenfalk »beleuchtet sie die – dunklen Zeiten – besser als irgendeine andere Kunstgattung«. In letzter Zeit wird diese Kunst als »insulare Buchmalerei« bezeichnet. Dieser gut gewählte Terminus schlichtet den Meinungsstreit zwischen den Anhängern der irischen, keltischen oder angelsächsischen Priorität über Herkunft und Ursprung dieser für die Geschichte der europäischen Kultur so wichtigen Erscheinung.

Die insularen Buchmaler benutzten und entwickelten die lokalen Ornamenttraditionen des dekorativen Kunsthandwerks. Es gelang ihnen, diese Traditionen schöpferisch bei der Ausschmückung der Manuskripte zu verwerten, indem sie den grenzenlosen Reichtum der geometrischen, pflanzlichen, zoomorphen Muster, die dynamische Selbstentwicklung und Varianz des Flechtwerkmotivs der rechteckigen Blattform des Codex unterordneten. Zu Pflegestätten dieser Kunst wurden die Klöster in Irland und im angelsächsischen Königreich Northumbrien, in deren Skriptorien die ersten Meisterwerke der westeuropäischen Buchmalerei geschaffen wurden.

Zu den eigenständigsten Zentren der Buchmalerei gehören die northumbrischen Klöster St. Petri in Wearmouth (gegründet 674) und St. Pauli in Jarrow (gegründet 681). Von einer Reise nach Rom brachte der Abt Ceolfrid nicht nur Reliquien, sondern auch Bücher hierher, darunter eine Kopie der berühmten *Bibel* des Kassiodor (*Codex Grandior*, 6. Jahrhundert). Das Bestreben der Schreiber, die italienischen Vorbilder nachzuahmen, machte das Skriptorium Wearmouth-Jarrow zur Hauptstätte des mediterranen Einflusses auf die insulare Buchmalerei. Hier entstand auch der Sankt Petersburger *Beda* (1, Mitte des 8. Jahrhunderts). Die Einzigartigkeit des Codex und seine Bedeutung für die Geschichte der Miniatur wird nicht nur dadurch bestimmt, daß er eines der frühesten Beispiele für die Gestaltung eines weltlichen Werks ist, sondern auch durch das erste uns bekannte Aufkommen in Westeuropa einer Initiale mit einer eingefügten Figur, mit anderen Worten: der ersten »historisierten Initiale«.

Die schöpferische Energie der irischen und angelsächsischen Meister äußerte sich mit größter Prägnanz bei der Gestaltung von Heiligen Büchern, den Tetraevangelien. Die Pietät vor dem Wort Gottes in den Büchern erweckte den Wunsch, sie zu schmücken, ihnen Kunstwert zu verleihen. Hier bestätigt sich das Grundprinzip der frühmittelalterlichen westeuropäischen Miniatur. Die antike Idee des Illustrierens wird hier durch die Ausschmückung ersetzt. Nicht von ungefähr hat die insulare Buchmalerei so viel Ähnlichkeit mit der Juwelierkunst. Das Ornament nimmt als Hauptmittel der Ausschmückung eine immer größere Fläche des Pergamentblattes ein. Geschmückt wurden hauptsächlich die Schutzblätter, die durchweg von einem Muster ausgefüllt waren (»carpet page«), und die Initialen, die ersten Buchstaben und Worte eines jeden der vier Evangelien. Die bescheidenen Ausmaße und die strenge Graphik der antiken Versalien erfahren eine subsequente Entwicklung. Sie werden komplizierter, größer, schließen in die ornamentale Komposition die darauffolgenden Lettern der Anfangsworte ein und verwandeln sich allmählich in ganzseitige Titelblätter, wo das Wort selbst zum Kunstobjekt wird. Unerschöpflich ist der Erfindergeist der Buchmaler. Sie schaffen ornamentale Kompositionen von grenzenloser Mannigfaltigkeit. Rechteckige und kurvige Formen, Fragmente und Füllungen verknüpfen sich oder lösen einander ab. Aus ihnen entstehen wie aus kleinen Schmalten Mosaikmuster. Der Mosaiktechnik entlehnt war auch der Farbauftrag.

Die Meilensteine dieser grundlegenden, »klassischen« Linie der insularen Kunst bilden die berühmten Tetraevangelien aus Durham (Cathedral Library MS. A. II. 16; die Versalien sind bescheiden in ihren Ausmaßen), aus Durrow (Dublin, Trinity College, Library 57; um 675; die Initialen nehmen ein Drittel der Seite ein); aus Lindisfarne (London, British Library, Cotton Ms. Nero D. IV; um 690; fast ganzseitige Initialen), aus Kells (Dublin, Trinity College, Library 58; um 800; vollentwickeltes System).

Im Evangeliar aus dem northumbrischen Kloster Lindisfarne wird die Handschrift erstmalig durch eine effektvolle Einleitung in Form von Kanontafeln eröffnet. Diese Tafeln (*Canones evangeliorum*) sind eine tabellarische Zusammenstellung aller inhaltlich gleichen Textstellen der vier Evangelien. Sie wurden um 330 von Eusebius aus Caesarea angefertigt und danach vom hl. Hieronymus benutzt. Von Anfang an hatten sie die Form von Arkaden, doch nur auf den Britischen Inseln gelang es, daraus einen vorzüglichen künstlerischen Effekt zu erzielen. Nicht umsonst werden die Bogen der insularen Tafeln mit einem schlanken Portikus bzw. mit einem feierlichen Portal verglichen, die in das Buchgebäude führen. In der Gestaltung des Tetraevangeliums aus der Russischen Nationalbibliothek, sowohl in den Arkaden der Tabellen als auch in den Initialblättern, sind Entdeckungen verwertet worden, die im Skriptorium von Lindisfarne gemacht wurden. Der Struktur, der hohen Qualität und dem kalligraphischen Stil nach gehört die Handschrift zum reifen Entwicklungsstadium der insularen Miniatur und fällt etwa in die Entstehungszeit des *Book of Kells*.

Die insulare Buchmalerei blieb keine lokale Episode in der Geschichte der westeuropäischen Kunst. Die von den Britischen Inseln gekommenen Buchmaler haben eine wichtige Rolle im Schicksal, bisweilen sogar bei der Gründung von Klosterzentren auf dem Kontinent gespielt, indem sie sowohl ornamentale Motive als auch Ausschmückungstechniken der Manuskripte mit sich brachten. Der insulare Einfluß ist sogar noch in der karolingischen Epoche spürbar, die in der Geschichte der Miniatur zur nächsten Etappe schöpferischer Suche und künstlerischer Errungenschaften wurde.

Etwa 150 Jahre lang, vom Ausgang des 8. bis zum Anfang des 10. Jahrhunderts, florierte in den Ländern des von Karl dem Großen geschaffenen Frankenreiches, hauptsächlich auf dem Gebiet des späteren Frankreichs, Deutschlands und Südflanderns, eine Kunst, die bisweilen »karolingische Renaissance« genannt wird. Das politische und ideologische Programm steckte sich das Ziel einer »renovatio« des weströmischen Kaiserreiches als Gegengewicht zum oströmischen byzantinischen Reich. In kultureller Hinsicht lief es auf ein ebenso klares ästhetisches Programm hinaus, das auch den Versuch einer Wiederbelebung der Antike beinhaltete. Unter den Hervorbringungen der karolingischen bildenden Kunst, die uns erreicht haben und in denen die künstlerischen Ideen der Epoche ihren Ausdruck fanden, nimmt die Miniatur, was die Fülle und die Prägnanz anbetrifft, zweifellos den ersten Platz ein.

Die karolingischen Meister strebten nach einer größeren Einheitlichkeit und Organisiertheit des gesamten Buchensembles, als es bei ihren Vorgängern der Fall war. Dekor und Text harmonieren besser miteinander, die reiche Fülle der ornamentalen Motive der merowingischen und der insularen Kunst ist geregelter und subordiniert sich strenger der Blattform. Es steigt der eigenständige Wert der illustrierenden Miniatur, in der sich eine Tendenz zur Wiedergabe der menschlichen Gestalt in ihrer Körperlichkeit bemerkbar macht. Der Wunsch, den byzantinischen Kaisern gleichzukommen und sie an Prunk sogar zu übertreffen, führte zum üppigen Einsatz von Silber und Gold. Offensichtlich wurden ganz besonders die byzantinischen Manuskripte geschätzt, die mit kostbaren Lettern auf purpurgefärbtem Pergament geschrieben waren, eine Tradition, die auf die *Carmina figurata* zurückgeht, eine prächtige Handschrift, die für Konstantin den Großen von seinem Hofdichter Publilius Optatianus Porphyrius verfaßt wurde. Es kommt in den Miniaturen auch ein Goldgrund auf. Auf diese Weise wurde in der karolingischen Zeit der Grundstein für einige der künstlerischen Hauptprinzipien in der Entwicklung der westeuropäischen Buchmalerei gelegt.

Trotz der gemeinsamen ästhetischen Grundprinzipien differierten die karolingischen Miniaturen je nach Herstellungsort und -zeit der einzelnen Codices in Manier und Stil. Zur Zeit Karls des Großen und seiner Nachfolger, unter denen sich Karl der Kahle durch seine Vorliebe für schöne Bücher auszeichnete, bildeten sich mehrere Hauptzentren der Buchanfertigung heraus. Außer den Palastwerkstätten in Aachen, der Lieblingsstadt Karls des Großen, florierte die Kunst der Buchmalerei auch an anderen Stellen des Rheintals sowie in Tours, Reims und Metz. Die in den Bildband aufgenommenen Miniaturen weisen die Stilunterschiede einiger dieser Schulen oder Richtungen auf.

Ein Beispiel für die Prunksucht dafür, daß das Buch nicht nur zur Verherrlichung des Gotteswortes, sondern auch zum Ruhm des Auftraggebers und zur Befriedigung seines Ehrgeizes geschaffen wurde, ist das sogenannte *Purpurevangeliar*. Es ist ein Nachklang der vorzüglichen Kunst jener Palastwerkstatt in Aachen, wo das *Krönungsevangeliar* (Wien, Weltliche Schatzkammer, Kunsthistorisches Museum) entstanden ist, auf dem dann im Verlauf vieler Jahrhunderte die Kaiser des Heiligen Römischen Reiches Deutscher Nation den Treueschwur ablegten. Über die Herkunft der Künstler dieser Werkstatt, die hier zu Beginn des 9. Jahrhunderts tätig waren und den hellenistischen Traditionen besonders nahe standen, stellen die Forscher bis auf den heutigen Tag verschiedene Vermutungen an. Die »griechische« Modellierung, die spezifische Maltechnik, die silbernen und goldenen Lettern auf dem Purpurpergament zeichnen die Handschriften aus, die von den Forschern unter dem Namen der sogenannten *Krönungsschule* vereint sind. Sie erschienen bis Ende des 9. Jahrhunderts. Vermutlich haben an der Quelle dieser Richtung tatsächlich griechische Maler gestanden, die am Hof Karls des Großen Zuflucht vor den Verfolgungen der Ikonoklasten gesucht hatten.

Das *Sakramentar* stammt aus dem Kloster St. Amand, wo Bücher für den Kreis um Karl den Kahlen geschaffen wurden. Dieser besondere Zweig der karolingischen Miniatur aus der zweiten Hälfte des 9. Jahrhunderts wird mitunter als fränkisch-insulare Miniatur bezeichnet, da hier ornamentale Motive angewandt werden, die von den Britischen Inseln gekommen waren.

Die lebendigen Traditionen der karolingischen Renaissance im 10. Jahrhundert zeigen sich im *Tetraevangelium* aus Tours. Hier, an den Klöstern St. Martin und Marmoutier existierte seit dem Abt Alcuin (796–804) die wohl produktivste Werkstatt zur Herstellung von Handschriften, die ihre Blüte zur Zeit der Äbte Adalhard (834–843) und Vivien (844–851) erreichte. Auch nach der normannischen Zerstörung Mitte des 9. Jahrhunderts erlebte die Schule von Tours einen erneuten Aufschwung, und es gelang ihr, dabei die wesentlichsten Züge – eine logisch klar angelegte Komposition, den Einsatz von antikisierenden ornamentalen Motiven, die Übereinstimmung der reinen Formen von Initialen und Rahmen mit dem Text – zu bewahren. Möglicherweise gehören die Miniaturen aus einem anderen *Tetraevangelium* bereits zur ottonischen Periode, obwohl hier immer noch die Traditionen am Hofe Karls des Großen spürbar sind.

Als großartig kann man in der Geschichte der Miniatur die romanische Epoche bezeichnen. Die Meister der Buchgestaltung haben wohl nie mehr eine so feste Verschmelzung sämtlicher Elemente erreicht: des Buchformats und der Proportionen von Lettern und Text, der Anlage des Blattes und der flächigen Miniatur sowie der historisierten Initialen, der Harmonie zwischen dem schwarzen Text und dem weißen Pergament sowie der vielfarbigen Ausschmückung, wobei Gold eine immer größere Rolle zu spielen begann, besonders das funkelnde Blattgold, das fest am Blatt haftete. Einige allgemeine Züge der romanischen bildenden Kunst – die lakonische und ausdrucksstarke Silhouette, die Lokalfarbe, das Monumentale, die rhythmische Organisiertheit der stabilen Kompositionen, der Trend zur Symmetrie – erwiesen sich für die Erreichung einer solchen Einheit als sehr günstig. Diese Periode ist wohl die strengste in der Entwicklung der Buchmalerei, als die Meister die alten Vorbilder der karolingischen und byzantinischen Miniatur schöpferisch verwerteten und dabei ihre eigene Kunstsprache mit einem festen Fundus von zeitbeständigen Stereotypen und Symbolen schufen. Das ließ Focillon von einer »ewigen Stabilität der romanischen Kunst« sprechen. Die Gestaltung der Blätter wird sparsamer und gesammelter, sie durchdringt gleichsam die einzelnen Miniaturen, besonders aber die Initialen, die in den romanischen Handschriften den Kern der Illuminierung bilden. In den historisierten Initialen der monumentalen,

GAUTIER DE COINCY.
Leben und Wunder der Gottesmutter.
Frankreich (Soissons ?). 13. Jh. (um 1260-1270).
Leben des Johannes des Täufers. Bl. 31

oft vielbändigen Bibeln, die in den Klöstern mit großen Lettern kopiert wurden, erscheinen Figürchen von Akrobaten und verschiedenen Phantasiewesen, die in das Ornament eingeflochten sind (*Bibel* aus Weissenau).

In der romanischen Epoche erweiterte sich der Themenkreis der illuminierten Handschriften. Es wurden immer mehr Werke antiker Autoren kopiert, es mehrten sich die Chroniken, die Vitenliteratur, es erschienen verschiedene juridische, belehrende, geographische und naturphilosophische Werke. Ein Beispiel dafür ist ein Bestiarium, das in die Periode der größten Blütezeit der englischen romanischen Miniatur gehört. Der Einsatz von alten ikonographischen Schemata wird hier in gewissem Maße durch lebensnahe Beobachtungen des Künstlers bei der Darstellung ihm gut bekannter Wesen bereichert, aber auch ihre Figuren sind heraldisch aufgebaut und gleichsam auf die Oberfläche der Pergamentblätter geklebt. Sie bilden mit diesen ein unzertrennliches Ganzes. Die bisweilen expressiven Bewegungen erstarren für immer und ergeben den typisch romanischen Eindruck der »mobilen Stabilität«. Einem einheitlichen Modul, einem bestimmten Blattformat sind sowohl die Miniaturen in ihren rechteckigen Rahmen als auch der Text untergeordnet, wobei die gesamte Codex-Illumination sich in den Miniaturen konzentriert.

Die Periodisierung der romanischen Miniatur ist unterschiedlich für verschiedene nationale Schulen. Wenn in Frankreich und Großbritannien diese Periode das 11. und 12. Jahrhundert umfaßte und zu Beginn des 13. Jahrhunderts bereits zur Gotik überging, so ist in Deutschland das 11. Jahrhundert noch eng mit dem ottonischen Kreis verbunden. Dafür wurden aber hier im 13. Jahrhundert Meisterwerke der romanischen Kunst erzeugt. Zu ihnen gehören die *Prophetenbücher* aus dem Kloster Weingarten, die im ersten Viertel des 13. Jahrhunderts vom Meister des Berthold-Missales illuminiert worden sind. Die romanische Buchkunst ist fast ausschließlich monastisch. Die Bücher waren nach Jean Porcher das wichtigste »Instrument der Klosterkultur«. Deshalb war der Gestaltungscharakter der Handschriften nicht nur von der religiösen Weltanschauung beeinflußt, sondern auch von den Traditionen des Ordens, der konkreten Abtei, vom Geschmack des Priors und von den Manuskriptvorbildern, die in der Klosterbibliothek aufbewahrt wurden. Aber alle diese Einwirkungen und Einflüsse vermochten nicht das individuelle Talent des Künstlers zu hemmen. Die große Begabung des Meisters aus dem schwäbischen Kloster Weingarten, die starke Plastik und die emotionelle Spannung seiner Prophetenfiguren veranlaßten Carl Nordenfalk, in ihm einerseits einen Erben der »fast hypnotischen Kraft« der Miniaturen der zweihundert Jahre alten Reichenau-Schule, andererseits den frühen Verkünder von Sluter und Michelangelo zu sehen.

Wenn wir gezwungenermaßen die frühen Perioden in der Geschichte der Buchmalerei in diesem Bildband nur durch einzelne Beispiele veranschaulichen konnten, so ist die gotische Miniatur hier – dank der reichen Petersburger Sammlung französischer Codices, von denen in der Folge ausführlich die Rede sein wird, – in ausreichender Fülle und Folgerichtigkeit vertreten. Die Geschichte der französischen Miniatur als Erscheinung der nationalen Kultur begann erst seit dem 10. Jahrhundert mit der Kapetinger-Dynastie, da man bis zu dieser Zeit nur von einzelnen, wenn auch wichtigen Quellen der Buchfertigung sprechen konnte, die auf dem Gebiet des jetzigen Frankreichs existierten (z.B. Reims bzw. Tours). Seit dem 13. Jahrhundert florierte die französische Buchmalerei, die zweifellos den ersten Platz in Westeuropa einnahm und anderen Nationalschulen ihre Kunst diktierte.

Das 13. Jahrhundert ist nicht nur die Zeit des Übergangs vom romanischen zum gotischen Stil. Es ist die Zeit der grundsätzlichen Wandlungen in der Buchmalerei, eines entschiedenen Umbruchs in ihrem Gestaltungsprinzip. Die Epoche der klösterlichen Buchanfertigung ging ihrem Ende zu, denn eine führende Stellung nahmen nun die höfischen Werkstätten und die Städte mit ihren weltlichen Werkstätten ein. In Frankreich wird Paris zum führenden Kulturzentrum. Der Grund dafür ist in der Tätigkeit der Pariser Universität, der führenden Lehr- und Forschungsstätte jener Zeit in Westeuropa, und der erfolgreichen Vereinigungspolitik der französischen Könige, deren Hof für lange Zeit zum Auftraggeber für die prunkvollen Manuskripte wurde, zu finden. Eben hier begannen sich so typische französische Züge herauszubilden wie hohe technische Perfektion, klare kalligraphische Zeichnung und harmonisches Kolorit, das auf Gold und dem Rot-Weiß-

Blau-Dreiklang aufbaute, sowie ein gut durchdachtes Dekorsystem. Ein Beispiel für diese Richtung ist der in den Pariser königlichen Werkstätten in der ersten Hälfte des 13. Jahrhunderts hergestellte *Psalter.*

In den Pariser Steuerlisten für das Jahr 1292 werden neben Baumeistern, Malern und Bildhauern, Glasmalern, Goldschmieden, Schnitzern und Gobelinwebern auch schon 17 Meister der Buchmalerei erwähnt. Sie kannten nicht nur die künstlerischen Errungenschaften der Pariser Meister, sondern auch die letzten Novitäten in der Kunst anderer Länder, die Kaufleute und Wanderkünstler mit sich brachten. Dieses Kunstgut wurde schöpferisch verwertet und kehrte dann in bereicherter, vom Pariser Geschmack geprägter Form in die Nachbarländer zurück. Der große Dante schrieb über die Kunst der Pariser Meister, und Petrarca klagte bereits in der zweiten Hälfte des 14. Jahrhunderts, die ganze Welt hänge von den Launen der Pariser Mode ab, so daß man »gezwungen sei, ihre Kalligraphen und Buchmaler heranzuziehen«. Dank der zentralisierenden Rolle von Paris wird die französische Miniatur des 13. und 14. Jahrhunderts zu einer einheitlichen Kunsterscheinung.

Der soziale und kulturelle Wandel, der Kreis neuer Leser und Auftraggeber untergräbt die Hegemonie der liturgischen Literatur. Es erscheinen immer mehr profane Werke, Ritterromane, Traktate, historische Abhandlungen, die in die Miniatur neue Sujets einbringen, oft mit einem durchaus weltlichen, lebensnahen Charakter. Die Entwicklung der französischen höfischen Kultur wird für lange Zeit die Tendenz zum höfischen Epos, zu Verfeinerung und Raffinesse zur Folge haben. Roland, der Held früherer Zeiten, wird von Tristan und Isolde abgelöst. Zum Hauptobjekt der religiösen Verehrung wird die Jungfrau Maria, deren Wundertaten poetische Werke und große Miniaturzyklen gewidmet werden (*Wunder der Jungfrau Maria*). Dabei werden erstmalig die Sujets in einzelne Teilbilder zerlegt. Den Weg, den die gotische Miniatur am Ausgang des 13. Jahrhunderts zurückgelegt hat, kann man als Weg von den strengen, konstruktiven und den ersten relativ simplen gotischen Handschriften, von der präzisen Zeichnung und den großen Farbflächen zu zierlichen Linien und graziösen Figuren charakterisieren. Das Ensemble sämtlicher Elemente von Illuminierung und Text wird komplizierter, die neue, gotische Einheitlichkeit des »gut illuminierten Missale« hat John Ruskin treffend mit einer »wundervollen gotischen Kathedrale mit vielen Glasfenstern« verglichen. Solch ein Ensemble bildet das *Missale von Reims*. Das *Missale von Reims* ist eine Schöpfung der Übergangsetappe von der frühen zur Hochgotik. Das Ausführungsniveau nähert sich den Arbeiten des Meisters Honoré, des ersten bekannten Pariser Malers, dessen individuelle Züge wir uns dank dem Vergleich von Archivakten mit erhalten gebliebenen Handschriften vom Ende des 13. Jahrhunderts vergegenwärtigen können. Um diese Zeit hat die französische Miniatur bereits jene Vereinigung von Ausgewogenheit und Eleganz erreicht, die später ein wichtiges Merkmal der nationalen Schule sein wird und schon zu Beginn des 14. Jahrhunderts auch den Stil von bescheideneren Werken bestimmen wird (*Roman über Joseph von Arimathia*).

Eine prinzipielle Änderung machte sich an der Wende von der frühen zur reifen Gotik am Randfeld der Handschriften bemerkbar. Der ornamentale Schmuck wird immer mehr an den Rand verlagert, den Initialen entsprießen Stengel, die auf den Rand und in den Raum zwischen den Kolumnen übergreifen, sie verwandeln sich immer mehr in Pflanzenornamente, die letzten Endes den gesamten freien Raum einnehmen und ornamentale Rahmen und Bordüren bilden. Die drolligen Wesen und Akrobaten, die in der romanischen Epoche in den historisierten Initialen erschienen, gehen auf den Rand über. An ihre Stelle treten in den Initialen sujethafte Darstellungen. Diese Figürchen, sogenannte «Drolerien», balancieren auf Stengeln, sind in das Ornament aus Efeuranken, Weinreben, Blumen, Blättern und Beeren eingefügt und führen selbständige Szenen auf. Die Frage nach dem Herkunftsland dieser unterhaltsamen Motive und dekorativen Naturstudien bleibt umstritten. Die einen sehen die Quelle dieser »Menagerien« und »botanischen Gärten« in den Versuchen der Italiener, andere führen sie auf die «Drolerien» der englischen Miniatur, die dritten auf das niederländische Interesse am Realen zurück, die vierten halten sie für die Realisierung der deutschen Träume. Offensichtlich ist jedoch, daß sie ihren Erfolg Paris zu verdanken haben, von wo aus sie sich als moderne Technik über ganz Europa verbreiteten. Zweifellos lehnt sich diese Erscheinung auch an den volkstümlichen Jahrmarkt, an die Vorstellungen der Jongleure und Akrobaten, der Dompteure, an die naturalistischen Elemente des mittelalterlichen Theaters an. Die *Schatzbücher* von Brunetto

Latini sind einer der ersten französischen Codices, bei denen auf den Stengeln, die ins Blattfeld hineinragen, ganze Darbietungen von Jongleuren gespielt werden. Erwähnenswert ist, daß eben um diese Zeit die wandernden Komödianten in Paris ihre Zunft organisiert haben.

Anfang des 14. Jahrhunderts gewinnt die französische Miniatur immer mehr an Raffinesse. Die Zeichenlinie wird leichter und nerviger, die Proportionen der menschlichen Figur sind gelängt, ihre Bewegungen gleichen züngelnden Flammen und ihre Silhouetten tanzen wie auf Hofbällen, der Rhythmus der Gewandfalten und der Draperie erlangt etwas besonders Musikalisches. Das intensiv-saftige Kolorit der gotischen Miniatur in der ersten Periode wird durch ein zartes Zusammenspiel von hellen Tönen und einer leichten Tönung der Zeichnung ersetzt. Es kommt die Grisaille auf. André Malraux hat diese graziöse Kunst treffend als »Spielmanns-Malerei« bezeichnet. Die führenden Meister, die im Auftrag der höchsten Aristokratie tätig waren, können mit Recht Hofkünstler genannt werden. Eine andere wichtige Seite der Buchmalerei ist das wachsende Interesse am Narrativen, an alltäglichen Details, am Unterhaltsamen.

Ende des ersten Drittels des 14. Jahrhunderts erschien ein Künstler, der die Errungenschaften der Pariser Schule zu summieren und aus dem Resultat eine neue in die Zukunft weisende Qualität zu bilden verstand. Dieser Meister war Jean Pucelle, der »für die Entwicklung der Malerei im Norden nicht minder wichtig als Giotto und Duccio für Italien war« (Erwin Panofsky). Die elegante Silhouette, die zügige Zeichnung, die Grisaille-Technik, die die Wiedergabe der Volumina ermöglichte, wurden von Pucelle vervollkommnet. Die ersten zaghaften Versuche, die abstrakte Flächenhaftigkeit der Gründe zu überwinden, verwandelten sich bei ihm – mit Hilfe der Entdeckungen der Toskaner und Sieneser Maler – in architektonische Kompositionen mit dem Trend, die räumliche Tiefenwirkung zu zeigen. Freier als seine Vorgänger fühlte sich der Meister auch auf den Randfeldern, auf denen die Hauptszene sich weiterentwickelte, die realistischen Details sich mehrten und das Erzählertalent des Meisters demonstriert wird. Die Figuren bewegen sich lebendiger, die Kompositionen werden freier und üppiger. Das Neuerertum Pucelles hat viel dazu beigetragen, daß die intime Kunst der Buchmalerei, die doch so fein und elitär scheint, im 14. Jahrhundert sich am geeignetsten erwies, den Forderungen der Zeit gerecht zu werden und am wenigsten – im Unterschied zur Architektur und Monumentalkunst – den verderblichen Folgen der dramatischen Ereignisse der Jahrhundertmitte ausgesetzt war (Beginn des Hundertjährigen Krieges, wirtschaftlicher Verfall, Pest). Die Traditionen Pucelles blieben einflußreich und fruchtbringend bis in die letzten Dezennien des Jahrhunderts, und »die höfische Buchmalerei wurde zur Quintessenz der Kunstepoche« (François Avril).

Den Wert dieser aristokratischen Kunst veranschaulichen die Handschriften aus der Russischen Nationalbibliothek. Virtuose Meisterstücke sind das kleinformatige *Stundenbuch*, das *Lob dem hl. Johannes dem Evangelisten*, Werke, die sich durch das lyrische und gefühlvolle, etwas feminine Talent des Künstlers auszeichnen, der den Namen »Meister der Krönung Karls VI.« führte, sowie die monumentale *Historienbibel*, in deren Illuminierung, an der mehrere Buchmaler arbeiteten, die Frontispize hervorzuheben sind, die höchstwahrscheinlich von Jean Le Noir, dem treuesten Nachfolger Pucelles am Hof Karls V., ausgeführt worden sind.

Die Buchmalerei des 14. Jahrhunderts aus anderen westeuropäischen Ländern ist im Bildband durch wenige, aber sehr interessante Beispiele vertreten. Der französischen Miniatur am nächsten, allerdings in ihrer südlichen Variante, war die Miniatur Spaniens. Um die Mitte und in der zweiten Hälfte des Jahrhunderts bildete sich das eigenartige Kulturmilieu des Mittelmeergebiets mit dem Zentrum in Avignon heraus, zu dem außer den Südregionen Frankreichs und einiger Gebiete Italiens auch Katalonien gehörte. Zu diesem Kreis ist auch der reich illustrierte Codex *Liebes-Brevier* zu zählen, der zwar in der katalonischen Stadt Lerida kopiert wurde, sich stilistisch aber an die provenzalische Illuminierung anlehnt. Von der Pariser Schule unterscheidet sich diese Kunst durch ein heißeres Farbkolorit, eine harte Zeichnung und durch Merkmale arabischer Einflüsse.

Die italienische Miniatur des 14. Jahrhunderts zerfällt bereits in einzelne Zentren oder regionale Schulen. Eine rege buchkünstlerische Tätigkeit entfaltet die Stadt Bologna, wo die

BENOIT DE SAINTE-MAURE.
Roman über den Trojanischen Krieg.
Italien (Bologna ?). Erstes Viertel 14. Jh.
Die mit Schiffen angekommenen
Griechen stürmen Troja. Bl. 30

Werkstätten der Kopisten sich um die berühmte Universität gruppierten. Einen starken Einfluß übte die große italienische Malerei des Trecento auf die gesamte italienische Buchmalerei aus, doch besondere Aufmerksamkeit schenkten um die Jahrhundertmitte die Buchmaler gerade in Bologna der Lehre Giottos. Den Einfluß der Fresken spürt man sowohl im monumentalen Stil, im Kolorit als auch in der Initiale aus dem *Kanon* Avicennas und in den Illustrationen zum *Roman über den Trojanischen Krieg*. Diese nach Größe und Ausführlichkeit seltene Serie von Miniaturen, die das untere Blattfeld einnehmen, ist eines der besten Beispiele für eine andauernde narrative Darstellung, die bereits auf die antiken Friese oder alte Schriftrollen zurückgeht. Sie wurde im Mittelalter aufgenommen und transformiert (z.B. der berühmte Teppich von Bayeux), in den Codices aber besonders intensiv gerade in der italienischen Miniatur (Neapel, Bologna, Lombardei) fortentwickelt, und zwar in erster Linie in den Illustrationen zu Ritterromanen. Der Erfindergeist, die aufmerksame Lektüre des zu illustrierenden Textes, die Bereicherung der Miniaturen mit lebensnahem Stoff verwandeln diesen Codex nach Meinung der Forscher in ein Zeugnis für den Übergang zu einer neuen Epoche, der humanistischen Epoche. Als Beispiel für die Herausbildung der humanistischen Kultur in Italien könnte ebenfalls eine der frühen Kopien der Werke Petrarcas, die in Mailand entstand, dienen.

In das Ende des 14. Jahrhunderts gehört die Ausmalung der deutschen Handschrift *Das Schachzabelbuch*. Abgesehen von einigen Besonderheiten des nationalen Stils – der übrigens unterschiedliche Modifikationen in Abhängigkeit vom Herstellungsort der Miniaturen hat, sei es Schwaben, Rheinland, Sachsen oder eine starke Schule, die zur Reichshauptstadt Prag tendiert – und charakteristische Gesichtstypen, eine für Frankreich unbekannte Eckigkeit der Figuren und das Kolorit, sind die Miniaturen des *»Buches«* dank der seltenen Ikonographie und den genrehaften Details hochinteressant. Zu erwähnen sind hier auch Merkmale eines internationalen Stils, der damals in vielen europäischen Zentren florierte.

Die höchsten Errungenschaften dieses Stils in der Buchmalerei um die Wende zum 15. Jahrhundert sind in erster Linie mit Frankreich verbunden. Das war durch die Entwicklung der bereits erwähnten höfischen Kunst vorbestimmt. Gerade am französischen Hof entstand die Tradition des aufgeklärten Mäzenatentums und der Bibliophilie, die auf Johann den Guten zurückgeht und vom weisen König Karl V. fortgesetzt wurde. Seine Bibliothek zählte an die 900 Bände verschiedensten Inhalts. Sie erfuhr eine glänzende Weiterentwicklung unter Philipp dem Kühnen, Herzog von Burgund, und schließlich unter dem Herzog von Berry, mit dessen Namen oftmals diese bemerkenswerte Periode in der Geschichte der französischen Miniatur in Zusammenhang gebracht wird. Unter den Prinzen von Valois festigte sich die für den Kunstgeschmack tonangebende Rolle von Paris. Die Begünstigung der Künstler durch den Hof und die ihn nachahmende Aristokratie lockte Meister aus anderen Ländern in die französische Metropole. Seit der Mitte des 14. Jahrhunderts kamen besonders viele Meister aus den Niederlanden. Sie brachten einen neuen Sinn für Farbe, Licht und Raum und das Interesse am Realen mit. Das Zusammenwirken dieser Tendenzen mit den Traditionen Pucelles brachte eine der interessantesten Erscheinungen in der Geschichte der bildenden Kunst hervor, und zwar die sogenannte franko-flämische Miniatur.

Bei den Meistern, die für den Herzog von Berry arbeiteten, vereint sich das in den *Chroniken* von Jean Froissart so prägnant festgehaltene »reglementierte Ballett von Rittertum und höfischer Etikette« mit unmittelbarer Lebensfreude, und die Raffinesse der spätgotischen Kultur verflicht sich hier in komplizierter Form mit dem geistig bereits humanistischen Interesse für die Antike und den wachsenden Tendenzen der niederländischen städtischen Kultur. Der traditionelle Rahmen der Pariser Schule im 14. Jahrhundert erwies sich als allzu eng für die Welt der Gestalten, die immer raumfüllender und komplizierter wurden. Die »Puppenhäuser« Pucelles genügten der Einbildungskraft der Meister von Berry nicht mehr. Die ersten Versuche einer Porträt- und Landschaftsmalerei verlangten eine weitere Entwicklung. Seit dem Ende des 14. Jahrhunderts erschien neben der Miniatur auch die Tafelmalerei. Italien befand sich am Vorabend der Revolution der Quattrocentisten, in den Niederlanden bereitete sich eine Umwälzung durch van Eyck vor. Künstler des Berry-Kreises wie Jacquemart, der Meister des Stundenbuchs des Marschalls Boucicaut, der Meister des Stundenbuchs der Rohans und insbesondere die Brüder Limburg, vollbrachten eine Revolution in der Buchmalerei.

Zeitgleich, bisweilen auch gemeinsam an derselben Handschrift arbeiteten zusammen mit diesen großen Neuerern auch andere begabte Künstler. Dank den sorgfältigen Forschungsarbeiten, insbesondere von Millard Meiss, beginnt man heute, aus der großen Anzahl von Miniaturen, die um diese Zeit in Paris und an den Fürstenhöfen geschaffen wurden, Erzeugnisse anderer Meister auszusondern. Im vorliegenden Bildband sind Beispiele der Kunst des Pseudo-Jacquemart, des »Meisters der Krönung der hl. Jungfrau Maria«, »des Meisters Luçon« und des »Meisters der Apokalypse« vorgestellt. Noch hat man nicht die Buchmaler identifizieren können, die an den *Anweisungen für die Herrscher*, den *Großen Französischen Chroniken* und der *Geschichte des Trojanischen Krieges* gearbeitet haben. Die Geschichte des Trojanischen Krieges ist wahrscheinlich unter Teilnahme von italienischen Meistern illuminiert worden. Im ganzen gesehen ermöglicht die Codex-Gruppe der Russischen Nationalbibliothek, die raffinierte Kunst der französischen Miniatur dieser Periode, des »goldenen Zeitalters« der europäischen Illumination, in ihrer Bedeutung zu erfassen. Sie demonstriert abwechslungsreiche illustrierte Sujets zu literarischen Werken, die sich eines großen Erfolges in der Gesellschaft jener Zeit erfreuten. Hierher gehören Gebetbücher für den Laien mit Stundengebeten, die im 15. Jahrhundert weit verbreitet waren, didaktische und historische Werke, Liebes- und Ritterromane, deren Illustrationen die märchenhaft-elegante Welt der höfischen Gesellschaft besonders gut veranschaulichen. Das Illustrationssystem zu den Romanen, das noch im 14. Jahrhundert erarbeitet worden war, ist so aufgebaut, daß die in rechteckige Rahmen eingefaßten kleinen Miniaturen in die Textspalten eingesetzt wurden, die aus zwei bis drei Kolumnen bestehen. Die Illustrationen sind gewöhnlich mit Initialen vereint, oder zumindest benachbart, und werden öfters von einem ornamentalen Bordürenfragment auf dem Randfeld begleitet. Als Beispiel eines erlesenen, bald jedoch üblichen Randdekors kann die Illumination eines *Stundenbuches* dienen, das ein Musterbeispiel der franko-flämischen Kunst in seiner Pariser Variante ist. Die Miniaturen in diesem Stundenbuch zeugen von dem komplizierten und reichen Kolorit zur Zeit Karls VI. Gleiche Vorzüge weisen auch die Illustrationen zu anderen Handschriften auf, die den Fachleuten weniger, bisweilen auch gänzlich unbekannt sind und deren Veröffentlichung die Vorstellungen über die Kunst zur Zeit des Herzogs von Berry ergänzen wird.

Nach der vernichtenden französischen Niederlage durch die Engländer bei Azincourt, wo nach dem Historiker Jules Michelet, »nicht nur der König, sondern auch das Königreich, Frankreich, selbst, in Gefangenschaft geriet«, begann für das Land die schwerste Epoche, der Hundertjährige Krieg, der sich auf die gesamte französische Kunst auswirkte. Das Königreich zerfiel in mehrere Landesteile, die bisweilen einander befehdeten. Das von den Engländern eroberte und zerstörte Paris verlor seine zentralisierende Rolle, und der Entwicklungsstrom der Malerei teilte sich in verschiedene Richtungen. Die Künstler flohen aus der verheerten Hauptstadt in den Süden des Landes, nach Burgund, an die Ufer der Loire, und ins Ausland. Das zweite Viertel des 15. Jahrhunderts, als die italienischen und niederländischen Meister mit gigantischem Schritt vorangingen, war die unfruchtbarste Zeit sowohl für die gesamte Kunst Frankreichs als auch für die Buchmalerei. In den Illuminierungen dieser Jahre fehlte der schöpferische Schwung, und man kann nur von der Verwendung bereits gefundener Techniken sprechen. In diese Periode gehören die drei Petersburger Stundenbücher, und zwar das *Luxemburger Stundenbuch*, und die beiden, die später Maria Stuart und Franz II. von Bretagne gehörten. Das *Stundenbuch der Maria Stuart* ist in historischer Hinsicht sehr interessant. Illuminiert wurde es im Kreis des Meisters des Herzogs von Bedford, eines sehr geschickten und aktiven Künstlers, der in Paris zur Zeit der Engländer arbeitete. Bemerkenswert an diesem Stundenbuch ist die weitere Entwicklung der ornamentalen Bordüren. Künstlerisch bedeutender ist das *Luxemburger Stundenbuch*, in dem die Traditionen der Pariser Schule durch den Einfluß der zu jener Zeit progressiven niederländischen Kunst erneuert worden sind.

Unter den italienischen Zentren der Buchmalerei aus dem Ende des 14. bis zur ersten Hälfte des 15. Jahrhunderts stand die Lombardei Frankreich am nächsten. Am Hof der Mailänder Herzöge Visconti florierte eine Kunst des gleichen internationalen oder, wie ihn einige Forscher bezeichnen, weichen Stils, wie er in Paris, Bourges und Dijon oder in Prag am Hof König Wenzels üblich war. Die aristokratische Erlesenheit vereinte sich in der lombardischen Miniatur mit einer scharfen Beobachtungsgabe und einer Objektivität, die an Naturalismus grenzt, Züge, die vom spätgotischen

Charakter der Kultur sprechen. Die im Auftrag des leidenschaftlichen Bibliophilen Gian Galearro Visconti arbeitenden Meister Giovanni dei Grassi und Michelino da Besozzo erreichten höchste Vollkommenheit im Dekor und in der Illumination von Prachthandschriften. Unter Filippo Maria Visconti und Francesco Sforza, die mit dem Mailänder Herzogtum auch den Geschmack an schönen Büchern geerbt hatten, setzten diese Traditionen Belbello da Pavia und Bonifazio Bembo fort. Ein bemerkenswertes Beispiel der lombardischen Buchmalerei wurde der *Semideus*, der zum Bestand der herzöglichen Bibliothek gehörte. Der von Michelino da Besozzo ausgehende kostbare Farbenglanz ist hier mit der mikroskopisch subtilen und expressiven Manier Belbellos vereint. Die spannenden Illustrationen zu den Schlachtenszenen erinnern an den für die lombardische Miniatur typischen Hang zu getönten Aquarellzeichnungen, für die Bembo eine große Vorliebe zeigte.

Während in Mailand und Pavia noch dem *Semideus* ähnliche Handschriften erzeugt wurden, triumphierte in anderen Gebieten Italiens, und in erster Linie in Florenz, bereits die Kultur der Renaissance. Die Buchmalerei kannte in Italien keine so großen Aufschwünge wie etwa die Malerei, die Skulptur und Baukunst, aber man darf hierbei nicht vergessen, daß das humanistische Buch ein ebensolches »Instrument« der Renaissance-Kultur war, wie einst die in den Klöstern angefertigten Handschriften ein »Instrument« der Kultur des Mittelalters gewesen sind. Die ersten Anzeichen der siegreichen Renaissance in der Miniatur machten sich in Florenz zur Zeit Cosimo Medici des Älteren bemerkbar. Hier wurde der Gestaltungstyp des humanistischen Buches erarbeitet. In den Werken der antiken Klassiker Dante, Petrarca und Boccaccio, wurde das erste Blatt der Handschrift geschmückt, manchmal auch der Anfang von größeren Abschnitten oder Kapiteln. Der mit strengen Lettern geschriebene Text wurde am Rande von ornamentalen Streifen umrahmt, in die besonders oft ein Muster aus weißen Stengeln oder Banderolen, sogenannte *»bianchi girari«*, eingefügt wurden. Das gleiche Motiv wird auch für die Initialen genutzt. Die *Liederbücher* Petrarcas gehören zu solch einer florentinischen Typenproduktion, die nicht nur schnell Italien ergriff, sondern auch im Auftrag von ausländischen Liebhabern humanistischer Schriften angefertigt wurde.

In den Schmuck der Titelblätter wurden Wappen eingefügt sowie charakteristische Motive des Renaissance-Dekors, wie Putti, Girlanden, Medaillons, manchmal auch Bildnisse der Autoren. Zwei Varianten dieser Porträts sind im Bildband zu sehen, und zwar das Bildnis Boccaccios im Code, dessen Illumination sich an die neapolitanische Schule anlehnt, und das des Titus Livius in der Miniatur, die die *Geschichte Roms* (Ab urbe condita) eröffnet. Der berühmte Geschichtsschreiber ist hier als italienischer Humanist dargestellt. Die venezianische Miniatur des 15. Jahrhunderts ist durch ein interessantes Beispiel vorgestellt, das typisch für die Gestaltung venezianischer Manuskripte ist. Der Doge gab seinen angesehenen Amtspersonen Anweisungen, wie der Text der Handschriften künstlerisch auszuschmücken sei. Diese vergaben den Auftrag an die besten Buchmaler und bewahrten solche Instruktionen sorgfältig in ihren Familien auf. Die Ausgestaltungsmanier des Künstlers, eines führenden venezianischen Miniaturisten, wurde von namhaften Meistern der »großen« Malerei beeinflußt, eine in der italienischen Illumination übliche Erscheinung.

Die wenigen in den Bildband aufgenommenen Miniaturen können selbstverständlich nicht im entferntesten eine Vorstellung von der reichen und mannigfaltigen Buchmalerei Italiens zur Zeit der Renaissance vermitteln. Anders Frankreich. Die Petersburger Sammlung ermöglicht es, alle grundlegenden Richtungen und alle Arten der französischen Buchmalerei aus der Mitte und der zweiten Hälfte des 15. Jahrhunderts aufzuzeigen.

Die Hoffnung auf eine lichtere Zukunft nach Beendigung des Hundertjährigen Krieges, der nationale Aufschwung, der Geist der Sachlichkeit und des Rationalismus, der kulturelle Einfluß Italiens und der Niederlande bewirkten einen Umbruch im Leben Zentralfrankreichs. Es begann eine Epoche, die in der Geschichte der französischen bildenden Kunst den Namen der ersten bzw. der Frührenaissance erhielt. Die höchsten schöpferischen Errungenschaften dieser Kunst fallen in die 1440er bis 1470er Jahre.

Zur Wiege der Frührenaissance wurde das Loiretal. In Tours war der talentvolle und bedeutende Meister Jean Fouquet tätig. Ihm fiel die schwere Aufgabe zu, die traditionsgebundene Buchmalerei in die künstlerische Sprache der Renaissance umzusetzen. Der aus Tours gebürtige junge Künstler studierte vermutlich in der Werkstatt eines Buchmalers der Pariser Schule. Fouquet war eng mit dem Kreis der Baumeister, Bildhauer, Glasmaler und Goldschmiede der Ile-de-France verbunden und kannte ausgezeichnet die Tafelmalerei der Niederländer sowie die Entdeckungen van Eycks. Er studierte während seines Italienaufenthalts eingehend die Kunst der italienischen Quattrocentisten. Das künstlerische Talent Fouquets war sehr groß. Er verstand es, aus allen seinen Erfahrungen ein ganzes Arsenal neuer Darstellungsmittel zu schöpfen, ohne dabei sich selbst zu verlieren. Sein Meisterwerk ist das *Stundenbuch* für den französischen Schatzmeister Etienne Chevalier (Chantilly, Musée Condé). Es war für die Entwicklung der französischen Miniatur ebenso ausschlaggebend, wie es früher die Werke von Pucelle und die der Brüder Limburg gewesen sind. In diesem Stundenbuch löste Fouquet räumliche Probleme, die Kompositionen werden vom Maßstab des Menschen bestimmt und sind, wie nie zuvor, mit lebensnahem Material erfüllt. Fouquet entwickelte das Konzept der Landschaft in der Miniatur und verlieh der poetischen Darstellung eine Unbefangenheit und Wahrheitstreue, die ihrer Zeit erheblich voraus war. Die zahlreichen architektonischen und dekorativen Renaissance-Motive in der Gestaltung der von ihm illuminierten Handschriften erwecken nicht den Eindruck von entlehnten Zitaten, sie sind organisch in seine Kunstwelt einbezogen.

Das Frontispiz zum Werk von Martin Le Franc, ausgeführt von Fouquet selbst oder unter seiner unmittelbaren Anleitung, gibt den Zauber dieser harmonisch ausgewogenen Welt wieder, die mit ihrer lichterfüllten Landschaft an die seinem Herzen so nahen Ufer der heimatlichen Loire erinnert. In eine spätere Zeit gehört die *Lebensbeschreibung Ludwigs von Bourbon*, illustriert von einem Nachfolger Fouquets, der seine Liebe zu italienisierten dekorativen Motiven beibehielt und es verstand, sie in der Landschaft zu zeigen.

Ein weiteres Kunstzentrum entstand in der Mitte des 15. Jahrhunderts am Hofe des Königs René, Titularkönig von Neapel, Graf der Provence, Herzog von Anjou und Lothringen. Man nannte ihn den »König der Troubadoure«, denn er war nicht nur ein Kunstmäzen, sondern befaßte sich auch selbst mit Literatur und Malerei. Sein verwickeltes Schicksal hatte auch wichtige Folgen für die mit ihm verbundene Kunst der Miniatur. Er kannte gut die niederländische Malerei, die er während seiner burgundischen Gefangenschaft schätzen gelernt hatte. Andererseits war König René mit Italien verbunden. Er liebte es, Künstler von dort an seinen Hof einzuladen, da er mit ihren künstlerischen Erfolgen gut vertraut war. Und dennoch spielte die Atmosphäre am Hofe des Königs René eine ausschlaggebende Rolle. Der König liebte pastorale Festlichkeiten, Turniere, die im Geist der Ritterromane ausgetragen wurden. Er errichtete kleine, gemütliche Schlösser und schmückte sie entsprechend der damaligen Mode aus. Hier wurden vergangene ritterliche Zeiten poetisiert, aber entsprechend dem sich entfaltenden Humanismus idealisierte man auch die Antike. Die Eigenart dieser dualistischen Kultur hat am besten der Künstler ausgedrückt, der den vom König geschriebenen Roman *Von Liebe ergriffenes Herz* illustrierte. Mit dem »Meister des Herzens« identifizierte man eine Zeitlang König René selbst. Heute aber ist man geneigt, diese Illumination dem aus den Niederlanden stammenden Barthelemi van Eyck zuzuschreiben, der auch eine Reihe von bedeutenden Tafelgemälden geschaffen hat. Eine seiner ersten Arbeiten in der Buchmalerei war die Illuminierung der *Beschreibung des Turniers von 1446*. Eine andere Handschrift des gleichen Kreises ist das Pastorale *Regnault und Jeanneton*, das womöglich nach Zeichnungen des Königs illustriert wurde. Wie dem auch sei, diese beiden Codices sind ein beredtes Beispiel für den feinen Kunstgeschmack des Königs. Sie lassen uns das subtile Aroma dieser eigenartigen Übergangsperiode vom Mittelalter zur Renaissance in der Geschichte der französischen Kultur verspüren.

Die französische Buchmalerei in der Mitte und in der zweiten Hälfte des Jahrhunderts ist umfassend. Heute wird der Versuch unternommen, die große Anzahl der illuminierten Handschriften, die uns erreicht haben, unter die einzelnen Meister und die lokalen Schulen zu verteilen. So erschienen der Meister François, der Meister von Juvénal des Ursins (zu diesem Kreis gehören die Illustrationen zum *Roman von Fauvel*), der Meister Karls von Frankreich (ihm wird die Illuminierung der *Traktate* von Martin de Braga und von Cicero zugeschrieben). Für die einflußreiche Familie Rolin in Autun arbeitete ein Künstler in einer zur Genüge individuellen Manier *(Stundenbuch* der Rolin-Lévis). Zu einem etwas trockenen graphischen Stil neigt die fruchtbringende Schule von Rouen (*Chronik des Jean de Courcy*). Der Themenkreis der auszuschmückenden Literatur erfuhr eine Erweiterung – vom philosophisch-theologischen Werk des Thomas von Aquin bis zur Novellistik, die auf Lebensepisoden aufgebaut ist (*Die fünfzehn Ehefreuden*). Die letzte Handschrift ist auch als Beispiel für Miniaturen auf Papier interessant. Die getönten Federzeichnungen im *Turnier* und in *Regnault und Jeanneton* sind keine abgeschlossenen Illustrationen, sondern Entwürfe. Noch populärer als früher wurden naturwissenschaftliche Traktate, darunter verschiedenartige Sammelhandschriften über Heilmittel und Kräuter. Die Ikonographie der Illustrationen zu solchen enzyklopädischen Handschriften, die auf die Werke spätantiker und arabischer Gelehrter zurückgehen, wurde noch in der romanischen Epoche erarbeitet. Besonders viel steuerten dazu die Italiener bei. Wie diese Ikonographie bewahrt und fortentwickelt wurde, zeigen anschaulich die Miniaturen zu zwei *Kräuterhandschriften* des Platearius, zwischen denen etwa ein halbes Jahrhundert liegt.

Neben der französischen Buchmalerei und in enger Wechselwirkung mit ihr entwickelte sich die Illuminationskunst in Burgund. Nicht weniger verwickelt als das politische Schicksal dieses »Zwischenstaates« war seine Kultur. Die zum Herzogtum gehörenden niederländischen Provinzen mit ihrer fortschrittlichen bürgerlichen Zivilisation brachten jene großen Meister der Nördlichen Renaissance hervor, die vornehmlich in der Tafelmalerei arbeiteten. Der burgundische Hof ist der in leuchtende Farben gekleidete Niedergang der Ritterkultur. Selbst Paris kannte in seiner Vergangenheit keine so prunkvollen Feste, keine so raffinierte Mode und keine so ausgeklügelte Etikette. Hier wurden Turniere ausgetragen, hier entstand die Idee des Kreuzzuges und hier ist der Ritterorden vom Goldenen Vlies gestiftet worden. Für den Hof waren Dichter, Historiker, Übersetzer, Bildhauer, Maler und Architekten tätig. Eine besondere Blüte erlangte diese höfische Kultur zur Zeit der letzten Herzöge, Philipps des Guten und seines Sohnes, Karls des Kühnen. Dem Mäzenatentum des Großherzogs des Okzidents, wie man Philipp nannte, verdankt die herzögliche Bibliothek (Librairie de Bourgogne) ihren außerordentlichen Reichtum. Sie wurde nicht nur durch das Sammeln von Handschriften, sondern auch durch neue Aufträge bereichert.

Für den Herzog arbeiteten mehrere Werkstätten, die aus diesem Grunde mehr mit der höfischen als mit der städtischen Kultur verbunden waren. Obwohl die burgundische Buchmalerei nicht an den Entdeckungen ihrer großen Zeitgenossen – Jan van Eyck, Rogier van der Weyden, Hans Memling, Hugo van der Goes – vorbeigehen konnte, blieb sie in großem Maße den aristokratischen Traditionen der französischen Illuminierung aus dem Jahrhundertanfang verhaftet. Als Bestätigung dafür können zwei Handschriften gelten, die für Philipp den Guten ausgeführt wurden, und zwar das *Traktat* des Guido Parati, dem eine Miniatur mit dem vorzüglichen »Gruppenporträt« Philipps und seiner Umgebung vorangeht, und das Kleinod der Petersburger Sammlung, die berühmten *Großen Französischen Chroniken*. Beide Handschriften geben eine gute Vorstellung vom Schaffen Simon Marmions, einem der begabtesten Buchmaler des 15. Jahrhunderts. Er war etwa ein Zeitgenosse Fouquets. Das Schaffen dieser beiden großen Künstler veranschaulicht zwei Entwicklungswege der Miniatur. Gebürtig aus Amiens, siedelte sich Marmion 1458 in Valenciennes an, wo er eine Werkstatt bis zu seinem Tode leitete. Seine Malmanier ist typisch französisch. Die Zeichnung zeigt eine elegante Linienführung, die dekorativen Farbkombinationen sind von reinem, doch erlesenem Kolorit, die künstlerische Sprache ist märchenhaft narrativ. Marmion erfaßte und entwickelte die Pariser Traditionen der Erzählkunst, die ausführlich und spannend ist und eine Fülle von interessanten Details aufweist. Die meisterhafte Beherrschung des Buchdekors ermöglichte es ihm, mit Hilfe der traditionellen Kunsttechnik die narrative und die gestalterische Funktion in der Miniatur zu vereinen. Die auf einem Blatt angeordneten Darstellungen verschiedener, aufeinanderfolgender oder paralleler Ereignisse trennt oder verbindet Marmion durch Architektur und Landschaftselemente. Solch eine komplizierte, doch einheitliche Struktur zerstört nicht die Blattfläche, sondern schafft ein einheitliches Ensemble der Miniatur mit dem Randdekor und dem Text. Das der französischen Kunst eigene Gefühl für das rechte Maß schützte Marmion vor verwickelten Sujetkompositionen und ließ ihn Klarheit bewahren. Solch eine elegante und poesievolle Kunst mußte dem Hof des Herzogs gefallen. Marmion wurde sowohl zu Lebzeiten als auch zu Beginn des 16. Jahrhunderts hoch geschätzt, man nannte ihn »prince d'enluminure«.

LUXEMBURGER STUNDENBUCH
(Flandern (Brügge)
Zweites Viertel 15. Jh.Verkündigung an die Hirten. Bl. 52

Die Burgunder Schule der Buchmalerei war nicht die einzige. Außer ihrem französischen Zweig existierte auch ein niederländischer. Seit der Mitte des 15. Jahrhunderts waren seine Hauptzentren Brüssel, die Hauptstadt Brabants, sowie Gent und Brügge, die reichsten Städte Nordflanderns. Besonders viele Bücher wurden in Brügge hergestellt, dessen Künstler Aufträge sowohl ihres Herrn, Louis de Bruges, Seigneur de Gruthuyse, als auch von angesehenen Bürgern, von Adligen aus der Umgebung des Herzogs und sogar von fremdländischen Würdenträgern, z.B. dem englischen König, ausführten. In einer der flämischen Werkstätten wurde der monumentale, nach Form und Blattbindung seltene Foliant *Weltchronologie* hergestellt, der mitsamt dem von einem Verwandten des Louis Gruthuyse bestellten Ovid eine gute Vorstellung von der flämischen Miniatur vermittelt.

Nach dem Zerfall des Herzogtums Burgund, das historisch gesehen durch die Vereinigungspolitik Ludwigs XI. zum Untergang verurteilt war, schloß sich die französisch orientierte Richtung der Miniatur dem Herausbildungsprozeß einer einheitlichen nationalen Kunst an, während die Meister der nördlichen Städte, die unter die Herrschaft des Hauses Habsburg gerieten, bereits völlig im Rahmen der niederländischen Kunst arbeiteten.

Das Schaffen Fouquets, Marmions und des »*Meisters des Herzens*« bildete den Höhepunkt der französischen Miniatur des 15. Jahrhunderts. Danach aber folgte ein Sturz in den Abgrund. Der ornamentale Schmuck der Manuskripte wurde unter Beibehaltung der formellen, technischen Vollkommenheit immer schablonenhafter. Die ganze Schaffenskraft war auf die Illustrationen gerichtet, die eine eigenständige, von der Gesamtheit des Buches unabhängige Bedeutung erlangten. Der Einfluß der Tafelmalerei auf die Miniatur war unabwendbar, die üppig geschmückte Handschrift wurde in erster Linie zu einem Erzeugnis der bildenden Kunst. Ein halbes Jahrhundert nach Fouquet haben die letzten Buchmaler bereits Tafelmalereien kopiert, wobei sie oft sogar den Rahmen wiedergaben.

Ein anderer Grund für den Niedergang der Miniatur war der, daß sie vom gedruckten Buch verdrängt wurde, das um die gleiche Zeit die Welt erblickte, als Fouquet seine Meisterwerke schuf. Die Nachfolger Fouquets, die unter den Bedingungen des billiger und schneller herzustellenden Buches arbeiteten, besaßen nicht den schöpferischen Elan des großen Meisters aus Tours. Sie folgten zwar seinen formalen Kunstgriffen und Motiven, verflachten und bagatellisierten aber seine Entdeckungen, ohne ihr Wesen zu erfassen.

Allerdings arbeiteten um die Wende zum 16. Jahrhundert noch viele talentierte Buchmaler im Auftrag der höchsten Aristokratie und des königlichen Hofs. Unter den Mäzenen dieser Zeit sind Anna von Bretagne, die Gemahlin zweier aufeinanderfolgender französischer Könige, Karl VIII. und Ludwig XII., und Ludwig XIII. selbst, der eine große Bibliothek geerbt hat, hervorzuheben. Er ergänzte sie eifrig sowohl durch Handschriften, die er aus den italienischen Kriegszügen heimbrachte, als auch durch neue Aufträge. Für ihn arbeiteten die besten Buchmaler Frankreichs. Noch als Herzog von Orléans erhielt er ein Stundenbuch, das von einem der interessantesten Nachfolger Fouquets, Jean Colombe, dem Leiter einer in Brügge arbeitenden Werkstatt, ausgeschmückt worden ist. Besonders viele Prachthandschriften fertigte für Ludwig und Anna ein anderer großer Meister aus der Jahrhundertwende, Jean Bourdichon, an, der das Amt des Königlichen Hofmalers nach Fouquet antrat. Seine Malweise ist virtuos, das Kolorit harmonisch, wenn auch etwas süßlich. Der Prunk der goldbestickten Stoffe und die üppige Flora auf den Randfeldern ist mittels illusionistischer Effekte wiedergegeben. Der italienisierende architektonische Dekor, den Bourdichon von seinem Lehrer übernommen hatte, entwickelte sich unter dem Einfluß der allgemeinen Begeisterung für die italienische Kultur, die mit den Feldzügen Karls VIII. und Ludwigs XII. verbunden war. Eine der besten Arbeiten Bourdichons, die *Briefbotschaften*, weist noch einen seiner individuellen Züge auf. Seine Porträts sind von stark idealisierenden Tendenzen durchdrungen, der Realismus wird von höfischer Schmeichelei verdrängt, die gleichsam die der Maler Ludwigs XIV. vorwegnimmt Nicht von ungefähr nannte man den Künstler »den liebenswürdigen Bourdichon«. Und dennoch gehören die Bildnisse der Anna von Bretagne in der Petersburger Handschrift zu den besten Porträts der Königin. Der Manier Bourdichons nahe sind die illuminierten *Betrachtungen* von Plutarch, obwohl um diese Zeit das Zusammenwirken von italienisierenden und gotisierenden Dekormotiven zum

KUNRAT VON AMMENHAUSEN.
Das Schachzabelbuch.
Deutsche Schweiz.
Ende 14. Jh. Bauer.
Bl. 104 v.

Gemeinsamen der französischen Miniatur wird und an die eigenartige Variante der französischen Renaissance im Dekor der Schlösser im Loiretal anklingt. Diese Manier eigneten sich auch die Rouener Meister an, die um die Jahrhundertwende für den Kardinal Charles d'Amboise, eine namhafte Persönlichkeit jener Zeit, arbeiteten, bzw. an den Hof der Anna von Bretagne eingeladen wurden (*Streit dreier Damen*). Die Miniatur wurde nicht nur vom Königspaar hoch geschätzt, sondern auch von einem breiten Kreis der Höflinge. Davon zeugen eines der Exemplare von Petrarcas *Triumphen* und das Frontispiz zur *Chronik von Amboise*, die dem Atelier eines anderen angesehenen Künstlers aus der Jahrhundertwende, Jean Perréal aus Paris, zugeschrieben wird, und das reich bebilderte *Missale* für eine Hofdame der Königin.

Zur Zeit Franz I. feiert die Kultur der Renaissance ihren endgültigen Sieg. Die italienischen Maler, Bildhauer und Architekten kommen bereitwillig an den Hof des französischen Königs. In einer Atmosphäre humanistischer Literatur und Wissenschaft erstarkt die künstlerische Gestaltung des gedruckten Buches. Einzigartige illuminierte Manuskripte werden jetzt nur in Ausnahmefällen, gleichsam aus Tradition, in der nächsten Umgebung des Hofs bestellt. Ein rares Beispiel dieses aussterbenden Gewerbes ist das *Buch vom Triumph der Macht und der Vorsicht*, dessen Illustrationen die Tradition der französischen Miniatur mit der transalpinen italienischen Mode vereinen. Es ist bezeichnend, daß Jeoffroy Tory aus Bourges, der durch die Gestaltung von gedruckten Büchern berühmt wurde, als einer der möglichen Schöpfer eines vorzüglichen parademäßigen Gruppenporträts auf dem Frontispiz zu den *Reden* Ciceros genannt wird.

Um die Mitte des 16. Jahrhunderts hat sich der Beruf des Buchmalers erschöpft. Seine letzten Vertreter arbeiteten in Italien, im Geist des Manierismus. Die nach ihrer Ausführungszeit letzten Miniaturen sind keine Miniaturen mehr im ursprünglichen Sinn. Sie sind keine Illustrationen, sondern allegorische Kompositionen, die in einem Fall in eine *Anweisung*, im anderen in einen *Portulan-Atlas* eingegliedert sind. Sie wurden zwar in Venedig auf Pergament gemalt, entbehrten aber jeglicher »Buch«-Spezifik. Sämtliche Traditionen der alten Kunst waren vergessen, dem Wesen nach haben wir es mit einem wahren Erzeugnis der Tafelmalerei zu tun.

O. A. Dobiasch-Roshdestwenskaja, eine Expertin auf dem Gebiet der mittelalterlichen Kultur, schrieb am Anfang unseres Jahrhunderts: »Das Aufkommen des Pergament-Codex statt der Papyrus-Rolle war zeitgleich mit der größten Weltrevolution, die die klassische, heidnische Antike von der Bühne verdrängte und einer neuen Welt, barbarisch in ihren Ursprüngen und christlich in ihrer Ausrichtung, den Weg freimachte. Der Pergament-Codex (und die Buchminiatur!) wurde zum Symbol und Weggefährten dieser Welt.« Tausend Jahre später verfiel diese »neue Welt« endgültig, ihre Lebenskraft verloren auch die handgeschriebenen Codices, besiegt vom gedruckten Buch, das jetzt zum »Weggefährten und Symbol« der Zivilisation wurde, die für sich die Bezeichnung »Neuzeit« beanspruchte.

Alndrei Sterligow

ENTSTEHUNGSGESCHICHTE DER SAMMLUNG ILLUMINIERTER HANDSCHRIFTEN IN DER RUSSISCHEN NATIONALBIBLIOTHEK SANKT PETERSBURG

Die Russische Nationalbibliothek in Sankt Petersburg verfügt über eine außerordentlich reiche Sammlung an westeuropäischen Handschriften, die in Rußland nicht ihresgleichen hat und eine der schönsten in der Welt ist. Außer Urkunden, die zum großen Teil aus französischen Staatsarchiven des 13. bis 18. Jahrhunderts stammen, enthält die Kollektion Codices aus dem 7. bis 17. Jahrhundert mit vorzüglichen Beispielen der Buchmalerei aus Frankreich, England, Deutschland, Italien, Spanien und den Niederlanden.

Den Grundstein der Sankt Petersburger Bestände bildet die Sammlung von Pjotr Dubrowsky (1754-1816), einem Beamten der russischen Gesandtschaft in Paris. Sie gelangte 1805 in die damalige Kaiserliche Öffentliche Bibliothek, neun Jahre vor deren offizieller Eröffnung. Noch früher, im Jahre 1795, wurde aus Warschau für die im Entstehen begriffene Bibliothek eine Bücher- und Handschriftensammlung der polnischen Magnaten I. und A. Saluski nach Sankt Petersburg gebracht. Da aber später der größte Teil der Handschriften aus dieser Sammlung an Polen zurückerstattet wurde [1], bildete die Kollektion Dubrowskys den Kern des westeuropäischen Handschriftenbestandes der Bibliothek. Später kamen die mittelalterlichen Codices aus der Sammlung des Grafen Suchtelen, dem russischen Botschafter in Stockholm im ersten Viertel des 19. Jahrhunderts, sowie die Handschriften aus der kaiserlichen Privatbibliothek (sog. Eremitagensammlung) hinzu. Nach der Oktoberrevolution wurden in den Bestand der Bibliothek einzelne Manuskripte aus den Schlössern in Pawlowsk und Peterhof, aus den Villen der Familien Stroganow und Jussupow aufgenommen.

Die Sammlung, die Dubrowsky in den letzten Jahrzehnten des 18. Jahrhunderts in verschiedenen Ländern Europas, vornehmlich in Frankreich, zusammengetragen hatte, ist außerordentlich reichhaltig und von großer historischer Bedeutung [2]. Die Biographie Dubrowskys als Sammler und als Mensch ist noch in vieler Hinsicht ungeklärt. Seine berühmte Kollektion hat lange Zeit die Aufmerksamkeit der Forscher von der Persönlichkeit des Sammlers abgelenkt. Sein Lebensweg ist sehr interessant. Er verbrachte mehr als zwanzig Jahre - davon vierzehn in Frankreich - im auswärtigen diplomatischen Dienst, wobei die letzten Jahre in die Zeit der Großen Französischen Revolution fielen. Er blieb in Paris bis zum Juni 1792. Wie ein bescheidener Kanzleibeamter des Senats, der 1772 die Kiewer Geistliche Akademie absolviert hatte, nach fünf Jahren das Amt eines Klerikers an der russischen Gesandtschaftskirche in Paris erhielt, ist ungeklärt. Möglicherweise war er mit dem Übersetzer und Schriftsteller Adrian Dubrowsky verwandt, dessen Gönner die Brüder Alexander und Semjon Woronzow waren. Jedenfalls steht fest, daß Dubrowsky, kaum 1777 in Paris angekommen, mit dem Ankauf von Büchern und Handschriften begann, überwiegend auf Kosten der Grafen Woronzow. Er nahm enge Kontakte mit vielen französischen Bibliophilen, Besitzern von Handschriftensammlungen, Bibliothekaren, Archivaren und Schriftstellern auf, mit deren Hilfe er seine großartige Sammlung zusammenstellte, die er »Museum« nannte. Seine eigenhändige Signatur Ex Musaeo Petri Dubrowsky steht fast auf allen von ihm angekauften Handschriften. Die Datierungen auf den Handschriften bezeugen, daß der russische Bücherenthusiast seine Sammlung in kurzer Zeit durch äußerst kostbare, oft einzigartige Exemplare in griechischer, lateinischer und in sämtlichen neuen europäischen Sprachen aufgefüllt hat. Der berühmte russische Historiker Nikolai Karamsin, der 1790 Paris besuchte, erwähnt unter anderen russischen Landsleuten, die er dort traf, Pjotr Dubrowsky und schreibt über ihn: »Er ist nicht reich, hat es aber verstanden, eine vorzügliche Bibliothek und eine Menge von Manuskripten in verschiedenen Sprachen zu sammeln. Er besitzt Originalbriefe Heinrichs IV., Ludwigs XIII., Ludwigs XIV. und Ludwigs XV., des Kardinals Richelieu, der englischen Königin Elisabeth u.a. Er ist mit allen hiesigen Bibliothekaren bekannt und erwirbt mit ihrer Hilfe Raritäten um einen Spottpreis, besonders in diesen wirren Zeiten. An jenem Tag, als das Volk das Archiv der Bastille plünderte, hat er für einen Louisdor einen ganzen Stoß von Papieren gekauft, darunter einige rührende Briefe irgendeines unglückseligen Autors an den Polizeimeister und das Tagebuch eines Eingekerkerten aus der Zeit Ludwigs XIII.« [3]

Ob Dubrowsky in eigener Person am 14./15. Juli 1789 in der Bastille war, wissen wir nicht, doch es ist kaum denkbar, daß er in diesen Tagen, da ganz Paris zur Bastille stürmte, nicht dabeigewesen sein soll, als man sich Handschriften beschaffen und Raritäten finden konnte, wie den Polizeibericht über Voltaire oder den dicken Memoirenband von Latude, einem der berühmtesten Gefangenen der Bastille. Einen interessanten Augenzeugenbericht über die Plünderung des Archivs der Bastille gibt der Dubrowsky wohlbekannte republikanische Abbé Rive (1730-1791). Der Abbé veröffentlichte diese Broschüre, als er Stadtbibliothekar in Aix-en-Provence war. Er schreibt: »Kaum war die Bastille gefallen, als eine Menge von interessanten Werken und kostbaren Handschriften ans Tageslicht kam. Ein Teil davon wurde dort wegen ihres kühnen Stils geheimgehalten, der Religion, Regierung oder hochgestellte Persönlichkeiten beleidigte; andere, weil sie Staatsgeheimnisse enthielten, die vor der Menge zu verbergen waren... Alle diese Handschriften, zumindest ihr größter Teil, gelangte im Moment der Befreiung in barbarische oder unkundige Hände, welche, ohne ihren wahren Wert und Nutzen zu ahnen, diese kostbaren Zeugnisse des menschlichen Geistes dem Messer des Buchbinders oder Papparbeiters usw. auslieferten. Die größten Kollektionen gelangten um den Preis von drei Sous pro Pfund in die Hände von Butter-, Tabak- oder Kolonialwarenhändlern«.[4] Es ist durchaus möglich, daß eben der Abbé Rive, ein in Frankreich zu jener Zeit angesehener Kenner von mittelalterlichen Handschriften, Pjotr Dubrowsky später zu einem Teil des Bastille-Archivs verhalf, der Dokumente von Gefangenen und über dreißig handgeschriebene Bücher enthielt, die beim Arrest ihrer Eigentümer beschlagnahmt worden waren. Es ist deshalb kein Zufall, daß im Verzeichnis der Privatbibliothek Dubrowskys von dieser seltenen Broschüre, aus der wir Zitate angeführt haben, 14 Exemplare enthalten waren. [5]

Dubrowsky hat wiederholt verschiedene diplomatische Missionen der russischen Regierung nicht nur in Frankreich, sondern auch in anderen Ländern, in Deutschland, Spanien, Portugal, England und Holland, ausgeführt. Die von ihm in einer Rechenschaftsliste aufgezählten Reiseziele ermöglichen es, in einigen Fällen die Herkunft einzelner Teile seiner Sammlung festzustellen. [6]

Ihren Höhepunkt erreichte die Sammeltätigkeit Dubrowskys in Paris zur Zeit der Revolution von 1789, insbesondere nach Abbruch der diplomatischen Beziehungen zwischen der russischen Regierung und dem revolutionären Frankreich, als die gesamte russische Gesandtschaft Paris verließ und Dubrowsky als Sekretär von M. Nowikow zurückblieb, dem die Pflichten eines Geschäftsträgers auferlegt worden waren. Seltene Bücher waren damals in Frankreich billig, die Bibliotheken und Archive wurden ausgeplündert. Der französische Schriftsteller Jacques Ancelot, der die handgeschriebenen Schätze Dubrowskys 1826 in Augenschein nahm, als sie sich bereits mehr als ein Vierteljahrhundert in Petersburg befanden, rechnete es jenem hoch an, daß er sie vor ihrem unweigerlichen Untergang gerettet hatte. Ancelot behauptete z.B., daß Dubrowsky sehr kostbare Manuskripte aus der tausende Bände zählenden Handschriftensammlung der Abtei St.-Germain dem Feuer entrissen habe, wobei er es »trotz aller Hindernisse und Erschwernisse tat, die ihm auf Schritt und Tritt

CICERO.
Reden. Frankreich. Einband

begegneten«.[7] In diesem Zusammenhang sei hier auch eine Äußerung von Professor Anton Iwanowski, dem ehrenamtlichen Bibliothekar der Kaiserlichen Öffentlichen Bibliothek um die Mitte des 19. Jahrhunderts, angeführt: »Die kostbaren Handschriften aus Frankreich gelangten zu uns nicht als Kriegstrophäen, sondern infolge einer patriotischen Heldentat Dubrowskys... Diese Handschriften gingen für Frankreich verloren, sind aber glücklicherweise der Wissenschaft erhalten geblieben.«[8]

Wie schon erwähnt, hatte Dubrowsky die Möglichkeit, Handschriften und Archivdokumente nicht nur in Frankreich zu sammeln. Noch vor Beginn der Revolution bereiste er z.B. Spanien und Portugal. Das Ergebnis dieser Reise zeigte so glänzende Resultate, daß er sich mit dem Gedanken trug, in Paris auf eigene Kosten ein Buch von seiner Reise mit Karten, Plänen und Illustrationen drucken zu lassen.[9] Drei Jahre (1792-1795) verbrachte Dubrowsky in Holland, besuchte auch Hamburg und andere deutsche Städte. Überall erwarb er Archivdokumente und Handschriften, um seine Sammlung zu vervollständigen. Sein Interessenkreis war sehr groß. Neben kostbaren mittelalterlichen Codices und Handschriftenexemplaren, die dem erlesensten Geschmack eines Bücherfreundes genügen konnten, verschmähte er auch nicht zeitgenössische Handschriften und wissenschaftliche Korrespondenzen, deren künftiges historisches Interesse er nur ahnen konnte.

Seine ersten Ankäufe waren offensichtlich mittelalterliche Handschriften aus dem Zölestiner-Kloster der hl. Maria in Paris. Dieses Kloster, das sich nicht dem Edikt von 1768 fügte, das dem Zölestiner-Orden eine Reform vorschrieb, sollte laut einer Verfügung des Pariser Parlaments vom April 1778 geschlossen werden. Es ist bekannt, daß gerade in den 70er bis 80er Jahren die reiche Bibliothek des Klosters von den Mönchen allmählich ausgeplündert wurde. Die Bücher gelangten in die Hände von Privatpersonen, unter denen die Namen bekannter Bibliophiler jener Zeit genannt wurden, wie der Marquis de Paulmy und der Herzog de La Vallière. Den Bibliothekar des letzteren, den Abbé Rive, lernte Dubrowsky offensichtlich bald nach seiner Ankunft in Frankreich kennen. Vermutlich mit dessen Hilfe gelang es Dubrowsky, zwölf Manuskripte des 12. bis 15. Jahrhunderts, die den Zölestinensern gehört hatten, zu erwerben. Acht von den Folianten sind in den Klosterwerkstätten hergestellt worden. Davon zeugen die Vermerke der Schreiber und der Einband. Den größten Wert aber besitzen aus dem zölestinensischen Komplex in der Sammlung Dubrowsky zweifellos die drei dicken Folianten aus der fünfbändigen Bibel des 12. Jahrhunderts mit ausgezeichneten ornamentalen Initialen (der erste und fünfte Band befinden sich in der Arsenal-Bibliothek, Paris)[10]. Diese Bibel wurde dem Kloster von Ludwig von Orléans, dem Sohn Karls V., geschenkt. Der letztere galt als Gründer und Schutzherr des Klosters. Es ist nicht ausgeschlossen, daß der Codex einst Karl V. gehört hatte, der als großer Bücherfreund den Namen »der Weise« (le Sage) erhielt. L. Delisle, ein namhafter französischer Kunsthistoriker, der die Handschriftenfonds der Nationalbibliothek im 19. Jahrhundert erforschte, berichtet, daß im Jahre 1397 oder 1398 Karl VI. seinem Bruder Ludwig von Orléans erlaubt hatte, der Louvre-Bibliothek zwei Bibeln zu entnehmen, die ihrem Vater gehört hatten[11]. Eine von ihnen mit der Signatur Karls V. und Ludwigs von Orléans wird heute in der Arsenal-Bibliothek aufbewahrt. Die zweite, und zwar die fünfbändige Bibel, wurde im 18. Jahrhundert in zwei Teile geteilt. Der eine blieb in Paris, der zweite wurde von Dubrowsky erworben. Am Anfang des zweiten Bandes (der erste in der Sammlung Dubrowsky) ist eine halbverwischte Inschrift aus dem 15. Jahrhundert erhalten geblieben, die berichtet, daß dieser Band, zusammen mit den übrigen vier, dem Kloster von Ludwig von Orléans geschenkt wurde.

Es ist hier ein wesentliches Detail zu bemerken: Nur in die zölestinensischen Folianten trug sich Dubrowsky als Besitzer ein, wahrscheinlich zu einer Zeit, als der künftige Sammler noch nicht an die Schaffung seines berühmten Museums gedacht hatte. Erst später, als er seinen Schatz sozusagen mit seiner Person identifizierte, machte er auf diesen kostbaren Büchern folgende Eintragung: Ex Musaeo Petri Dubrowsky.

Er war davon überzeugt, daß die Erinnerung an ihn in diesen kostbaren Zeugen der Vergangenheit weiterleben werde. Die Kollektion wurde noch zu Lebzeiten Dubrowskys weit bekannt. »Der reichste Schatz der Jahrhunderte«, so nannte man die Sammlung Dubrowsky in der Zeitschrift »Vestnik Evropy«, wurde 1804 nach Petersburg gebracht[12]. Dubrowsky selbst kehrte 1800 heim. Anfangs bewahrte er die Sammlung in seiner Wohnung auf. Als man davon hörte, wie der gleiche »Vestnik Evropy« schreibt, »ergoß sich ein Besucherstrom« in die bescheidene Wohnung Dubrowskys, darunter Würdenträger, Künstler und Literaten, welche die Handschriften mit eigenen Augen sehen wollten. Gerade um diese Zeit besuchten Dubrowsky der Graf Alexander Stroganow, der bekannte Bibliophile Graf Peter Suchtelen, der Leiter der kaiserlichen Bibliotheken, Alexander Olenin, der künftige Direktor der Kaiserlichen Öffentlichen Bibliothek, F. Adelung, der die erste gedruckte Beschreibung der Sammlung Dubrowsky zusammenstellte[13], und der Metropolit Eugenius (Bolchowitinow), Autor bekannter Lexika der russischen Schriftsteller sowie vieler Werke über slawisch-russische Archäographie. Seit Anfang 1804 werden über Graf Stroganow Verhandlungen zwecks der Übergabe der Sammlung an die Öffentliche Bibliothek geführt. Es sind Originalbriefe und Aufzeichnungen Stroganows über diese Verhandlungen erhalten geblieben, die er für den Bericht an den Zaren Alexander I. zusammenstellte.

Am 18. Januar 1805 schreibt Graf Stroganow, es sei wünschenswert, den Erwerb der Sammlung Dubrowsky zu beschleunigen, denn die »beschränkten Verhältnisse« desselben »könnten ihn dazu zwingen, sie irgendeinem ausländischen Staat zu überlassen«[14]. Gemeint waren damit die Engländer, die dem Besitzer sehr günstige Angebote machten. Stroganow schließt seinen Bericht mit den Worten: »Solch eine Anzahl von Raritäten hat sich noch niemals in den Händen einer Privatperson befunden. Solch eine Sammlung erforderte einen sechsundzwanzigjährigen unermüdlichen Fleiß und Eifer, günstige Gelegenheiten, Besuche von Rom, Madrid, Paris und schließlich die Französische Revolution selbst«. Und er fährt fort: »Dubrowsky, der diese Schätze gesammelt hat, beabsichtigt, sie dem Vaterland zu vermachen. Er arbeitet dafür einen Plan zur Gründung eines Handschriftendepots an der Kaiserlichen Bibliothek aus«, denn »diese Schätze verdienen es, daß sie in

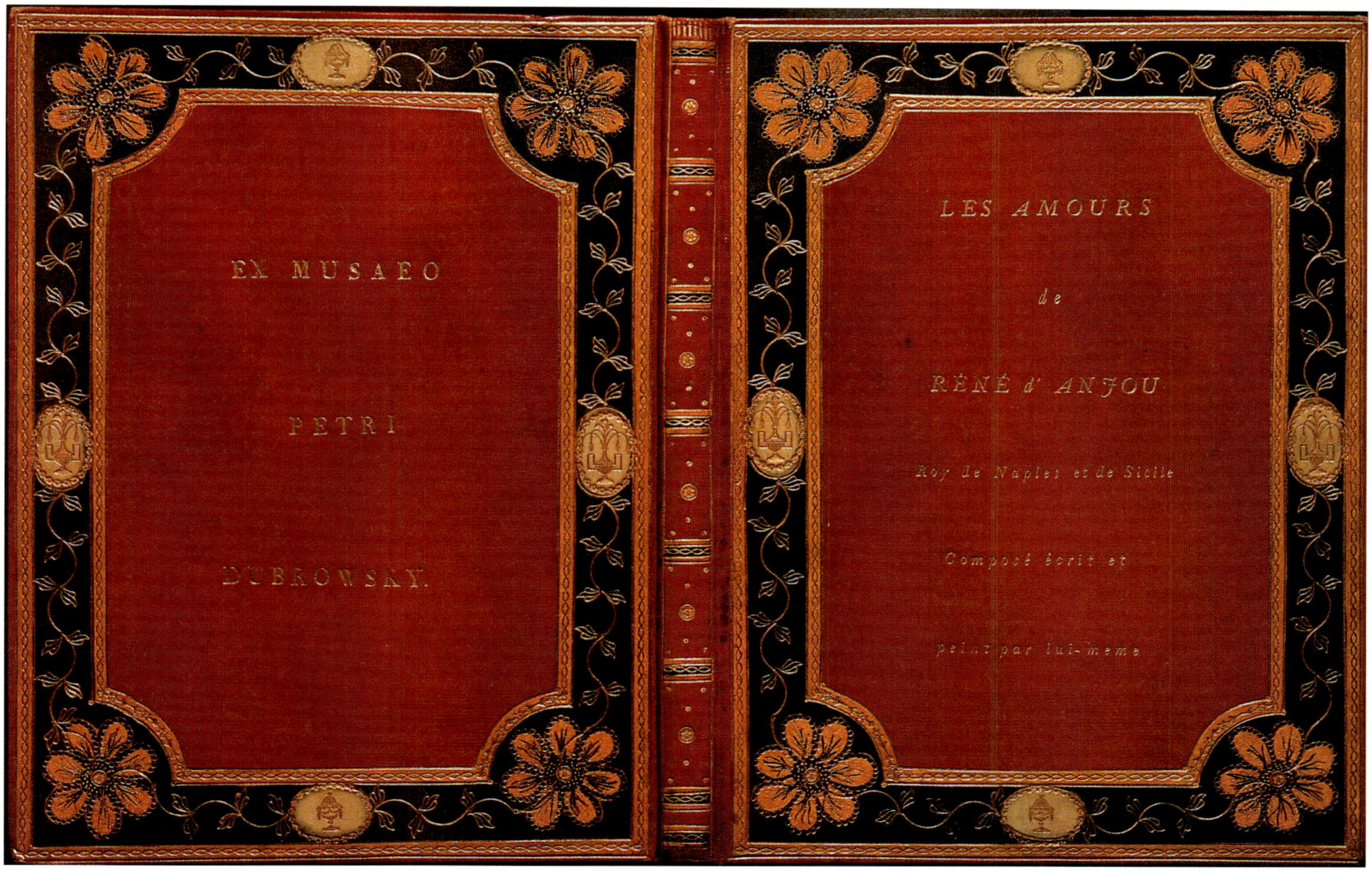

REGNAULT UND JEANNETON.
Saffianleder-Einband, für Pjotr Dubrowsky angefertigt

diesem Depot den ersten Platz einnehmen«. Auf dem Memorandum Stroganows steht die Resolution: »Referiert am 27. Jan. 1805 – allerhöchst befohlen, die Manuskripte entgegenzunehmen und der Bitte stattzugeben«.[15] Mit dem 27. Februar ist das Reskript Alexanders I. an Stroganow betreffs der Gründung eines Handschriftendepots datiert: »Graf Alexander Sergejewitsch! Gemäß Ihrem Rapport über die Einrichtung eines Handschriftendepots an der Kaiserlichen Bibliothek, den Anfang dazu durch die vom Hofrat Dubrowsky zum Nutzen des Vaterlandes gewidmete kostbare Sammlung legend, (...) beauftrage ich Sie, von ihm die erwähnte Sammlung entgegenzunehmen und ihn entsprechend seinem Wunsch und seinen Fähigkeiten zum Kustos dieses Depots zu ernennen, das seiner Bedeutung nach eine Sonderabteilung der Kaiserlichen Bibliothek bilden und sich einzig unter der Aufsicht des Hauptdirektors befinden soll.«[16] Im Vergleich mit anderen Privatsammlungen jener Zeit hat die Sammlung Dubrowsky einen wesentlichen Vorzug. In ihrer Gesamtheit besteht sie nicht aus vereinzelten Autographen oder Handschriften, die berühmten Persönlichkeiten gehört hatten und von Liebhabern von Unikaten bei Versteigerungen aufgekauft wurden, sondern aus Handschriftkomplexen, die sich einst in mittelalterlichen Klosterbibliotheken, staatlichen Archiven und Privatsammlungen befunden hatten. Die erste Gruppe umfaßt Handschriften aus der Bibliothek der Abtei Saint-Germain-des-Prés und der Bastille, die zweite Codices, die den französischen Königen und Mitgliedern der Königsfamilie sowie Großmagnaten und Würdenträgern Frankreichs und anderer Länder gehört hatten.

Da die Handschriften aus der Klosterbibliothek von Saint-Germain-des-Prés den umfangreichsten Komplex in der Sammlung Dubrowsky bilden, ist es angebracht, diese beteutende Bibliothek zu beschreiben, stammt doch aus ihr die überwiegende Hälfte der in diesen Band aufgenommenen Codices.

Die Klosterbibliothek Saint-Germain-des-Prés nahm unter den mittelalterlichen Bibliotheken Frankreichs eine besondere Stellung ein. Die Abtei wurde 558 in Paris von Benediktinern gegründet[17], die Bibliothek wurde folglich von den Mönchen im Laufe von mehreren Jahrhunderten zusammengetragen. Auf vielen Handschriften sind Vermerke der Besitzer oder Kopisten seit dem 10. Jahrhundert erhalten geblieben. Die Bibliothek wurde durch üppige Spenden und Donationen ergänzt und erfuhr ihre größte Blüte im 17. und 18. Jahrhundert, als die gelehrten Mönche eine rege Sammeltätigkeit zwecks Veröffentlichung mittelalterlicher literarischer Quellen entfalteten. Zu diesem Zweck sammelten sie alte Handschriften, nicht nur in Frankreich, sondern auch in anderen Ländern (Italien und Deutschland). Viele Klöster überließen der Bibliothek von Saint-Germain ihren Bestand an Handschriften, die für die Edition patriotischer und historischer Werke nötig waren, und zwar nicht nur für den zeitweiligen Gebrauch, sondern auch zur ständigen Aufbewahrung. Darunter ist in erster Linie ein bedeutender Teil der Bestände des Klosters zu Corbie (unweit von Amiens) zu nennen, das über eine berühmte Kopisten-Werkstatt verfügte. Die handgeschriebenen Schätze, die hier im Laufe von acht Jahrhunderten angehäuft wurden, begann man während der Bürgerkriege im 16. und 17. Jahrhundert auszuplündern. Viele Handschriften aus Corbie gelangten in Privatsammlungen. Die Bibliothek verfiel. Auf Anordnung von Kardinal Richelieu wurden im Jahre 1638 etwa 400 alte Handschriften aus Corbie in die Abtei Saint-Germain-des-Prés gebracht, wo Dubrowsky, neben anderen mittelalterlichen Handschriften, 25 Unikate aus Corbie erwarb. [18] In der zweiten Hälfte des 17. und im Laufe des ganzen 18. Jahrhunderts wurden die Bibliotheksbestände von Saint-Germain ständig aufgefüllt. Erwähnt seien hier zwei Eingänge, und zwar 1735 die Bücher und Handschriften des Kanzlers Pierre Séguier und 1755 die Sammlung des Siegelbewahrers Chauvelin, die zur Bibliothek der Familie Harlay und anderer Besitzer gehörte.

Nachdem eine große Anzahl von Handschriften 1791 verschwunden war und ein Brand 1794 fast alle gedruckten Bücher der Bibliothek vernichtet hatte, wurden die klösterlichen Bestände aus Saint-Germain-des-Prés der Nationalbibliothek von Paris übergeben (1755-1796). Über die Plünderung im Jahre 1791 schrieb Delisle, daß die Diebe eine beträchtliche Anzahl von Handschriften entwendet hätten, von denen der größte Teil, der sich durch sein Alter bzw. durch die Miniaturen auszeichnete, in den Besitz von Dubrowsky, dem Sekretär an der

PORTULAN des Battista Agnese.
Italien (Venedig). 1546.
Wappen des Auftraggebers (?)

russischen Gesandtschaft in Paris, geraten sei[19]. Doch auf einigen in Dubrowskys Besitz befindlichen Handschriften sind andere Erwerbungsdatierungen angegeben: 1777, 1778, 1780, 1788 und 1792. Nur auf einer einzigen Handschrift gelang es uns, das Jahr 1791 zu entdecken, das Jahr, als die Abtei Saint-Germain am stärksten ausgeplündert worden ist. Andererseits verheimlichte Dubrowsky nicht, sondern war im Gegenteil sehr stolz darauf, daß der Grundstock seiner Kollektion aus dieser berühmten Bibliothek stammt. Es besteht kein Zweifel, daß die Handschriften aus Saint-Germain nicht erst nach der Plünderung von 1791, sondern lange vor der Revolution auf den Auktionsmarkt gelangt sind. [20]

Den zweitwichtigsten Platz in der Handschriftenabteilung nimmt die Sammlung Suchtelen (1751-1836) ein, und zwar nicht nur zahlenmäßig. Sie enthält 262 mittelalterliche Codices und etwa dreißigtausend einzelne Dokumente und eine Fülle wertvoller Unterlagen. Sie wurde 1836 von der Kaiserlichen Öffentlichen Bibliothek von Graf Konstantin Suchtelen, dem Erben des verstorbenen Peter Suchtelen, erworben.

Peter Suchtelen war gebürtiger Holländer. Er stammte aus der niederländischen Stadt Grave und aus einer bescheidenen Adelsfamilie, die dorthin im 16. Jahrhundert aus Schweden umgesiedelt war. Suchtelen machte eine glänzende Karriere in Rußland. Im Jahre 1788 trat er im Rang eines Oberstleutnants in russische Dienste und brachte es bis zum General. Er war Außerordentlicher und Bevollmächtigter Minister Rußlands am schwedischen Hof. Suchtelen zeichnete sich besonders in den beiden russisch-schwedischen Kriegen 1788 und 1808/09 aus. Dank seinen nicht so sehr militärischen als eher diplomatischen Erfolgen wurde Sveaborg erobert, das als unbezwingbare Festung galt. Die Folge war der Anschluß Finnlands an Rußland. Bei der Verleihung des Grafentitels 1822 (1806 war er russischer Staatsbürger geworden), erhielt Suchtelen das Recht, die Silhouette der Festung Sveaborg in sein Wappen aufzunehmen. Das gleiche Motiv ist auch in seinem Exlibris enthalten (s. S. 160). Bald nach Beendigung des russisch-schwedischen Krieges wurde Suchtelen zum Botschafter in Stockholm ernannt. Während des Vaterländischen Krieges von 1812 nahm er an allen Schlachten von Großbeeren bis Leipzig teil. 1813 begleitete er Marschall Bernadotte, den damaligen Erbprinzen des schwedischen Königs Karls XII., in den Kriegszügen gegen die Franzosen und Dänen. Nach Abschluß des Pariser Friedens nahm er sein Amt als Außerordentlicher und Bevollmächtigter Minister am schwedischen Hof wieder auf. Dort starb er im Alter von 85 Jahren. Trotz der anfänglich kühlen Haltung der Schweden wegen des Verlustes von Finnland genoß Suchtelen große Sympathie seitens der schwedischen Gesellschaft, insbesondere ihrer literarischen und künstlerischen Kreise. Daraus erklärt sich in seiner Sammlung nicht nur die große Anzahl von Briefen seiner Zeitgenossen, und zwar nicht nur von Diplomaten und Politikern, sondern auch von namhaften Gelehrten, Schriftstellern, Künstlern, Antiquaren, die ihm bisweilen ihre Handschriften und sogar Teile ihrer Archive schenkten. So hat der berühmte schwedische Chemiker Jakob Berzelius (1779-1848) Suchtelen einen Teil seiner wissenschaftlichen Korrespondenz geschenkt, die aus 158 Briefen europäischer Gelehrter bestand.[21] Auf gleiche Weise erhielt er die Handschriften von Carl von Linné (1707-1778) sowie einen Materialienkomplex, der dem namhaften schwedischen Orientalisten, Reisenden und Schriftsteller J. I. Björnstahl (1731-1779) gehörte.

Suchtelen begann mit der Anlage seiner Bibliothek noch in Rußland, vor Beginn seiner diplomatischen Tätigkeit. Sie enthielt nicht nur Handschriften, sondern auch seltene Bücher. In den Jahren 1801–1802 erfreute er sich der besonderen Gunst des jungen Alexander I., der ihn zum Generalquartiermeister und später zum Inspekteur des Ingenieur-Departements ernannte. Im ehemaligen Thronsaal Pauls I. im Michailowski-Schloß befand sich das Kabinett Suchtelens und seine Bibliothek, die außer Büchern und Handschriften auch Sammlungen von Medaillen, Münzen und geographischen Karten enthielt. F. Wiegel, ein bekannter Memoirenschreiber, notierte nach seinem Besuch bei Suchtelen: »...dieser Mensch frappiert durch sein Wissen, er ist so bescheiden, daß er niemanden in Erstaunen setzen, geschweige denn zu erschrecken beabsichtigt... Sämtliche mathematische Disziplinen, sämtliche Zweige der Literatur, die Philosophie und Theologie sind ihm in gleichem Maße geläufig. In der Kunst ist er ein zuverlässiger und gewandter Beurteiler. Wie es ihm aber gelingt, seinen Wissensschatz zu mehren, wenn er den halben Tag dem Dienst widmen muß – das bleibt ein Rätsel.« Wiegel hat auch ausführlich die »Kabinett-Bibliothek« Suchtelens im Michailowski-Schloß beschrieben: entlang den Wänden »standen bis auf halbe Höhe Schränke aus einfachem Holz, ohne Verglasung und Vorhänge, eng aneinandergereiht. Auf den Regalen lagen Kostbarkeiten, um die ihn jeder Bücherfreund beneiden konnte. Es scheint, daß allein die Elzevir-Ausgaben zahllos waren. In der Saalmitte standen hintereinander große Tische mit Schubladen, die bis zum Boden reichten und in ihrem Innern andere Schätze beherbergten: seltene Handschriften, Kollektionen von Stichen und Medaillen; oben aber lagen Folianten gestapelt, die ihren Platz noch nicht gefunden hatten... Er war ein wahrer Büchernarr. Das ist aber eine Art von Luxus, die zu ihrer Befriedigung in erster Linie Zeit und Umsicht verlangt. General Suchtelen, nicht arm, aber auch nicht reich, hat sein ganzes Leben lang die Hälfte seiner Einkünfte auf den Ankauf von Büchern verwandt und hinterließ nach seinem Tod den Erben solch eine Bibliothek, daß sie von der Krone erworben werden mußte, da keine einzige Privatperson den Kauf tätigen konnte.« [22]

Wie schon erwähnt, wuchs die Sammlung Suchtelens besonders stark in den letzten Jahrzehnten seines Lebens. Obwohl er beständig in Schweden lebte, korrespondierte er mit Gelehrten und Bibliophilen ganz Europas, verfolgte aufmerksam die Veröffentlichung von Auktionskatalogen und vermehrte mit ihrer Hilfe ununterbrochen seine Buch- und Handschriftenreichtümer. In den meisten Auktionskatalogen, die von Suchtelen in den Buchbestand der Russischen Nationalbibliothek gelangten, sind von Hand geschriebene Preise, möglicherweise seines Agenten, erhalten geblieben. Es ist z. B. bekannt, daß Suchtelen eine lateinische Handschrift des 14. Jahrhunderts der Werke Petrarcas bei der Versteigerung der Bibliothek des Grafen Mac-Carthy 1817 in Paris für 400 Franc erstanden hat.

Im Unterschied zum dokumentarischen Teil der Sammlung Suchtelen ist seine Kollektion an handgeschriebenen Büchern, die

JEAN VARIN. Bildnis und Emblem des Pierre Séguier. Erste Manuskriptseite der *Devisen und Embleme* (Bibliothek Pierre Séguier)

zahlenmäßig relativ klein ist, niemals Gegenstand einer speziellen Betrachtung gewesen. Es sind nur einzelne Codices, besonders mit Miniaturen, erforscht worden (Werke Petrarcas, Ovids, die in diesen Bildband aufgenommen sind). Indessen verdient diese kleine Sammlung, die zur Hälfte aus lateinischen und französischen Handschriften des 11. bis 15. Jahrhunderts besteht, zweifellos ein eingehendes Studium. Sie ist vom Sammler mit Liebe und großem Verständnis für die künstlerischen Zeugen der Weltkultur zusammengetragen worden. Jede Handschrift, deren alter Einband erhalten geblieben war, bekam einen speziellen Karton, auf dessen Rücken in Goldprägung der Titel und das Entstehungsjahr des Manuskripts vermerkt waren. Die meisten Handschriften erhielten neue Einbände aus braunem Leder, blindgeprägte Rahmen auf der Vorderseite und eine Goldprägung auf dem Rücken. Auf dem Rückendeckel jeder Handschrift ist das Exlibris Suchtelens aufgeklebt, mit der Inschrift: Bibliotheca Suchtelen. Aequa mente.

Und schließlich gehört zum dritten Bestandteil der ausländischen Handschriftensammlung die Sammlung aus der Eremitage, die einst Bestandteil der Privatbibliothek des Zaren war und 482 Bände enthielt. Sie gelangte 1861 in die Öffentliche Bibliothek[23]. Aus dieser Sammlung sind fünf Handschriften in den Bildband aufgenommen worden, und zwar eine *Bibel* aus dem Kloster Weissenau, ein *Missale*, ein einzigartiges winziges *Stundenbuch*, die *Großen Französischen Chroniken*, von Simon Marmion ausgeschmückt, dem namhaftesten burgundischen Künstler, und der *Portulan* von Gian Battista Agnese.

Die Eremitage-Bibliothek, sowohl die Bücher als auch die Handschriften, wurde 1767 von Katharina II. gegründet und fast dreißig Jahre von ihr bereichert. Den Kern der Bibliothek bildeten die von der Kaiserin erworbenen Bücher- und Handschriftensammlungen von Diderot, Voltaire, d'Alembert und Galiani. Hinzu kamen Manuskripte, die Peter III. und seinem Vater gehört hatten und zum großen Teil der Geschichte Deutschlands gewidmet waren (Nürnberg, Brandenburg, Holstein, Danzig, Hamburg, Kurfürstentum Sachsen u.a.). Unter der Regierung Alexanders I. wurden 27 lateinische Handschriften aus dem Kloster Weissenau in Schwaben erworben. Die seltenste westliche Handschrift gelangte unter Nikolaus I. in die Eremitage-Bibliothek: die erwähnten *Großen Französischen Chroniken*. [24]

Im Laufe der zweiten Hälfte des 19. Jahrhunderts wurde der Bestand der westeuropäischen Handschriften durch Einzelzugänge ergänzt. 1889 schenkte z. B. Graf Stroganow (1795–1891) eine kleine, aber äußerst wertvolle Sammlung [25]. Sie enthielt 26 Handschriften, von denen 17 in lateinischer und französischer Sprache auf Pergament geschrieben waren. Ein großer Teil ist mit den schönsten Miniaturen und Ornamenten geschmückt und enthält die Exlibris der Stroganows. Zwei Codices aus dieser Sammlung sind im Bildband vorgestellt, und zwar die *Kräuterhandschrift* des Platearius, die offensichtlich Charles d'Anjou gehört hatte und später in den Besitz des französischen Königs Karl VIII. übergegangen ist, und die *Geschichte des Trojanischen Krieges* von Guido delle Colonne, die sich zuvor in der Sammlung Louise-Jean Gaignat befunden hatte und 1769 auf einer Auktion in Paris versteigert wurde.

Die Handschriftensammlung des Grafen Alexander Gregorjewitsch Stroganow, Generaladjutant und Mitglied des Staatsrats, wurde von W. Florinski auf Wunsch des Besitzers der Kaiserlichen Öffentlichen Bibliothek übergeben. Der restliche Teil der Bibliothek gelangte nach dem Tode des Grafen 1891 laut seinem Testament in die Bibliothek der Universität Tomsk.

Nach 1917 wurden der Öffentlichen Bibliothek die Manuskripte aus dem ehemaligen Jussupow-Palais, dem Schloß in Pawlowsk und dem Peterhofer »Cottage« übergeben. Darunter waren illuminierte Codices des 14. und 15. Jahrhunderts, überwiegend Stundenbücher, die von erstklassigen Meistern ausgeführt sind. [26]

Wenn die ältesten in diesen Bildband aufgenommenen Handschriften zum größten Teil theologische Texte enthalten, so sind die Codices des 13. bis 16. Jahrhunderts meist profanen Inhalts: Chroniken, historische Werke, Ritterromane, Poeme, Enzyklopädien, philosophisch-allegorische Traktate, Übersetzungen antiker Autoren (Cicero, Plutarch, Ovid u.a.). Eine Ausnahme bilden die im 14. und 15. Jahrhundert weit verbreiteten Stundenbücher, die einen Kalender, Fragmente aus den Evangelien, Psalmen und Gebete enthalten. Heute besitzt die Bibliothek 130 mittelalterliche Handschriften mit Miniaturen. Die Zahl der Miniaturen liegt selbstverständlich viel höher. Einige Codices enthalten über 150 illuminierte Blätter, wie z.B. die *Großen Französischen Chroniken* und das *Missale* von Reims, die die größten Kostbarkeiten der Petersburger Sammlung darstellen.

Das Studium der illuminierten Handschriften in der Russischen Nationalbibliothek, d.h. vom Standpunkt ihrer Herkunft aus, ermöglicht es, den Bestand der Sammlungen zu rekonstruieren, die heute nicht mehr existieren oder zerstreut sind, in der Geschichte der mittelalterlichen Kultur jedoch eine große Rolle gespielt haben. Unter den alten Klosterbibliotheken Frankreichs gehört dazu die Sammlung des bereits erwähnten Klosters von Corbie [27]. Unter den späteren steht zweifellos die »librairie« Karls V. an erster Stelle, deren 600 jähriges Jubiläum die Pariser Nationalbibliothek 1968 durch eine vorzügliche Ausstellung gewürdigt hat. [28] Die zu Lebzeiten Karls V. etwa 1000 Handschriften zählende Bibliothek enthielt im Jahre 1424, gegen Ende der Regierung seines Sohnes Karls VI., nur noch 823 Titel. 1424 wurde sie vom Herzog von

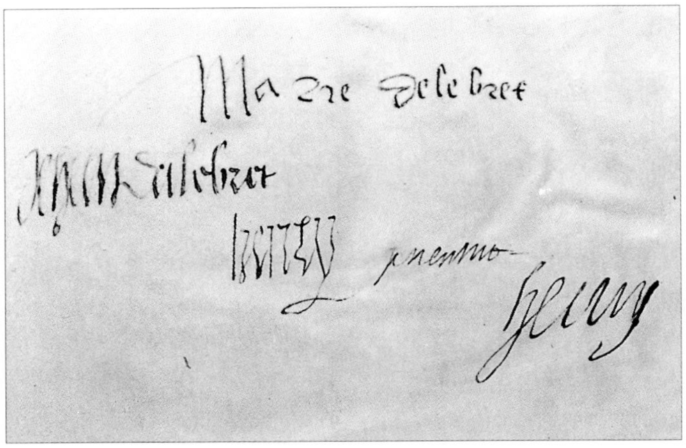

Signaturen von Jean d'Albret, Jeanne d'Albret, Henri Ier und Henri de Navarra in der *Historienbibel* von Guiart des Moulins. Bl. 1v.

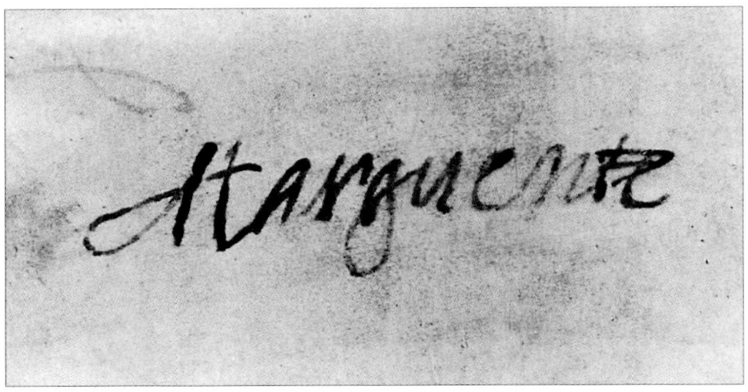

Signatur von Marguerite de Valois in der *Historienbibel* von Guiart des Moulins. Bl. 1.

Bedford, dem Regenten des Königreichs, erworben, jedoch nach dessen Tod 1435 völlig aufgelöst. Bereits im 15. Jh. waren Manuskripte aus der Bibliothek Karls V. in den Besitz Philipps des Guten, Herzog von Burgund übergegangen[29]. Ein Teil geriet in englische Sammlungen, und obwohl die meisten Handschriften in Frankreich verblieben, bereicherten sich dennoch viele große Büchereien Europas und Amerikas um zahlreiche Meisterwerke, die dieser Schatzkammer entstammten. Fast ein Viertel der Handschriften aus der Bibliothek Karls V. wurde zur Pariser Ausstellung von 1968 aus London, Cambridge, Oxford, New York, Kopenhagen, Den Haag, Leiden, Nürnberg, Hamburg und Brüssel gesandt.

Dem französischen König Karl VIII. gehörten die prächtige *Kräuterhandschrift* des Platearius (sie gelangte 1889 in die Öffentliche Bibliothek mit der Sammlung Stroganow) und zwei Handschriften, die speziell für den König angefertigt waren. Die eine, *Geschichte der Venezianer* von Guillaume de Dormans, die andere ein unveröffentlichter Text der *Chronik von Amboise*. Letztere enthält nur eine einzige Miniatur, die Szene der Übergabe des Codex an Karl VII. Beide Handschriften tragen ein königliches Wappen. Für die Regentin des minderjährigen Karl VIII., seine ältere Schwester Anna von Frankreich (die Dame von Beaujeu), Herzogin von Bourbon, war die Abschrift der *Lebensbeschreibung Ludwigs von Bourbon* von Jean d'Orronville bestimmt, in der das Leben des Herzogs von Bourbon, der zur Zeit Karls VI. Regent von Frankreich war, geschildert ist. Das Wappen der Bourbonen und die Devise *Esperance* bestätigt die Zugehörigkeit der Handschrift zu diesem Hause.

Mehrere Codices der Petersburger Sammlung stammen aus der Bibliothek Ludwigs XII. und der Anna von Bretagne. Auf den Blättern des prächtigen Stundenbuches und der französischen Handschrift der *Triumphe* Petrarcas findet sich die eigenhändige Signatur des Königs: Loys. Ludwig XII. gelang es, die königliche Sammlung im Louvre beträchtlich zu erweitern, indem er ihr herausragende Sammlungen eingliederte, so die berühmte Bibliothek der Herzöge von Mailand mit einem Teil der Handschriften aus dem Besitz Francesco Petrarcas. Im Bestand der Russischen Nationalbibliothek wird das Traktat *Semideus* von Caton Sacco über die Kriegskunst aufbewahrt, das der Verfasser dem Mailänder Herzog Philipp-Maria Visconti geschenkt hatte und das Ludwig XII. aus Italien mitnahm.[30]

Zwei in diesen Bildband aufgenommene Handschriften wurden für Louise von Savoyen, die Mutter des französischen Königs Franz I., angefertigt. Die eine enthält ein allegorisches Werk, das Buch vom *Triumph der Macht und der Vorsicht*. Die zweite Handschrift mit dem Text der *Kräuterhandschrift* von Platearius ist eine reicher illuminierte Kopie des für Charles d'Anjou, Graf von Maine angefertigten, ebenfalls in Sankt Petersburg aufbewahrten Manuskripts. Die Handschrift gehörte eine Zeitlang Kaiser Karl V., (sein Autogramm findet sich dreimal auf ihren Blättern). Bekanntlich wurde Franz I. von Karl V. nach der Schlacht bei Pavia 1525 gefangengenommen. Vielleicht hat der Codex damals den Besitzer gewechselt.

Unter den einzelnen Exemplaren, die verschiedenen Königshäusern gehört hatten, sind die bekanntesten die *Historienbibel* von Guiart des Moulins, ein zweibändiger Foliant des 14. Jahrhunderts (aus der Familie d'Albret von Navarra) und das *Stundenbuch der Maria Stuart* (1542-1587), das der Herzog von Guise seiner Nichte geschenkt hatte, als sie die Braut des Dauphins, des künftigen Franz II., war. Auf den leeren Blättern am Anfang und am Ende des zweiten Bandes der Historienbibel hinterließen Heinrich IV., sein Großvater, seine Mutter und seine Frau Margarete von Valois ihren Namenszug. Das Stundenbuch der Maria Stuart trägt viele Vermerke der Königin. Der früheste wurde von der zwölfjährigen Maria während ihres Aufenthalts in Frankreich gemacht: *Ce livre est à moi. Marie, Royne, 1554*. Alle späteren Eintragungen machte sie während ihrer Gefangenschaft in England, die bekanntlich ab 1568 ganze 19 Jahre währte: auf acht Blättern des Stundenbuchs sind von der schottischen Königin verfaßte Vierzeiler erhalten geblieben.

Außer den Vierzeilern Maria Stuarts enthält dieser Codex die Namenszüge von zehn Zeitgenossen, darunter Graf Nottingham, Lady Arabella Seymour, Elizabeth Shrewsbury, Graf von Essex, Graf von Sussex, Sir Walsingham usw. A. Lobanow-Rostowski hat nachgewiesen, daß alle Namenseintragungen aus der Zeit nach der Enthauptung Maria Stuarts 1587 stammen, als das Buch einem Höfling Jakobs I. gehörte. Es blieb bis 1615 in England[31].

Unter den Handschriften aus dem Besitz französischer Fürsten nehmen diejenigen, die Philipp dem Guten, Herzog von Burgund gehörten, zweifellos den zweiten Platz nach den königlichen ein.

Die Sammlung, die von vier burgundischen Herzögen aus dem Hause Valois im 15. Jahrhundert geschaffen wurde, wuchs insbesondere unter der ein halbes Jahrhundert währenden Herrschaft Phlipps des Guten (1419-1467), für den unablässig Schriftsteller und Übersetzer tätig waren, deren Werke von den führenden Buchmalern der Zeit ausgeschmückt wurden. Beim Tode des Herzogs zählte diese Sammlung rund eintausend Bände, während die Bibliothek, die Herzog Philipp von seinem Vater Johann ohne Furcht nach dessen tragischem Tod 1420 erbte, laut Inventarliste zweihundertfünfzig Bände enthalten hatte[32].

In der Sammlung der Russischen Nationalbibliothek befinden sich mindestens zehn Handschriften aus dieser berühmten Schatzkammer Philipps des Guten. Manche wurden im Auftrag des Herzogs angefertigt. Die Handschriften mit den Ritterromanen *Athis und Prophilias*, den *Roman vom Veilchen* und *Über den Liebespanther* erbte Philipp der Gute von seinem Vater. Besonders berühmt sind die *Großen Französischen Chroniken* mit den Miniaturen des Simon Marmion und seiner Gehilfen[33]. Aber auch die übrigen Handschriften sind Meisterwerke und Raritäten: die Übersetzung der medizinischen Traktate des italienischen Arztes Guido Parati (*Drei Abhandlungen über die Erhaltung der Gesundheit*) mit einer Widmung an Philipp den Guten (der Codex hat seinen ursprünlichen burgundischen Einband behalten).

Andere Manuskripte lassen sich mit der bibliophilen Sammelleidenschaft der Burgunder-Herzöge in Verbindung bringen: eine

Weltchronologie, ein gewaltiger Foliant mit zahlreichen herrlichen Miniaturen; das Lehrtraktat *Streit zwischen Tugend und Fortuna* des Dichters Martin Le Franc mit Miniaturen eines Künstlers aus dem Umkreis von Jean Fouquet oder von ihm selbst geschaffen; eine Abhandlung über *Die Irrtümer des Sarazenengesetzes und die Wahrheit der heiligen christlichen Lehre* des Bischofs von Chalon, Jean Germain, Kanzler Phlipps des Guten. Drei andere Manuskripte enthalten einen handschriftlichen Namenszug, der als der des deutschen Kaisers Karls des Fünften gilt, dem Enkel Maria von Burgunds, der einzigen Erbin Karls des Kühnen, und die somit der Bibliothek von Burgund zuzuordnen sind.

Aus ihr stammt auch die von einem anonymen Autor verfaßte Folge *Geschichte der Eroberungen in Übersee* von Guilelmus Tyrius, das vollständigste Werk zur Geschichte der Kreuzzüge (die Petersburger Handschrift wurde im 12. Jh. im Orient in der Werkstatt von Akka in Palästina kopiert und illuminiert)[34]. Der zweite Codex aus dem 14. Jahrhundert bestand damals aus zwei Werken, und zwar dem aus dem Lateinischen ins Französische übersetzten Traktat von Vegece *De re militari* (Über das Militärwesen) und den *Taten der Römer*. Dubrowsky hat den Codex in zwei deutlich getrennte Einzelbände geteilt. Das Exlibris Karls V. befand sich im zweiten Teil, den *Taten der Römer*. Die Zugehörigkeit des ersten Buches zur burgundischen Sammlung wurde während der Zusammenstellung des vorliegenden Bildbandes festgestellt. Der dritte Codex enthält eine in Versform gehaltene Abschrift aus dem 15. Jahrhundert des im Mittelalter äußerst populären Werkes *Roman über den Trojanischen Krieg* von Benoît de Sainte-Maure (der Codex gelangte später in die Sammlung des Herzogs de La Vallière, worüber Dubrowsky eine ausführliche Eintragung auf dem ersten Leerblatt gemacht hat).

Zu den bedeutendsten Bibliotheken, die im Laufe des 15. Jahrhunderts von französischen Fürsten angelegt wurden, gehört die Bibliothek von König René, König von Sizilien und Neapel (1408-1480). Er vermachte sie seinem Großneffen Charles d'Anjou, Graf du Maine (die direkten Erben Renés, sein Sohn und Enkel starben vor ihm). Bald nach dem Tod von Charles d'Anjou (1481) wurde seine Bibliothek aufgelöst [35]. Ein Teil der Handschriften wurde von Privatleuten erworben, so daß sich am Ende zahlreiche Manuskripte außerhalb Frankreichs in über ganz Europa, von England bis Rußland verstreuten Sammlungen befanden. W. Schischmarjow entdeckte in der Sammlung der Russischen Nationalbibliothek mehrere Manuskripte, deren Herkunft auf das Mäzenatentum König Renés zurückzuführen ist (in zwei Fällen ist die Zuschreibung allerdings falsch). Drei Manuskripte wurden in diesen Bildband aufgenommen. [36]

König René nimmt in der Geschichte des 15. Jahrhunderts einen bedeutenden Platz ein. Er besaß die Herzogtümer Anjou, Bar und Lothringen, die Grafschaft Provence und war mit dem französischen Königshaus verwandt. Sein Großvater Ludwig I. von Anjou war der Bruder Karls V., König Karl VII. war sein Schwager, und der englische König Heinrich VI. wurde 1445 sein Schwiegersohn. König René war auf politischem Gebiet wenig erfolgreich, doch seine militärischen und politischen Mißgeschicke kompensierte er durch ein freigebiges Mäzenatentum. Von seiner Mutter, Iolanta von Aragon, deren Kunstsinn berühmt war – 1416 erwarb sie das berühmte *Schöne Stundenbuch des Herzogs von Berry* – (New York, Klostermuseum) und von seinem Großvater Louis I. von Anjou, dem wir die berühmte Wandteppichfolge der Apokaplypse verdanken, erbte er die Liebe zu Kunst und Wissenschaft. Wie alle Fürsten unterhielt er nach dem Vorbild des Königs einen prächtigen Hofstaat. Er liebte Feste, die Jagd, Turniere und hielt deren ganzes Zeremoniell in seinem *»Buch über die Turniere«* fest. Die vielseitige Tätigkeit, die Gelehrsamkeit und das weitgespannte Interesse dieses fast legendären Königs (»le bon roi René«) spiegelten sich in der Zusammensetzung seiner Bibliothek, die von Forschern aufgrund von erhalten gebliebenen Inventarlisten und Rechnungen zum großen Teil rekonstituiert werden konnte. Neben den Schriften der Kirchenväter enthielt seine Bibliothek Arbeiten namhafter Theologen des Mittelalters (z.B. das Manuskript des Thomas von Aquino im Besitz der Russischen Nationalbibliothek), von Schriftstellern der Antike und des Mittelalters wie Plato, Herodot, Livius, Seneca, Boetius.

König René interessierte sich für alle Literaturgattungen – von

BRUNETTO LATINI.
Die Schatzbücher
Frankreich. Einband.

grammatischen Traktaten bis zu Liedersammlungen, von Dante bis Boccaccio (dessen Roman *Filocolo* sich ebenfalls in der Russischen Nationalbibliothek befindet). Der König förderte den aufkommenden Buchdruck. Er besaß 16 gedruckte Bücher – eine für jene Zeit eindrucksvolle Anzahl. Dazu gehörten die Erstausgaben von Cicero, Justin, Herodot, Hieronymus, Johannes Chrysostomus, Lorenzo della Valle, mehrere juristische Werke. Er besaß eine Vielzahl prächtig gebundener Werke mit erstklassigen Miniaturen. Das alles zeugt davon, daß König René nicht nur ein Gelehrter, sondern auch ein leidenschaftlicher Bibliophiler war. Paul Durrieu hat nachweisen können, daß König René zunächst eine Papierabschrift eines bestimmten Werkes bestellte (»eine Art Originalwiedergabe«). Nach dieser Kopie wurde gewissermaßen das Modell der künftigen Illustrationen geschaffen (»ein schneller Entwurf«) – »la pourtraiture«, wie es damals hieß, die den Text begleiten sollten. Anschließend wurde die Handschrift kalligraphisch auf Pergament kopiert und «die Entwürfe wurden in vielfarbige gemalte Miniaturen verwandelt» [37].

Das Interesse König Renés für die Natur und die Naturwissenschaften ist bekannt. Er besaß eine Reihe seltener Tiere, züchtete Blumen und neue Pflanzen, studierte ihre Eigenschaften in speziellen Traktaten, die mit Illustrationen versehen waren. Im Inventar seiner Bibliothek werden zwei Kräuterhandschriften *»Herbolista«* erwähnt, die eine in hebräischer, die andere in lateinischer Sprache. Die Russische Nationalbibliothek besitzt eine französische Übersetzung mit dem Wappen Charles d'Anjous, dem jüngeren Bruder König Renés.

Wie schon erwähnt, wurden der Bibliothek von Saint-Germain um die Mitte des 18. Jahrhunderts zwei Handschriftensammlungen französischer Staatsmänner übergeben, und zwar des Präsidenten des Pariser Parlaments Achille III. de Harlay (1679-1739) und des Kanzlers von Frankreich Pierre Séguier (1588-1672), aus denen Dubrowsky sowohl mittelalterliche Manuskripte als auch einen bedeutenden Teil des Urkundenmaterials erworben hat.

PSALMEN ODER GESÄNGE ÜBER DIE ATTRIBUTE GOTTES,
Monseigneur le chancelier gewidmet von M. de la Serre. Einband mit dem Wappen Pierre Séguiers.

Die Sammlung Harlay gelangte nach Saint-Germain-des-Prés im Jahre 1755. Ihr Besitzer war der Justizminister Chauvelin, der sie vom letzten Vertreter der «Dynastie der ersten Präsidenten des Pariser Parlaments», Achille IV. de Harlay, geerbt hatte. Die Vorfahren des letzteren hatten im 16. und 17. Jahrhundert eine bedeutende Handschriftensamlung zusammengetragen, die sowohl Originalkorrespondenzen als auch verschiedene Codices aus dem Bereich der Geschichte und insbesondere des öffentlichen Rechts enthielt. Aus dieser Sammlung erwarb Dubrowsky neben historischen Dokumenten aus der Anfangsperiode der Religionskriege des 16. Jahrhunderts in Frankreich (Briefe Karls IX., Katharina von Medici, Heinrichs III., der Provinzgouverneure, Heerführer u.a.) auch einige Codices. Es ist uns gelungen, fünf Manuskripte als eindeutig aus der Sammlung Harlay stammende Werke zu identifizieren. Alle haben Einbände aus braunem Leder, auf deren Vorder- und Rückendeckel die Wappen dieser Familie in Gold geprägt sind. Unter diesen Manuskripten befindet sich eine einzigartige Handschrift aus dem 8. Jahrhunderts mit dem Text der Englischen Kirchengeschichte von Beda dem Ehrwürdigen, die in diesem Bildband vorgestellt ist.

Die Sammlung von Pierre Séguier wird in der Literatur oft Bibliotheca Coisliniana genannt, nach dem Namen seines Enkels, des Herzogs Henri-Charles du Cambout de Coislin, Bischof von Metz, der diese Bibliothek geerbt hatte. Laut Zeitgenossen war die Bibliothek Séguiers die reichste aller Privatbibliotheken Frankreichs im 17. Jahrhundert und konnte mit der königlichen Bibliothek wetteifern. Sie umfaßte 4000 Handschriften und 10 000 Bücher in vielen Sprachen aus allen Wissensgebieten jener Zeit. [38]

Séguier war Kanzler Frankreichs zur Zeit Richelieus, Mazarins und Colberts. Er galt als leidenschaftlicher Bücherfreund und -sammler. Es ist bekannt, daß er alle Möglichkeiten nutzte, die ihm sein hohes Amt bot, um kostbare Handschriften und Bücher zu erwerben. Des öfteren beauftragte er seine zahlreichen Briefpartner – Gouverneure, Intendanten und andere Provinzbeamte – ihn vom bevorstehenden Verkauf von Privatbibliotheken oder einzelnen Handschriften zu unterrichten. So erstand er z.B. Handschriften aus der Bibliothek des Pariser Rechtsanwalts Laurent Bochel und des Dichters Philipp Desportes (1546-1606), der zum Ronsard-Kreis gehörte, Bibliotheken, die in der ersten Hälfte des 17. Jahrhunderts zum Verkauf kamen. In der Russischen Nationalbibliothek wird eine italienische Handschrift von Titus Livius aus dem 15. Jahrhundert aufbewahrt, die laut der handschriftlichen Eintragung auf dem hinteren Buchdeckel Bochel gehört hatte, sowie eine französische Handschrift von Reclus de Molliens, einem Dichter des 13. Jahrhunderts, aus der Bibliothek Desportes, ebenfalls mit einer Eintragung des Besitzers. Der Kanonikus Louis Machon aus Toul kaufte im Auftrag des Kanzlers Handschriften und Bücher in Lothringen, was ihm die besondere Gunst des Kanzlers einbrachte. L.Delisle entdeckte in der Pariser Nationalbibliothek unter den Büchern aus Séguiers Besitz etwa ein Dutzend, die Machon seinem hohen Gönner geschenkt hatte. Die Petersburger Handschrift *Statut des St. Michael-Ordens* trägt die Signatur Machons auf dem ersten Codex-Blatt [39]. Es ist überliefert, daß Séguier anläßlich eines Normandieaufenthalts während des Barfüßeraufstands (1639/1640) nicht versäumte, die Bibliotheken von Caen und Rouen aufzusuchen und dort seltene Bücher und Handschriften erwarb. Während der Fronde 1650, als der Kanzler gezwungen war, Paris zu verlassen und seine Bibliothek seinem Bibliothekar Pierre Blaise anzuvertrauen, wandte er sich an diesen mit der inständigen Bitte, seinen »Schatz« zu hüten. Er schreibt: »Herr Blaise, ich bin überzeugt, daß Sie sich meiner Bibliothek annehmen werden, doch ein Liebender ist stets voller Unruhe über das, was ihm teuer ist; ich vertraue Ihnen meine Geliebte, ich will sagen, meine Bebliothek an und bitte Sie, sie zu hegen, denn sie ist meine Leidenschaft.« [40]

Um die Bibliothek in seinem Palais unterzubringen, richtete Séguier eine prachtvolle Galerie ein, der er drei große Palasträume hinzufügte. An der Ausschmückung der Galerie arbeiteten namhafte Architekten und Maler der Zeit. In der Sammlung Dubrowsky werden unter der Korrespondenz des Kanzlers, die 1400 an ihn gerichtete Briefe enthält, fünf Briefe des Malers Charles Le Brun aus Rom aufbewahrt, in denen dieser mitteilt, daß er für die Galerie Séguiers Gemälde der italienischen Meister, vor allem Raffael, kopiert habe.

Séguier war einer der Gründer der Académie française. 30 Jahre hindurch fanden die Sitzungen der Akademie in seinem Palais statt. Séguier nahm auch an der Gründung der Akademie der Inschriften (1663) aktiven Anteil. Die Türen seiner Bibliothek waren Gelehrten und Literaten weit geöffnet. Der Akademiker Jean Ballesdens, der in Séguiers Kabinett arbeitete, schenkte ihm zum Dank mehrere Handschriften aus seiner Sammlung, darunter ein *Bestiarium* aus dem 15. Jahrhundert, heute im Besitz der Russischen Nationalbibliothek.

Die Handschriften, die Hauptzierde seiner Sammlung, waren in der Regel in Leder bzw. Saffian gebunden und trugen das goldgeprägte Wappen Séguiers auf dem Vorder- und Rückendeckel. In der Russischen Nationalbibliothek gibt es 12 Manuskripte im Originaleinband Séguiers. Einer dieser Einbände ist besonders prächtig. Die Deckel sind mit lila Samt überzogen, auf den mit Gold- und Silberfäden das Wappen Séguiers gestickt ist. Die Handschrift selbst wurde 1647 von dem Kalligraphen Nicolas Jarry ausgeführt und trägt den Titel *Psaumes ou cantiques sur les attributs de Dieu dediéz a monseigneur le chancelier par M. de la Serre* (Psalmen oder Gesänge über die Attribute Gottes, dem Herrn Kanzler von Herrn de la Serre gewidnet). Obwohl drei Bibliothekare für Séguier gearbeitet hatten, gab es keinen vollständigen Katalog mit dem Verzeichnis sämtlicher Handschriften (orientalische, griechische, lateinische und französische), d.h. des wichtigsten Teils der Sammlung. Einen Monat nach dem Tod Séguiers im Jahre 1672 wurde ein Inventarverzeichnis mit Schätzpreisen erstellt. Diese Liste bestand aus vier Teilen: der erste enthielt neben Staatspapieren, Korrespondenzen, Botschaftsberichten, Parlamentsregistern usw. auch Handschriften über kanonisches Recht, aus dem Bereich der Medizin, Philosophie, Theologie und verschiedene poetische Werke. Im zweiten Teil wurden Handschriften, vornehmlich mit Miniaturen, in lateinischer, französischer, italienischer und spanischer Sprache aufgezählt, die sich auf Geschichte und Literatur bezogen. Dazu gehörten auch Zeichnungen, Stiche und Landkarten. Der dritte Teil enthielt ein Verzeichnis der griechischen und slawischen, der vierte der orientalischen Handschriften. Die Witwe des Kanzlers hat die Bibliothek nach seinem Tod lange Jahre in ihrem ursprünglichen Zustand erhalten. Als erstes wurden die gedruckten Bücher verkauft. 1686 wurde ein Katalog der Handschriften veröffentlicht, der die Taxationsliste von 1672 übernahm, jedoch keine Preisangaben der einzelnen Handschriften enthält [41]. Der Ankauf der Sammlung für die Königliche Bibliothek wurde erwogen, doch letzten Endes gelangten die Handschriften in den Besitz von Séguiers Enkel Henri-Charles de Cambout, Herzog von Coislin, Bischof von Metz. Wie sein Großvater wünschte dieser Prälat, daß den Gelehrten seine Schätze zugänglich sein sollten. Als erstes beauftragte er den berühmten Benediktiner Bernard de Montfaucon mit der Erstellung eines ausführlichen Katalogs der griechischen Handschriften. Dieser erschien 1715 [42].

Der Herzog Coislin war von dieser Ausgabe so angetan, daß er beschloß, die ganze Sammlung nach seinem Tod der Benediktiner-Abtei Saint-Germain-des-Prés zu vermachen, was auch entsprechend seinem Testament 1735 geschah. 1739 wurden in das klassische Werk Montfaucons *Bibliotheca bibliothecarum* zwei Handschriften-Verzeichnisse der Sammlung Coislin aufgenommen [43]. Das erste war *Catalogue des Manuscrits de la Bibliothèque de Coislin, latins, français, italiens, espagnols* betitelt und bestand aus 986 Katalognummern, das zweite *Autre catalogue de la Bibliothèque de Coislin qui contient les Manuscrits suivants* und enthielt 1468 Katalognummern. Als Überschrift des ersten Handschriftenverzeichnisses schrieb der Verfasser: »Die Richtigkeit der Nummern dieser Bibliothek ist nicht sicher. Es ist sehr schwer, eine Folgerichtigkeit festzustellen. Oft sieht man Nummern, die sich wiederholen und findet in anderen Manuskripten dieselben oftmals wiederkehrenden Nummern« [44]. Daraus folgt, daß viele in den Verzeichnissen nicht aufscheinende Nummern bereits bei der Übergabe an die Abtei fehlten, da sie in die Bibliotheken von Privatpersonen gelangt waren. Das erklärt auch möglicherweise, daß ein Teil der Petersburger Handschriften, die aus der Sammlung Séguier stammen, nicht zur Bibliothek von Saint-Germain gehörte, so z.B. die zweibändige *Historienbibel* von Guiart des Moulins. Die überwiegende Zahl der Handschriften aus dem Besitz Séguiers, die nunmehr in der Russischen Nationalbibliothek aufbewahrt werden, ist jedoch in den Verzeichnissen von Montfaucon enthalten, wobei die Nummern in der Regel denjenigen entsprechen, die von den Bibliothekaren des Kanzlers angegeben waren (unten auf dem Rückendeckel). Insgesamt sind heute in der Sammlung der Russischen Nationalbibliothek vierzig Handschriften aus der Bibliothek Séguiers ausgewiesen. Diese Ziffer ist jedoch nicht als endgültig anzusehen, da sie vornehmlich Pergamenthandschriften berücksichtigt. Die vollständige Aufstellung der Handschriftensammlung Pierre Séguiers steht noch aus.

Die Sammlung der Russischen Nationalbibliothek in Sankt Petersburg spiegelt nicht nur die Geschichte der russischen Sammler und Bibliophilen im 19. Jahrhundert wider, sie enthält auch reiches Material zur Geschichte des Mäzenatentums bibliophiler westeuropäischer Staatsmänner. In diesem Sinn kann die Handschriftensammlung der Bibliothek in ihrer Gesamtheit als ein herausragendes Zeugnis der Weltkultur verstanden werden.

Tamara Woronowa

1. *Sigla codicum manuscriptorum qui olim in Bibliotheca Publica Leninopolitana extantes nunc in Bibliotheca Universitatis Varsoviensis asservantur*. Krakow 1928; M. Gorecki: The Zaluskis' Library of the Republic in Poland. In: *The Journal of Library History*. 1978. Bd. 13, S. 408–431.

2. P. Thompson: *Biography of a Library: The Western European Manuscript Collection of Peter P. Dubrovskii*. In: *The Journal of Library History*. 1984. Bd. 19. Nr. 4, S. 477–503.

3. N.M. Karamsin: *Briefe eines russischen Reisenden*. Leningrad 1984. S. 275, 661 (in Russisch).

4. *Dissertation sur un recueil des lettres originales, au nombre de LXXIV, ecrites de la propre main de Henri IV, roy de France et de Navarre à M. de Bellièvre, chancelier de France par M. l'Abbé Rive, Bibliothecaire de la ville d'Aix-en-Provence*. Paris 1790. S. 3, 4.

5. *Catalogue des livres français à Monsieur P.P. Dubrowsky, gentilhomme russe, attaché à la légation de S.M. l'Empereur de Russie à Paris*. Die Handschrift wird in der Russischen Nationalbibliothek unter der Chiffre Fr. XVIII, 21, Bl. 7, Nr. 40 aufbewahrt.

6. Personalbogen Pjotr Dubrowskys, des Kurators der Handschriftenabteilung der Kaiserlichen Öffentlichen Bibliothek in St. Petersburg (Archiv der Russischen Nationalbibliothek: 1805, Akte 40, Dokument 20).

7. J. Ancelot: *Six mois en Russie*. Brüssel 1827. S. 113–115.

8. A.D. Iwanowski: 1. *Archäologische Forschungen des Staatskanzlers Graf N.P. Rumjanzew und des Kiewer Metropoliten Eugenius II. Die Rolle der Bibliotheken in Rußland und die Verdienste Pjotr Dubrowskys, des Barons M.P. Korf und des Generaladjutanten I.W. Issakow*. Kiew 1869 (in Russisch).

9. M.A. Obolenski: *Das russische Druckwesen in Paris in den 1790er Jahren*. In: *Bibliographische Notizen*. 1858, Buch 5, S. 155, 156 (in Russisch).

10. H. Martin, *Histoire de la Bibliothèque de l'Arsenal*, Paris 1900, S. 495.

11. Delisle, *Le Cabinet de Manuscrits de la Bibliothèque Impériale* Bd. 1, S. 99, Anm. 6.

12. *Vestnik Evropy* (Europäische Nachrichten). 1805, Teil 20, Nr. 5, S. 54 (in Russisch).

13. A. Adelung: *Nachricht von der Dubrowskijschen Manuscripten-Sammlung in Sankt Petersburg*. In: *Russland unter Alexander dem Ersten*. Hrsg. von H. Storch. St. Petersburg; Leipzig 1805. Bd. VI. S. 254–276; 1806. Bd. VIII. S. 82–113.

14. *Briefe und Anmerkungen von A. Stroganow für seinen Bericht an Alexander I*. Russische Nationalbibliothek, F. IV, 493, Bll. 3r–3v, 5r–7v, 494, Bll. 69r–70v (in Russisch).

15. Ebenda.

16. *Russische Altertümer*. 1899. Nr. 1. S. 134 (in Russisch).

17. *Mémorial du XIVe centenaire de l'abbaye de Saint-Germain-des-Prés*, Paris, 1959.

18. Delisle, Bd. 2, S. 139.

19. Delisle, Bd. 2, S. 54-58.

20. T.P. Voronova: P.P. Dubrovskii, 1754–1816, and the Saint-Germain Manuscripts. In: *The Book Collector*. 1978. Bd. 27. S. 469–478; M. François: Pierre Dubrowsky et les manuscrits de Saint-Germain-des-Prés à Léningrad. In: *Mémorial du XIVe centenaire de L'Abbaye de Saint-Germain-des-Prés*. Paris 1959. S. 333–341.

21. A.D. Ljublinskaja: Archive von J.J. Berzelius in der Russischen Nationalbibliothek in Sankt Petersburg. In *K. Svenska Vetenskapsakademiens. Arsbok för ä 1958*. S. 305.

22. *Notizen des Filipp Wiegel*. Moskau 1892. Bd. 2. S. 43, 44 (in Russisch).

23. *Bericht der Kaiserlichen Öffentlichen Bibliothek für 1861*. Sankt Petersburg 1851. S. 22 (in Russisch).

24. *Bericht der Kaiserlichen Öffentlichen Bibliothek für 1850*. Sankt Petersburg, 1851, S. 8-15 (in Russisch).

25. *Bericht der Kaiserlichen Öffentlichen Bibliothek für 1889*, Sankt Petersburg, 1893, S. 8-15 (in Russisch).

26. O.A. Dobiasch-Roshdestwenskaja: Ausstellung westlicher Stundenbücher mit Miniaturen in der Öffentlichen Bibliothek. 28. März bis 4. April 1926. In: *Bibliothek-Rundschau*. Leningrad 1927. Buch 1–2. S. 3–18 (in Russisch).

27. O.A.Dobiasch-Roshdestwenskaja: *Geschichte der graphischen Werkstatt von Corbie von 651 bis 830, dargestellt in den «Corbeienses Leninopolitani»*, Leningrad, 1934, S. 173.

28. *La librairie de Charles V*. Bibliothèque Nationale: Catalogue de l'exposition. Paris 1968.

29. Eine von diesen Handschriften wird in der Bibliothek der Akademie der Wissenschaften in Sankt Petersburg aufbewahrt. Siehe: M.L. Auger: *Un manuscrit de Charles V et de Philippe le Bon à Léningrad*. In: *Scriptorium*. 1968. Bd. 22, Nr. 2. S. 276–279.

30. E. Pellegrin: *La Bibliothèque des Visconti et des Sforza, ducs de Milan au XVe siècle*. Paris 1955. S. 317 (Catalogue »B«, Nr. 599).

31. A. Lobanow: *Lettres, instructions et mémoires de Marie Stuart, reine d'Ecosse, publiés sur les originaux et les manuscrits du State Paper Office de Londres et des principaux archives et bibliothèques de l'Europe, London, 1844, Bd. 7, S. 245, Anm. 1; 346-352*.

32. Doutrepont.

33. *Les Grandes Chroniques de France. Enluminures du XVe siècle*. Einführung T. Wororonowa, Leningrad, 1980

34. J. Folda, *Crusader Manuscript: Illumination at Saint-Jean-d'Acre*, 1275-1291, Princeton, 1976, S. 176-178, Tfl. 3-22.

35. P. Durrieu: *La bibliothèque du bon roi René*. In: Congrés international des bibliothécaires et des bibliophiles tenu à Paris du 3 au 9 avril 1923. Protokolle und Memoiren, veröffentlicht von F. Mazerolle und Ch. Mortel. Paris 1925. S. 442–447.

36. W.F. Schischmarjow: *Spuren der Bibliothek des René d'Anjou in der Handschriftensammlung der Russischen Nationalbibliothek*. In: *Das Mittelalter in den Handschriften der Öffentlichen Bibliothek*. Hrsg. von O.A. Dobiasch-Roshdestwenskaja. Leningrad 1927, Lief. 2, S. 143-192.

37. P. Durrieu, *Op. cit.*

38. R. Rerviler: *Le Chancelier Pierre Séguier*, Paris, 1874, S. 156-166.

39. Delisle: Op. cit. Bd. 2, 1874, S. 81-83.

40. Delisle: Bd. 2, S. 80.

41. Séguier, S. 119, 48, 36, 45.

42. Montfaucon, *Bibliotheca bibliothecarum manuscriptorum nova*.

43. *Ebenda*, Bd. 2, S. 1067-1123.

44. *Ebenda*, S. 1067.

FRANKREICH

SPANIEN

ENGLAND

DEUTSCHLAND

ITALIEN

NIEDERLANDE

1

SENDSCHREIBEN DES HIERONYMUS
Hieronymi Epistolae

Frankreich (Corbie). Um 700

42 Bll. 209 x 152 mm (Text 155 x 110 mm). Pergament. Latein
Eine Miniatur und 15 Initialen
Einband: 17. Jahrhundert. Karton mit weißem Pergament
Lat.Q.v.I, 13.

Eusebius Hieronymus (347 (?)-420) war einer der berühmtesten Gelehrten der Westkirche (seine lateinische Bibelübersetzung, die sogenannte Vulgata, wurde 1545 kanonisiert). Die zahlreichen Sendschreiben des Hieronymus sind sittlichen Fragen gewidmet: der Kindererziehung, der Geduld im Unglück, der steten Selbstvervollkommnung, der Würde des Mönchslebens usw. Die Handschrift enthält vier Sendschreiben des Hieronymus (Epistula 125 ad Rusticum; Ps. Hieronymi Epistula 42 ad Oceanum; Epistula 17 ad Marcum presbyterum; Epistula 147 ad Sabinianum). Den Sendschreiben ist ein Abschnitt (Kap. 51) aus dem Buch der Kirchendogmen von Gennadius (5. Jahrhundert), einem Priester aus Marseille, voransgeschickt.

Die Abtei von Corbie in der Picardie wurde 660 gegründet. In der ersten Zeit lebten hier viele Mönche, die aus der alten Abtei von Luxeuil gekommen waren. Deshalb lehnt sich der Typ der Initalen in diesem Codex, der zu den frühen Werken von Corbie gehört, noch sehr an die Illuminierungen von Luxeuil an. Die veröffentlichte Miniatur wird von W. Köler in einen nahen Zusammenhang mit der Illuminierung einer anderen Handschrift von Corbie gebracht, und zwar mit dem Gundohinus Evangelium (Autun, Bibliothèque municipale, ms. 3).

Die Handschrift ist in den Katalogen aus dem 11. und 12. Jahrhundert der Klosterbibliothek Corbie vermerkt, wo sie bis 1638 aufbewahrt und dann auf Anweisung des Kardinals Richelieu zusammen mit anderen Raritäten von Corbie in den Bestand der Bibliothek von Saint-Germain-des-Prés übergeben wurde. Ende des 18. Jahrhunderts erwarb sie Dubrowsky.

GELANGTE 1805 IM BESTAND DER SAMMLUNG DUBROWSKY IN DIE KAISERLICHE ÖFFENTLICHE BIBLIOTHEK

LITERATUR: Montfaucon 1739, Bd. 2. S. 1125, Nr. 145; Gillert 1880; 1881, S. 250; Staerk 1910, Bd. 1. S. 17—23, Taf. VI; Bd. 2. Taf. XIX; Zimmermann 1916, S. 65, 187, Taf. 88a, b, 92; * Die ältesten lateinischen Handschriften der Öffentlichen Bibliothek vom 5.-7. Jh. In: Das Mittelalter in den Handschriften der Öffentlichen Bibliothek. *Hrsg. von O.A. Dobiasch-Roshdestwenskaja. Leningrad 1929. Lief. III. S. 51—54; Dobias-Rozdestvenskaia O.:* Histoire de l'atelier graphique de Corbie de 651 à 830 reflétee dans les Corbeienses Leninopolitani. *Leningrad 1934. S. 115, 116, 128, 129; Codices latini antiquiores. Hrsg. E.A. von Lowe. Oxford 1966. Teil 11. S. 11, Nr. 1616; Köler W.:* Buchmalerei des frühen Mittelalters. *München 1972. S. 90, 98, 99; Mérindol Ch. de:* La production des livres peints à l'abbaye de Corbie au XIIéme siècle. *Lille 1976. Bd. 2. S. 1058, 1059; * Lateinische Handschriften 1983, S. 15, 16, Nr. 16.*

1

2

TETRAEVANGELIUM
Tetraevangelium

Frankreich (?). 9. Jahrhundert

174 Bll. 318 x 275 mm (Text 240 x 180 mm). Pergament.
Latein. 2 Miniaturen und 2 unvollendete Zeichnungen; 12 Kanone in ornamentierten Arkaden
Einband: Anfang 19. Jahrhundert (von der Öffentlichen Bibliothek bestellt). Karton, mit dunkelblauem marmoriertem Papier überzogen; Ecken und Rücken aus braunem Leder; auf dem Buchrücken geprägter Titel und Bibliothekswappen in Gold. Lat.Q.v.I, 31.

Der Codex enthält das Matthäus-, Markus-, Lukas- und Johannes-evangelium mit Prologen und Kanontafeln. Nach der Schriftart wird er in das 9. Jahrhundert datiert. Später wurden Blätter mit der Darstellung der Evangelisten Markus und Lukas hinzugefügt. Diese Federzeichnungen mit dem Versuch einer körperlichen Modellierung sind von einer energischen Hand ausgeführt. Sie unterscheiden sich in ihrer Manier stark von den Bildnissen der Evangelisten Matthäus und Johannes. C. Nordenfalk meint, daß alle vier Evangelisten später, im 11. Jahrhundert, hinzugefügt wurden, wobei er in den Miniaturen mit Matthäus und Johannes den Einfluß der Traditionen der Schule am Hof Karls des Großen sieht. Das Schicksal der Handschrift ist nicht festgestellt (Staerk nahm an, daß sie aus Saint-Germain-des-Prés stamme); von Dubrowsky Ende des 18. Jahrhunderts erworben.

GELANGTE 1805 IN DIE KAISERLICHE ÖFFENTLICHE BIBLIOTHEK

LITERATUR: Gillert 1880, 1881, S. 500; Staerk 1910, Bd. 1. S. 47; Thibaut J.-B.: Monuments de la Notation Exphonétique et Neumathique l'Eglise Latine. *St. Petersburg 1912. S. 18-23; * Lateinische Handschriften 1983, S. 24, Nr. 51.*

2

1. Bl. 3v: FRONTISPIZ
Gezeigt ist Hieronymus auf einer Art Thron mit einem Buch in den Händen. Über ihm die Inschrift: *Beatus Hieronimus* pbto (presbitor). Typisch für die merowingische Miniatur sind die Farbskala und die Darstellung eines flachen, mit mosaikartigem Ornament geschmückten Säulenbogens. Ein derartiges Ornament ist nicht nur aus Handschriften, sondern auch aus der angewandten Kunst bekannt. An andere erhaltengebliebene Denkmäler jener Zeit lehnt auch die archaische Form der am Bogen hängenden Leuchte an. Der Figur des Hieronymus liegt ein spätantikes Beispiel zugrunde, das vom Meister aus Corbie in eine lineare, zweidimensionale Darstellung umgebildet wurde.

2. Bl. 24r: DER EVANGELIST MATTHÄUS
Die Miniatur ist in einen rechteckigen Rahmen eingeschlossen und entsprechend der Liniatur des Blattes aufgebaut. Über dem Evangelisten ein Baldachin mit Draperie. Im Tympanon des Bogens erscheint ein Engel mit einem Buch in den Händen, als Symbol des Matthäus, in den oberen Zwickeln sind ein Reiher und ein Pfau zu sehen. In der Bogenform, in den Säulenkapitellen und vor allem in der Behandlung des mit feinen Federstrichen ausgeführten Faltenwurfs spürt man das Bestreben, die klassischen Vorbilder nachzuahmen. Doch der Maler hat Schwierigkeiten bei der Wiedergabe der Bewegung und der Raumverhältnisse. Zu den Vorzügen der Miniatur gehören die zierliche, kalligraphische Zeichnung und die harmonische Abgewogenheit der Komposition.

3, 4

TETRAEVANGELIUM
Tetraevangelium

Frankreich. Drittes Viertel 9. Jahrhundert

199 Bll. 285 x 195 mm (Text 145 x 110 mm). Purpurpergament.
Latein. 4 Medaillon-Miniaturen mit der Darstellung der Evangelisten und ihrer Symbole am Anfang eines jeden Evangeliums; 12 farbige Arkaden als Umrahmung der Kanontafeln
Einband: 17. Jahrhundert (französisch). Karton, mit dunkelrotem Saffian bezogen; Vorsätze aus blaumarmoriertem Papier; Rahmen und Muster auf dem Buchrücken goldgeprägt
Lat.Q.v.I,26.

Matthäus-, Markus-, Lukas- und Johannesevangelium mit Einleitungsbriefen des Hieronymus und Kanontafeln am Textanfang. Die Handschrift ist ein seltenes aber typisches Beispiel der karolingischen Kunst. Davon zeugen das purpurne Pergament und der in Silber geschriebene Text mit Goldinitialen, das Zusammenwirken der alten Kapital- und Unzialschrift in Rubriken mit der Minuskel des frühkarolingischen Typs. In der Illuminierung ist trotz einer gewissen Derbheit, die im Gegensatz zur Erlesenheit des Textes steht, die Anlehnung an einen orientalischen, griechischen Prototyp — malerische Raumbehandlung, Evangelistentyp mit Schriftrollen, korinthische Kapitelle in den Arkaden — augenfällig. Das sind Züge jener Richtung in der karolingischen Miniatur, die am Hof Karls des Großen mit der Gestaltung, wahrscheinlich durch griechische Meister, des berühmten purpurnen Krönungsevangeliars begann (Wende zum 9. Jahrhundert; heute Wien, Kunsthistorisches Museum). Der Einfluß dieser Schule war in den 820er — 830er Jahren in Reims, danach im zweiten Viertel des 9. Jahrhunderts in Metz und Tours zu spüren. In einem dieser Kunstzentren wurde womöglich im dritten Viertel des 9. Jahrhunderts auch der Sankt Petersburger Codex hergestellt.

Dobiasch-Roshdestwenskaja gab nach Wilmart und Staerk der Vermutung Ausdruck, daß die Handschrift in der Klosterwerkstatt von Corbie geschrieben wurde. Es sei erwähnt, daß diese Werkstatt stark von der Schule in Tours beeinflußt war. Allerdings ist sie in keinem der vom französischen Gelehrten Ch. de Mérindol erforschten alten Kataloge enthalten. Die Handschrift wurde 1792 von Dubrowsky in Frankreich erworben.

GELANGTE 1805 IN DIE KAISERLICHE ÖFFENTLICHE BIBLIOTHEK
(1849-1861 IN DER EREMITAGE, 5.2.I)

LITERATUR: Gille 1860, S. 31; Staerk 1910, Bd. 1. S. 42, 43; Bd. 2. Taf. XLI; Dobias-Rozdestvenskaia O.: Histoire de l'atelier graphique de Corbie de 651 à 830 reflétée dans les "Corbeienses Leninopolitani". *Léningrad 1934. S. 164—166; Laborde 1936—1938, S. 2, 3; * Dobiasch-Roshdestwenskaja 1965, S. 98—100; Mérindol Ch. de:* La production des livres peints à l'abbaye de Corbie au XIIéme siècle. *Bd. 2. Lille 1976. S. 1122, 1123; * Lateinische Handschriften 1983, S. 24, Nr. 50.*

3

3. Bl. 4er: TITELSEITE
Diese Titelseite ist ein erstklassiges Beispiel für die effektvolle Zusammenstellung eines Blattes, wie das klassische Verhältnis von Text und Blatt, eine strenge Zeichnung der Capitalis rustica mit einer feierlichen koloristischen Harmonie von Hintergrund und Text.

4. Bl. 79v: EVANGELIST MARKUS
Die Medaillons mit den Darstellungen des Evangelisten und seines Attributs, eines geflügelten Löwen, sind auf purpurnem Pergament in einer stark pastosen Art gemalt, was für die westeuropäische Miniatur nicht üblich war (daher wahrscheinlich auch der schlechte Erhaltungszustand der Malschicht). Markus ist mit einer purpurnen Schriftrolle in den Händen als antiker Philosoph gezeigt. Die etwas primitive, malerisch schwungvolle Manier des Künstlers entbehrt nicht einer gewissen groben Expression. Auf anderen Miniaturen mit den Evangelisten werden die Medaillons nicht von Türmchen, sondern von Säulen flankiert, die durch korinthische Kapitelle oder durch Pfauen gekrönt sind (Bl. 109v, Evangelist Lukas).

INITIVM EVANGELII

5-8
SAKRAMENTAR
Sacramentarium Gregorianum
Frankreich (Saint-Amand). 2. Hälfte 9. Jahrhundert

208 Bll. 270 x 205 mm (Text 190 x 120 mm). Pergament. Latein
Bll. 13v—16r enthalten Initialkompositionen und einen mit Gold geschriebenen Text, die in farbige ornamentierte Rahmen eingeschlossen sind; rote, grüne und goldene kleine Initialen; rote und grüne Rubriken. Einband: 17. Jahrhundert (französisch). Karton, mit dunkelrotem Saffian bezogen; Rahmen und Rücken mit Goldmuster; vergoldeter Schnitt
Lat.Q.v.I,41.

Das *Sakramentar* ist von Papst Gregor II. (715 — 731) zusammengestellt worden. Es enthält Gebete, die während der feierlichen Messen gesprochen werden. Den Anfang bilden Gebetsformeln zur Priesterweihe und gewöhnliche Alltagsgebete. Der Hauptteil besteht aus dem Kanon und den Messegebeten für das ganze liturgische Jahr.

Die Illuminierung der Handschrift gehört dem Stil nach zu jener Gruppe von Sakramentaren, die im Nordosten Frankreichs während des letzten Viertels des 9. Jahrhunderts entstanden sind. Der Codex steht besonders den Handschriften nahe, die dem Skriptorium des Klosters Saint-Amand entstammen. Hier wurden Aufträge des Hofes ausgeführt. Die ornamentalen Doppelseiten mit Initialen ähneln den Kompositionen in der sogenannten Zweiten Bibel Karls des Kahlen (871—873, Paris, Nationalbibliothek, ms. lat. 2). Die zoomorphen, genauer gesagt die vogelkopfartigen Abschlüsse der Buchstaben sind den Kapitellen der Arkaden aus dem Evangeliar Franz II. identisch (Paris, Nationalbibliothek, ms. lat. 257). Die Initiale auf Bl. 15v findet ihr Analogon im *Sakramentar* in der Nationalbibliothek von Wien (ms. 958, f. 5v). Auf diese Weise kann die Gestaltung des Petersburger Sakramentars als bescheidenes, aber imerhin sehr charakteristisches Beispiel für die eigenartige Richtung in der spätkarolingischen Kunst dienen, die mit der Umgebung von Karl dem Kahlen verbunden war. Obwohl die Handschrift in Saint-Amand für Tournai geschrieben und illuminiert worden war, davon spricht der Bestand der Heiligen, gelangte sie später in das Benediktiner-Kloster Perrecy (Burgund bei Mâcon). Sie wurde 1756 von Grafe Saluski in Paris erstanden, worüber eine eigenhändige Eintragung zeugt.

GELANGTE 1795 IM BESTAND DER SAMMLUNG SALUSKI
IN DIE KAISERLICHE ÖFFENTLICHE BIBLIOTHEK

LITERATUR: Gillert 1880, 1881, S. 500; Staerk 1910, Bd. 1. S. 74—127; Laborde 1936—1938. S. 1, 2. Taf. 1; Camber K.: Codices liturgici latini antiquiores. *Freiburg 1963 Nr. 926; * Lateinische Handschriften 1938, S. 29, Nr. 72.*

5, 6. Bll. 13v –14r: DOPPELSEITE MIT EINER INITIALE (*Vere dignum*)

7, 8. Bll. 15v–16r: DOPPELSEITE MIT EINER INITIALE (*Te Igitur*)

Unter Einsatz einiger Elemente der insularen Miniatur (Initialseite, Abschluß der Buchstaben durch Vogelköpfe, Flechtwerkmotiv in den Rahmen), gelang es den Künstlern aus Saint-Amand, einen neuen ornamentalen und kalligraphischen Kompositionstyp zu schaffen. Diese strenge und logische Komposition, die den Hauptteil des Sakramentars eröffnet, zeichnet sich durch wahre Monumentalität aus. Die Farbskala, wo außer Gold und Silber, die durch die Zeit gelitten haben, verschiedene Abstufungen von Rot (Rosa bis dunkles Kirschrot) dominieren, ist typisch für die Handschriften aus Saint-Amand.

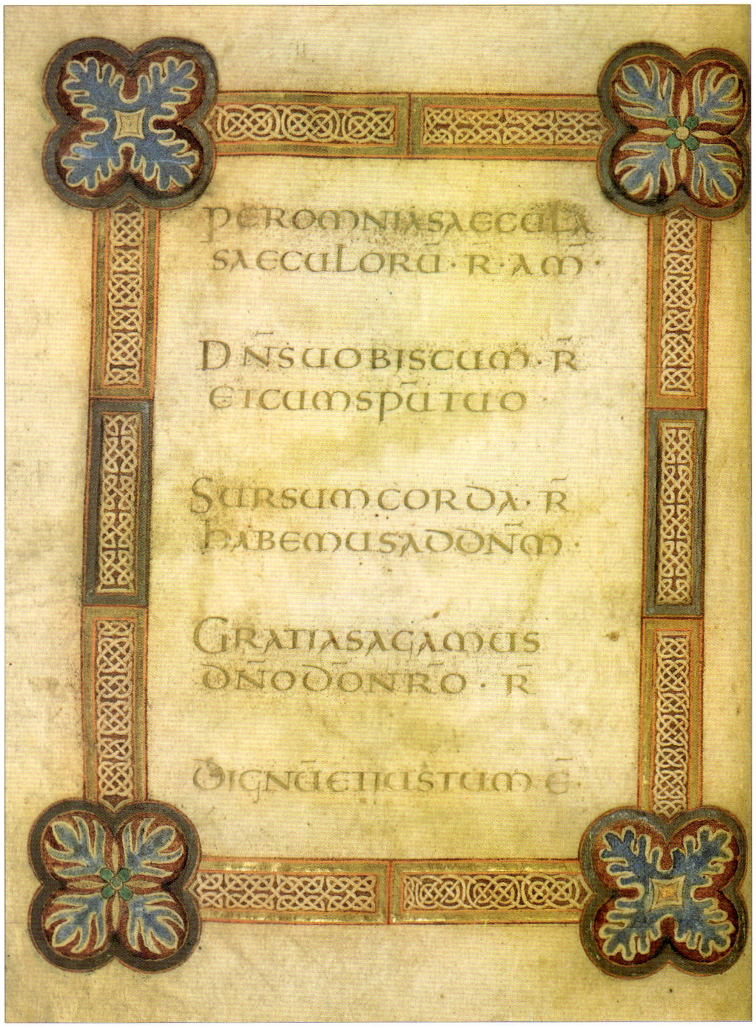
PEROMNIASAECULA
SAECULORU·R·AM·
DNSUOBISCUM·R
ETCUMSPUTUO
SURSUMCORDA·R
HABEMUSADDNM·
GRATIASAGAMUS
DNODONRO·R
DIGNUETIUSTUM E
5

6

7

IGITUR CLEMENTISSI
MEPATERPERIHM
XPMFILIUMTUUM
DNMNOSTRU·SUPPLI
CESROGAMUSETPE
TIMUS·UTIACCEPTA
HABEASETBENEDICAS
HAECDONA·HAECMU
NERA·HAECSCASACRI
FICIAINLIBATA
INPRIMISQUAETIBIOF
FERIMUSPROECCLE
SIATUASCACATHOLICA·
QUAMPACIFICARE·
CUSTODIRE·ADUNARE·
8

9-11
TETRAEVANGELIUM
Tetraevangelium

Frankreich (Tours). Mitte drittes Viertel 9. Jahrhundert

196 Bll. 297 x 225 mm (Text 205 x 140 mm). Pergament, Latein
Die 8 farbigen Arkaden umrahmen die Kanontafeln. Die Titelblätter der Evangelien und die Einleitungsbriefe des Hieronymus sind mit Silber und Gold auf Purpurbändern geschrieben und in farbige rechteckige Rahmen eingeschlossen; 11 goldene, silberne und farbige Initialen mit Gold- und Silberrubriken auf Purpurbändern; die Initialseiten am Anfang eines jeden Evangeliums bilden Doppelblätter mit umrahmten Versalientexten; rote, goldene und silberne kleine Initialen. Der Text der Einleitungsbriefe des Hieronymus ist mit Gold geschrieben.
Einband: 17. Jahrhundert. Karton, mit braunem Leder bezogen; auf dem Vorder- und Hinterdeckel das goldgeprägte Wappen Séguiers; auf dem Rücken Monogramme und das Wappen Séguiers; rotgesprenkelter Schnitt
Lat.Q.v.I,21.

Matthäus-, Markus-, Lukas- und Johannesevangelium mit Einleitungsbriefen des Hieronymus und Kanontafeln.
Die Illuminierung des Codex zeigt Merkmale, die typisch für die Gestaltung der in Tours ausgeführten Handschriften sind, und zwar eine ausgewogene Komposition, die geschickte Ausnutzung des Leerfeldes, Bevorzugung des »metallischen« Ornaments. Die Schule von Tours erlebte ihre Blütezeit vor der normannischen Zerstörung von 853 und behielt ihre Züge Ende des 9. Jahrhunderts und im 10. Jahrhundert bei. Offensichtlich gehört der Petersburger Codex zur Schule von Tours in der zweiten Periode.
Bis zum 17. Jahrhundert, als die Handschrift an den französischen Kanzler Séguier geriet, ist ihr Schicksal ungeklärt. Gelangte 1735 mit der Sammlung Séguier nach Saint-Germain-des-Prés, wurde spätestens 1792 von Dubrowsky erworben.

GELANGTE 1805 IN DIE KAISERLICHE ÖFFENTLICHE BIBLIOTHEK

LITERATUR: Gillert 1880, 1881, S. 271; Staerk 1910, Bd. 2. S. 213, 214; Thibaut J.-B: Monuments de la Notation Exphonétique et Neumatique de l'Eglise Latine. *St. Petersburg 1912. S. 40, 41; Köhler W.:* Die karolingischen Miniaturen. Die Schule von Tours. *Bd. 1. Berlin 1930. S. 391, 392, Taf. 59d-g, 60; Dobias-Rozdestvenskaia O.:* Histoire de l'atelier graphique de Corbie de 651 à 830 reflétée dans les Corbeienses Leninopolitani. *Leningrad 1934. S. 105, 106; * Lateinische Handschriften 1983, S. 30, Nr. 76.*

9

10

11

9. Bl. 9r: ERSTE KANONTAFEL

Die schlanke Arkade verrät Züge der klassizistischen Kunst aus der Blütezeit der Schule von Tours. Einen antikisierenden Charakter haben die Säulenordnungen mit »marmorierender« Färbung und die Akanthusblätter der Kapitelle. Eine breite Verwendung findet das Palmettenmotiv. Die zurückhaltende Farbskala entspricht der ausgewogenen Komposition. Das Dublieren der Bogen durch rote Punkte zeugt von den Traditionen der insularen Miniatur. Interessant sind die an den Bogen hängenden Leuchten und die Stiere in den Zwickeln, deren Schwänze in Palmetten auslaufen. Auf den anderen Kanonblättern sind in die Zwickel Vögel eingefügt.

10, 11. Bll. 16v-17r: INITIALENSEITE ZUM MATTHÄUSEVANGELIUM – *Liber generationis* IN ZIERBUCHSTABEN

Diese Seite bildet zusammen mit Blatt 16v, in dessen ebenfalls rechteckigem Rahmen der Anfangstext mit Gold und Silber auf Purpurbändern geschrieben ist, ein effektvolles doppelseitiges Schmuckblatt. Das Ornament des Rahmens und der Initiale ist wie aus goldenen und silbernen Streifen geflochten und gleicht einem kostbaren Juweliererzeugnis. Bemerkenswert sind die silbernen Vögel und Palmetten, die die Initialen ergänzen. Die doppelte Schmuckseite hat trotz des üppigen Ornaments viel freien Raum und wirkt keineswegs überladen. Das bewirkt auch der Umstand, daß der Text auf Purpurbändern statt auf einem durchweg purpurnen Grund geschrieben ist.

12-18
PSALTER
Psalterium

Frankreich (Paris). Zwischen 1218 und 1242

170 Bll. 216 x 150 mm (Text 120 x 85 mm). Pergament. Latein
24 Miniaturen (Medaillons im Kalender) und 190 historisierte Initialen zu Psalmen und Gebeten, ausgeführt in Farbe und Blattgold;
10 größere Initialen zu den »liturgischen« Psalmen (davon eine in Blattgröße);
viele kleine Initialen und Zeilenverzierungen in Blau, Rot und Gold
Einband: 17. Jahrhundert. Karton, mit rotem Saffian bezogen; goldgeprägt; Monogramme und Wappen des Kanzlers von Frankreich Pierre Séguier auf dem Vorder- und Hinterdeckel. Vorsätze aus marmoriertem Papier; vergoldeter Schnitt
Lat.Q.v.I,67.

Der Psalter besteht aus Psalmen, Gebeten und einem Kalender. Der Inhalt des Kalenders und der Litaneien zeugt von der Pariser Herkunft der Handschrift.

Ein so prächtig geschmücktes Buch, ausgeführt von erstklassigen Meistern, war zweifellos für hochgestellte Persönlichkeiten oder für feierliche Gottesdienste bestimmt. Laborde nannte die Illuminierung der Handschrift »fein, reizend, kostbar, äußerst elegant, im Geschmack der Meister von Sainte-Chapelle«. Tatsächlich lehnt die Gestaltung des Codex in ihren stilistischen Eigenheiten und ihrer sehr hohen Qualität stark an die Kunst der Pariser Hofateliers der 1220er–1240er Jahre an, aus denen die berühmten Exemplare der *Bibles moralisées* hervorgingen. Das vorzüglich polierte Blattgold ergibt zusammen mit dem dominierenden Blau und Rot eine typisch "Pariser Farbskala". Die ausdrucksvollen und freien Gesten der Personen, die sichere Modellierung der Gewandfalten, die erlesene lineare Zeichnung sprechen vom Aufkommen der Gotik in der Miniatur. Der Codex gehört zur zahlenmäßig kleinen Gruppe jener Psalter des 13. Jahrhunderts, in denen jeder Psalm mit einer historisierten Initiale beginnt. Eine Zeitlang gehörte die Handschrift des François de la Morliere, was durch eine Eintragung auf Blatt 169v belegt wird: *Franciscus de la Morliere scripsit* (La Morliere — Schloß und Lehen in der Bretagne). Im 17. Jahrhundert gehörte der Codex zum Bestand der Bibliothek von Pierre Séguier. Am Anfang der Handschrift ist ein unpaginiertes Doppelblatt eingefügt, das zeitgleich dem Einband mit der Frontispiz-Miniatur David auf dem Thron ist und oben das Wappen Séguiers trägt. Befand sich seit 1735 in der Klosterbibliothek Saint-Germain-des-Prés. Wurde spätestens 1792 von Dubrowsky in Paris erworben.

GELANGTE 1805 IN DIE KAISERLICHE ÖFFENTLICHE BIBLIOTHEK (1849–1861 EREMITAGE, 7.5.2)

LITERATUR: Cat. Séguier 1686, S. 5; Gille 1860, S. 36, 37; Franklin A.: Les anciennes bibliothèques de Paris. *Bd. 1. Paris 1867. S. 117–120; Delisle 1868–1881, Bd. 2, S. 56; *Jaremitsch 1914, S. 37; Laborde 1936–1938, S. 3, 4, Taf. II; Nordenfalk C.:* Insulare und Kontinentale Psalterillustrationen aus dem 13. Jahrhundert. *In: Acta archaeologica, 1939. Bd. 10. S. 107–120; Haussherr R.:* Ein Pariser martyrologischer Kalender aus der ersten Hälfte des 13. Jahrhunderts. *In:* Festschrift Matthias Zender. *Bonn 1972. Bd. 2. S. 1076–1103; *Mokrezowa I.P.:* Ikonographische Eigenheiten des französischen Psalters des 13. Jahrhunderts aus der Sammlung der Öffentlichen Saltykow-Schtschedrin-Bibliothek. *In:* Probleme der Paläographie und der Codicologie in der UdSSR. *Moskau 1974. S. 337–354; Branner R.:* Manuscript Painting in Paris during the Reign of Saint Louis. *Berkeley; Los Angeles; London 1977. S. 207; *Mokrezowa, Romanowa 1983, S. 26, 34, 35, 37, 38, 112–143.*

12

13

14

15

12. FRONTISPIZ. THRONENDER DAVID

13. Bl. 6v: KALENDERBLATT DEZEMBER

Gemäß dem üblichen Illustrierungssystem von Kalendern zeigen die rechteckig umrahmten Medaillons eine allegorische Szene mit einem Bauern, der ein Kalb schlachtet, und einen Steinbock als Tierkreiszeichen des Dezembers. Unten steht der Besitzervermerk Dubrowskys.

14. Bl. 7r: INITIALE ZU PSALM 1

Im oberen Teil der Initiale segnet Samuel den David zum König, unten erschlägt David den Goliath. Auf dem Schild Davids ist ein goldener Löwe auf rotem Grund abgebildet. Im Medaillon, links oben, spielt David die Harfe (so wurde der Psalter dargestellt), in den übrigen Medaillons spielen Musikanten Vihuela, Orgel und Glockenspiel.

15. Bl. 29v: INITIALE ZU PSALM 26

Salbung Davids durch Samuel. Diese und die folgenden Illustrationen zu den liturgischen Psalmen, d.h. zu denjenigen, die zum täglichen Gottesdienst gehören, demonstrieren besonders anschaulich die Kunst der Meister bei der Gestaltung eines komplizierten und effektvollen Ensembles auf einer Codexseite mit kalligraphischer Schrift, farbigem Stempeldruck, mit gold- und farbglänzenden Initialen.

16

17

18

16. Bl. 44r: INITIALE ZU PSALM 38

Der vor Gott kniende König David weist auf seinen Mund und verspricht, "nicht mit seiner Zunge zu sündigen".

17. Bl. 56v: INITIALE ZU PSALM 51

Doëg der Edomiter erschlägt einen Priester. Illustration zum Text über das Freveln des Starken. Ein glänzendes Beispiel für eine vielfigurige, von Dramatik erfüllte Komposition, die der Meister virtuos in den Initialegrund eingefügt hat.

18. Bl. 57r: INITIALE ZU PSALM 52

Vor König David steht ein Brot essender Wahnsinniger. So wurde traditionel der Text illustriert, in dem die Rede von den Wahnsinnigen ist, die "Unrecht tun und mein Volk aufessen, wie man Brot ißt".

19-43

MISSALE VON REIMS.

Missale Remense. Missel à l'usage de Saint-Nicaise de Reims

Frankreich (Reims). Zwischen 1285 und 1297

336 Bll. 233 x 162 mm (Text 147 x 105 mm). Pergament. Latein
24 Medaillons im Kalender, 33 historisierte Initialen und 1 Miniatur im Text; 28 ornamentierte Initialen; 20 Doppelblätter; zahlreiche Filigran-Initialen und Verzierungen in Blau und Rot
Einband: 18. Jahrhundert (von Dubrowsky bestellt). Karton, mit fliederfarbenem Samt bezogen; orangefarbene Vorsätze aus Papier; vergoldeter Schnitt
Lat.Q.v.I,78.

Das Missale ist ein liturgisches Buch mit dem vollen Text der Messe, mit den Chorpartien, dem Kalender, den Litaneien. Die Illuminierung der Handschrift zeichnet sich durch ein besonders entwickeltes ikonographisches Programm aus, das von einer außerordentlichen theologischen Erudition spricht. Außer den üblichen Illustrationen zum Kalender und einer großen Anzahl von historisierten Initialen sind in den Codex 18 doppelseitige Miniaturen zum Traktat Credo von Jean de Joinville (1224–1319), dem Kampfgefährten und Historiographen des Königs Ludwig IX., eingeschlossen, das nach der Meinung des Verfassers eine bildliche Begleitung verlangte, sowie 2 Miniaturen zum Traktat *Der Lebensbaum* des Theologen Bonaventura di Bagnoreggi (1221–1274). Alle diese Illustrationen bilden Doppelblätter mit evangelischen und alttestamentlichen Sujets, die von einer gemeinsamen theologischen Idee vereint werden. *Das Missale von Reims* ist ein vorzügliches Beispiel der französischen Miniatur aus dem Ende des 13. Jahrhunderts. Seine Gestaltungsweise – die eleganten Proportionen der gelängten Figuren, der ausgewogene Rhythmus der zierlichen Silhouetten, die kalligraphisch sichere Zeichnung und die helle Farbskala mit einer Vielzahl von Farbschattierungen – ist qualitätsmäßig sehr hoch. Nicht von ungefähr wurde es mit dem *Brevier Philipps des Schönen* (Paris, Nationalbibliothek, ms. lat. 1023) und folglich auch mit der Kunst des Maître Honoré, des besten Pariser Miniaturisten jener Zeit (Laborde), verglichen. Wie die zeitgenössischen Forscher meinen, ist der Stil der Miniaturen kennzeichnend für den Norden Frankreichs, doch höchstwahrscheinlich sind sie in Paris entstanden (Mokrezowa, Romanowa). Tatsächlich ist jedoch dieser eigenartige Stil in Paris selbst nicht bekannt, so daß man durchaus annehmen kann, daß wir hier ein Meisterwerk einer Werkstatt aus der Champagne vor uns haben, vielleicht aus Reims, aus dessen Werkstatt mindestens zwei weitere Exemplare bekannt sind: eine gewaltige vierbändige Bibel aus der Kathedrale von Reims und in der dortigen Städtischen Bibliothek aufbewahrt (Reims, mss. 39-42) und ein Stundenbuch im Besitz der Walters Art Gallery in Baltimore (W. 98), dessen Kalender (heute in Stockholm, Nationalmuseum, ms. B 1648) den Besitzervermerk eines Adligen aus der Champagne enthält, Henri de Bayon. Bezüglich des Baltimorer Manuskripts siehe den Katalog von Lilian McRandall, *Medieval and Renaissance Manuscripts in the Walters Art Gallery*, Bd. I, Frankreich, 875-1420, Baltimore-London, 1989, S. 119-123, Beschreibung 49, Tfl. Vb, Abb. 100-101. Die Handschrift wurde für die Klosterkirche von St. Nicaise in Reims angefertigt. Ihr weiteres Schicksal ist nicht festgestellt. Sie wurde von Dubrowsky in Frankreich Ende des 18. Jahrhunderts erworben.

GELANGTE 1805 IM BESTAND DER SAMMLUNG DUBROWSKY
IN DIE KAISERLICHE ÖFFENTLICHE BIBLIOTHEK (1849–1861 EREMITAGE, 5.2.13)

LITERATUR: Gille 1860, S. 37; Langlois Ch.-V.: Observations sur un Missel de Saint-Nicaise de Reims, conservé à la Bibliothèque de Léningrad, *par W.W. Bakhtine. In: L'Académie des Inscriptions et Belles-Lettres.* Comptes-rendus des scéances de l'année *1928. Bull. d'Octobre-Décembre. Paris 1928. S. 362–368; Lozinski G.:* Recherches sur les sources du Credo de Joinville. *In:* Neuphilologische Mitteilungen. *1930. 31. Nr. 5/8. S. 170–233; Laborde 1936–1938, S. 9, 10, Taf. VI, VII; Friedmann L.:* Text and Iconographie for Joinville's Credo. *Cambridge, Mass. 1958; *Jaremitsch 1914, S. 38; *Mokrezowa, Romanowa 1984, S. 194–231.*

19

20

21

22

19. Bl. 8r: BLATT AUS DEM KALENDER. SEPTEMBER
Oben: Weinlese, unten das Tierkreiszeichen Waage für September.

20. Bl. 19v: MINIATUR. *Credo*
Links thront der bartlose Gott, umringt von Kronen haltenden Engeln, darüber der hl. Petrus mit dem ersten Artikel des *Credo* (Inschrift auf einem Spruchband: “Credo in Deum patrem omnipotentem...”) und der Sturz der Engel, die sich in böse Geister verwandeln, in ein die Hölle symbolisierendes Bauwerk.

21. Bl. 22: MINIATUR. *Credo*
Im oberen Teil die Verkündigung. Außen der Prophet Jesaja mit seiner Prophezeiung und der Apostel Johannes mit dem dritten Artikel des Credo (Qui conceptus est de Spirtu sancto); darunter die Geburt Christi; hinter Joseph der Prophet Daniel mit einem Spruchband, auf dem der Beginn seiner Prophezeiung steht: Cum venierit. Die Szene spielt sich innerhalb einer Stadtmauer ab, an deren Fuß links die Hirten und rechts die Heiligen drei Könige abgebildet sind.

22. Bl. 42v: INITIALE
Historisierte P-Initiale mit der Verkündigung an die Hirten.

23. Bl. 20: MINIATUR. *Credo*
Die Schöpfung. Gott stehend, bartlos, mit einem Kreuz-Nimbus, segnet Adam und Eva und die Tiere, rechts und links die Sonnenscheibe und die Mondsichel. Am Rande der Prophet Jeremias mit dem Text seiner Prophezeiung, eine Vorwegnahme des ersten Artikels des *Credo*.

S. 56
24. Bl. 21 v: *Credo*
Linke Malerei: im oberen Teil die Gastfreundschaft Abrahams (die drei Jünglinge, die ihm erschienen sind, sind in der Miniatur als Engel dargestellt. Diese Episode wurde von der mittelalterlichen Exegese als Ankündigung der Dreieinigkeit gedeutet, daher die Bezeichnung Alttestamentliche Dreieinigkeit für dieses vor allem in der russischen Ikonenmalerei sehr verbreitetete Thema); oben rechts der Apostel Andreas mit dem Beginn des zweiten *Credo-Artikels* (*Et in Ihesum Christum, filium ejus*), dem der linke Illustrationsteil aus dem Buch Daniel entspricht, den ein als Nebukadnezar identifizierter, eine Krone tragender König hält.
Darunter der brennende Dornbusch: dem die Herde hütenden Mose erscheint die Gestalt Gottes in einem brennenden Dornbusch; als Zeichen des Respekts zieht er seinen Schuh aus; rechts in Soldatenuniform Gideon mit dem unveränderlichen Vlies, Symbol der Jungfräulichkeit Marias in der mittelalterlichen Deutung.

S. 57
25. Bl. 26: MINIATUR. *Credo*
Oben die Kreuzigung, der Zenturio, der das göttliche Wesen Christi erkennt, und links der Prophet Habakuk. Eine dritte Szene im unteren Feld: diapokryphe Episode der Sonnenfinsternis, die Dionysos Areopagita und Apollophanes in Heliopolis beobachten.

Patrem uocabis me dicit dominus qui fecit celum et trã
ĩ fortitudine sua·et prudentia sua firmauit celos·
20
Jeremias
CREATOREM: CELI ET TERRE:

Ecce inquit ego video viros quatuor solutos et ambulantes i medio ignis
et nichil corruptionis i eis ē. et species quarti similis filio dei
andreas
Nabugodonosor rex
Abraham.
UNI CUM DOMINUM NOS TRUM:
moyses.
vellus gedeonis

CRU CI FI XU :
: MORTUUS :

26

27

28

26, 27. Bll. 23 v.-24: MINIATUR. *Credo*
Links oben verkaufen Jakobs Brüder ihn in die Sklaverei; darunter, in zwei Bildfeldern: Judas erhält die dreißig Silberlinge; rechts Christus vor dem sich die Hände waschenden Pilatus; in der oberen rechten Ecke der Apostel Johannes mit dem Artikel des *Credo* (*Passus sub Pontio Pilato*); auf dem rechten Randfeld der Prophet Esra mit seiner Prophezeiung. Rechte Malerei: oberer Teil: Doppelszene in zwei Bildfeldern. Josephs Brüder zerreißen und besprengen seinen Rock mit Blut und zeigen ihn dann Jacob; darunter, ebenfalls in zwei Bildfeldern: die Geißelung und die Kreuztragung; in der oberen linken Ecke über der Geißelung: König David mit einem Psalm, der diese beiden Passions-Szenen voraussagt.

28. Bl. 25 v: MINIATUR. *Credo*
Zweigeteiltes Bildfeld: Das Opfer Isaaks und Kaiphas ; darunter die Markierung der Häuser der Juden am Vorabend des Exodus; rechts die Sibylle mit gekreuzten Stäben, ein Hinweis auf die Kreuzigung, und König David als Prophet.

29. Bl. 59 v: MINIATUR. *Credo*
Oberer Teil: Jona wird ins Meer geworfen und von einem Walfisch verschlungen; eine Person mit einem Kreuznimbus spricht zu den Juden (?); darunter Christus und Hiob in einem Kahn, Christus hält eine Gerte, mit der er auf den geflügelten blauen Dämon weist: rechts und links die Propheten Jona und Hosea mit ihren Prophezeiungen.

S. 60
30. Bl. 61 v: MINIATUR. *Credo*
Anspielungen auf das Alte Testament: oben Eilas auf seinem Wagen; unten Jona, den der Wal ausspuckt; König David.

S. 61
31. Bl. 60: MINIATUR. *Credo*
Oberer Bildteil: Grablegung (auf dem Grabstein eine Zeile aus dem *Credo* (*Et sepultus/est*); darunter im linken Bildfeld: Simson reißt den Rachen des Löwen auf, rechts die Höllenfahrt Christ, oben rechts der hl. Thomas mit dem *Credo*-Text (*Descendit ad inferna*).

S. 61
32. Bl. 62: MINIATUR. *Credo*
Themen aus dem Evangelium: oben Himmelfahrt und der Apostel Jakobus mit einem Text; darunter Auferstehung; im Rahmen: Apostel Thomas. Am Rand König David.

Jonas
IOB
Osee
O mors ero mors tua

Dimisit pallium suum helyseo.
HELIAS
ELISEUS
Jonas exyt de ventre cetis.
David
Et refloruit caro mea.

31

32

33

34

35

36

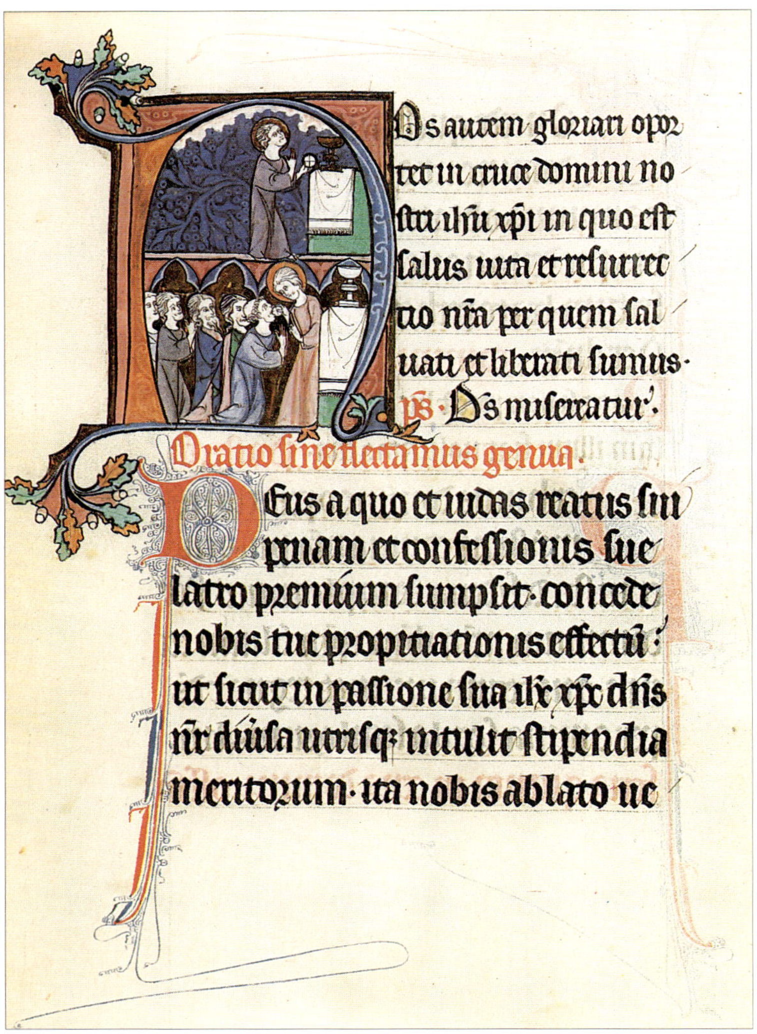

37

S. 61

33, 34. Bll. 63 v.-64: MINIATUREN. ***Credo***
Linke Malerei, oben: eine Episode, die Joinville selbst erlebt hat. Sarazenen sprechen mit den gefangenen französischen Edelleuten; rechts König David mit einem Psalmtext in Verbindung mit dem gegenüber zitierten *Credo*; darunter: Urteil des Salomo, in Verbindung mit dem Jüngsten Gericht gegenüber. Rechte Malerei: im oberen Teil die drei Figuren aus der Dreieinigkeit, umgeben von Engeln (entsprechender *Credo-Text: Sedet ad dexteram Dei Patris omnipotentis*); darunter: Christus und das Jüngste Gericht und Engel mit den Passionswerkzeugen; in zwei getrennten Bildfeldern rechts und links Hiob mit einer Strophe seines Buches und der hl. Philippus mit dem entsprechenden *Credo-Text (Inde venturus judicare vivos et mortuos)*. Im rechten Randfeld der Prophet Joel mit seiner Prophezeiung.

35. Bl. 65 v: MINIATUR. ***Credo***
Oben: Das Feuer fällt auf den Altar Elias'; der Prophet Joel; unten Jakobs Segen; König David.

36. Bl. 125: INITIALEN. ***Credo***
Historisierte Initiale zur Vorrede. Initiale P mit dem thronenden und segnenden Christus, umgeben vom Tetramorph, und T mit der Synagoge und der Kirche.

37. Bl. 107 v: INITIALE. ***Credo***
Historisierte Initiale auf zwei Ebenen: oben der die Hostie segnende Christus vor dem Altar; darunter Kommunion der Apostel.

38 Bl. 66: MINATUR. ***Credo***
Oben: das Pfingstfest; unten Mysterien der Kirche. Kommentare der Illustrationen in den Texten der Apostel Bartholomäus und Matthäus und der Propheten Simon und Micha.

Bartholomeus·
Matheus·
CREDO IN SPM SCM· SCAM
ECCLESIAM: CATHOLICAM
Symo·
SCORUM CO MUNIONEM:
REMISSIONEM PECCATORUM:
Salomon·
Miche as·

70

contulisti· intercedente beata semper
uirgine maria· et presens nob reme
dium ee facias et futurum· Per· alia·
Perfice in nob qs domine gratiã
tuam qui iusti symeonis expe
ctationem implesti: ut sicut ille mor
tem non uidit· priusquam xpm do
minum uidere meretur: ita et nos
uitam obtineamus eternã· Per eũdẽ·

s iusti· bi benedicti
meditabitur alls·
sapientiam et lingua
eius loquetur iudiciũ
lex di ei in corde ipsius · ps·
Noli emulari in ma·

70

40

41

42

39. Bl. 70: INITIALE. *Credo*
Historisierte O-Initiale: der hl. Benedikt frontal sitzend, mit Bischofsstab und segnend. Malerei im unteren Randteil: der hl. Benedikt und die zwei Mönche am Ufer des Fischteiches.

40, 41. Bll. 123 v. -124: MINIATUREN.
Der Baum des Lebens
Links oben: Einzug Christi in Jerusalem; der Kuß Judas' und Gefangennahme Christi; unten: Fußwaschung; Gebet vom Kelch. Rechts: mystische Kreuzigung am Lebensbaum; in den Ecken die Propheten Hesekiel, Joel, Moses und der Apostel Jakobus. Oben Darstellung des Heiligen Geistes: Pelikan, seine Jungen mit seinem Blut nährend. Unten links: die von einem Schwert durchbohrte Maria und Maria Magdalena und Maria-Kleophas. Das Thema dieser Miniatur stammt aus dem poetischen Traktat *Der Baum des Lebens*. Es wurde darauf hingewiesen, daß die zwei Miniaturen sich illustrationsmäßig vom *Credo* Joinvilles unterscheiden (Mokrezowa, Romanowa).

42. Bl. 189 v: MINIATUR. *Credo*
Oben: die törichten und die klugen Jungfrauen; darunter der hl. Augustin und der Prophet Zephanja mit seiner Prophezeiung.

S. 66
43. Bl. 190: MINIATUR. *Credo*
Oben: Hochzeitsmahl des Lammes; im Randfeld der Prophet Daniel mit seiner Prophezeiung und der Apostel Matthäus mit dem entsprechenden Credo-Text (*Vitam eternam. Amen*); darunter der Prophet Hesekiel mit seiner Prophezeiung und Thaddäus mit dem Text des entsprechenden Credos (*Carnis ressurexionem*). Diese Doppelblattmalerei (mit Bl. 189 v.) schließt den Zyklus des apostolischen Glaubensbekenntnisses ab.

Daniel.
In tpe illo saluabitur populus tuus omnis qui inuentus fuit scriptus in libro uite
machi as.
190.
VITAM ETERNAM AMEN
CARNIS RESURREXIONE
ezechi el.
thadeus.
Ecce ego aperiam tumulos uros et educam uos de sepulchris uris et inducam uos in tram uram.

44-51
GAUTIER DE COINCY
Leben und Wunder der Gottesmutter
La vie et les Miracles de Notre Dame
Frankreich (Soissons?). (um 1260-1270)

285 Bll. 275 x 190 mm (Text 205 x 135 mm). Pergament. Französisch 15 historisierte Initialen; 65 Blätter mit Miniaturen am Anfang der Kapitel und der Teile der Handschrift (je 1 bis 8 Szenen in jeder Gruppe); eine Vielzahl von kleinen, blau – roten Initialen mit Gold Einband: 18. Jahrhundert (von Dubrowsky bestellt). Karton, mit hellem fliederfarbenem Samt bezogen; Dublüren aus grünem Narbenleder; goldgeprägte Verzierung auf der Innenseite der Einbanddeckel; Vorsätze aus Goldbrokat; vergoldeter Schnitt. Fr.F.v.XIV,9.

Gautier de Coincy (1177–1236) war der Verfasser eines im Mittelalter sehr beliebten Poems mit Legenden über die Wundertaten der Gottesmutter, die sie für ihre Anbeter vollbracht hat. Das Poem besteht aus zwei Teilen und beginnt mit einem Prolog in Begleitung von sieben Liedern. Der erste Teil enthält 35, der zweite 23 Wundertaten (insgesamt etwa dreißigtausend Verse). Gautier war Prior des Klosters Vic-sur-Aisne bei Soissons, später des Klosters St. Médard in Soissons. In dem zwischen 1218 und 1233 verfaßten Poem benutzte er die lateinischen Legenden von Hugo Farsit (12. Jahrhundert), von Germain von Laon, übertrug sie ins Französische und ergänzte sie durch Berichte über »lokale« Wunder der Gottesmutter, die in Soissons, Laon, Chartres, Bourges und in Vic selbst zu Lebzeiten des Autors stattgefunden haben sollen. Das Poem ist in zahlreichen Kopien (über 80) bekannt. Die Sankt Petersburger Handschrift ist jedoch nach Meinung der Forscher die vollständigste und früheste. Sie ist ein Sammelband und enthält nicht nur dieses Poem, sondern auch andere Werke von Gautier sowie das Poem von Huon, König von Cambrai, *Li Regres de la Mere Jhesu Christ* Die Schmerzen Mariä, Gebete, Fragmente aus den Viten der Väter in der Wildnis und andere anonyme Vers- und Prosa-Texte.

Über Ort und Zeit der Herstellung der Handschrift herrscht bei den Forschern keine einheitliche Meinung. Die einen datieren sie ins 13., andere ins 14. Jahrhundert. Mokrezowa und Romanowa entdeckten in den von ihnen wissenschaftlich erforschten Miniaturen Züge, die typisch für Nordfrankreich (die Picardie?) sind. Sie datierten den Codex folglich in die letzten Jahrzehnte des 13. Jahrhunderts. Alles deutet in der Tat darauf hin, daß das Manuskript in derselben Region entstand, in der Gautier de Coincy seinen Text geschrieben hat, zwischen Laon und Soissons. Die empfohlene Datierung erscheint indes etwas spät angesetzt, richtiger wäre wohl 1260-1270.

Stilistisch und bildinhaltlich gesehen ist das Petersburger Manuskript kein Einzelstück. Nach F. Avril läßt es sich mit zwei in der Pariser Nationalbibliothek aufbewahrten Exemplaren der Dichtung Gautier de Coincys in Verbindung bringen: das erste (ms. Français 25532), älter oder zumindest zeitgleich mit dem hier behandelten, stammt mit Sicherheit aus derselben Werkstatt, ist vielleicht sogar demselben Künstler zuzuschreiben; der Miniaturen-Zyklus des zweiten (Français 22928), etwas später entstanden, ist in seinem Hauptteil eine getreue Wiederholung des Petersburger Manuskriptes.

An der Illuminierung des Codex arbeiteten mehrere Meister, die einen außerordentlichen Erfindungsgeist an den Tag legten. Sie schufen medaillonartige Miniatur-Serien, die sich zu einer Art von Novellen vereinigen und in der Regel keine ikonographischen Prototypen haben. Das ist eines der frühesten uns bekannten Beispiele für solch eine Textillustration. Trotz einer gewissen Eckigkeit der Figuren und ihrer wenig abwechslungsreichen Gesten muß man den narrativen Wert hervorheben. Zu der für Paris üblichen Farbskala kommt hier Grün, Grau und besonders oft Schwarz hinzu. Die spitzbogenartigen Bauelemente (siehe z.B. Bl. 103v) zeugen vom Eindringen gotischer Motive in die französische Miniatur der zweiten Hälfte des 13. Jahrhunderts.

In der Dissertation des Abtes J.J. Rive, Bibliothekar des Herzogs de la Vallière (von ihren 50 Exemplaren wurde nur eines entdeckt, das Pjotr Dubrowsky gehörte), die dieser Handschrift gewidmet war, wird ihre Geschichte folgendermaßen dargelegt. Den fertigen Codex überreichte Gautier de Coincy der Gräfin Ada de Soissons, seiner Freundin und Gönnerin. Nach dem Tode der Gräfin blieb der Codex noch einige Zeit in ihrer Familie und kehrte dann in die Abtei St. Médard zurück, wo er im Laufe des nächsten Jahrhunderts aufbewahrt wurde. Die Abtei schenkte die Handschrift dem König Karl V. Während der Herrschaft Karls VI. wurde sie zusammen mit anderen Handschriften von den Engländern verschleppt. Anfang des 18. Jahrhunderts erwarb sie der Baron Wilhelm de Crassier. Nach dem Verkauf seiner Bibliothek 1755 in Lüttich befand sich die Handschrift in Holland. Dort hat sie womöglich Dubrowsky erworben (vor 1790).

GELANGTE 1805 IM BESTAND DER SAMMLUNG DUBROWSKY IN DIE KAISERLICHE ÖFFENTLICHE BIBLIOTHEK

LITERATUR: Montfaucon 1739, Bd. 1. S. 604, 606; Dissertation sur le manuscrit intitulé Oeuvres poétiques de l'abbé Gautier de Coinci, Prieur de Vic-sur-Aisne *(Paris) 1790; Bertrand 1874, S. 172; Ducrot-Granderye A. P.: Etudes sur les Miracles de Notre Dame de* Gautier de Coinci. *In: Suomalaisen tiedeakatemian toimituksia. Helsinki 1932. Ser. B, Bd. 25; Laborde 1936–1938, S. 37 38, Taf. XX, XXI; Långfors A.:* Miracles de Gautier de Coinci. Extraits du manuscrit de l'Ermitage. *In:* Suomalaisen tiedeakatemian toimituksia. *Helsinki 1937. Ser. B. Bd. XXXIV; * Schischmarjow, 1955, S. 211; Kraemer E.:* Huit Miracles de Gautier de Coinci. *Edités d'après le manuscrit de Léningrad. In: Suomalaisen tiedeakatemian toimituksia. Helsinki 1960. Ser. B. Bd. 119. Lindgren L.:* Les Miracles de Notre Dame de Soissons. *Versifiés par Gautier de Coinci. Publiés d'après six manuscrits. Ibid. 1963. Ser. B. Bd. 129; * Schischmarjow 1965, S. 39; Coinsi Gautier de: Les Miracles de Notre Dame. Hrsg. von V.F. Koenig. 4 Bde. Paris, Genf 1966–1970 (2. Ausgabe): Romanowa 1975, S. 190—193; * Mokrezowa, Romanowa 1270-1300. 1984, S. 21, 22, 31, 102–147.*

44

45

46

44. Bl. 8v: CHRISTI GEBURT (6 Szenen)
In den Szenen sind auch die nachfolgenden evangelischen Episoden, einschließlich bis auf die Flucht nach Ägypten, gezeigt.

45. Bl.76 v: DIE VORNEHME RÖMERIN (6 Szenen)
Es wird von der Sünde der Dame, ihrer Buße und der Fürbitte der Gottesmutter erzählt.

46. Bl. 96r: DER PRIOR AUS PAVIA (4 Szenen)
Der Mönch ließ kein Stundengebet der Gottesmutter aus und erschien nach seinem Tod nachts dem Sakristan seines Klosters.

47. Bl. 81r: DER WUCHERER UND DIE BETTLERIN (4 Szenen)
Tod des Wucherers, dessen Seele der Teufel holt, und der Bettlerin, der die Gottesmutter und heilige Frauen erscheinen.

Ne iert el puis denfer puire .

La mors del usurier & de la povre fame. Capitulum. x.

Tuit li miracle nostre dame .
Sont si piteuz & douz par mame
N'est nul qui bien les recitast .
Cui touz li cuers n'en apitast .

48

49

50

48. Bl. 103v: DER SARAZENE
Vom Sarazenen, der das Bildnis der Gottesmutter verehrte und den Übertritt vieler Sarazenen zum Christentum bewirkte (2 Szenen).

49. BL.115r: GEBETE AN DIE GOTTESMUTTER UND AN JOHANNES DEN TÄUFER (4 SZENEN)
Gebete, die einem vornehmen Signore halfen, den Fallen des Teufels auszuweichen, der die Gestalt eines Dieners angenommen hatte.

50. BL. 230v: MARIA AUF DEM THRON MIT ALLEN HEILIGEN (Apotheose der Gottesmutter).
Abschließende Illustration zum Hauptteil des Codex.

51. BL144r: DIE KAISERIN, DIE VOM TEUFEL VERSUCHT WIRD (8 Szenen und 4 Szenen)
Solch eine eingehende narrative Darstellung ist dadurch zu erklären, daß diese Geschichte die längste im Werk von Gautier ist. Es wird darin von den gefährlichen Abenteuern und teuflischen Versuchungen berichtet, denen die tugendhafte Gemahlin eines römischen Kaisers ausgesetzt war, und wie ihr die Gottesmutter zu Hilfe kam.

en la mer fu delivrez par la
nre dame. Capitulum xxiii.
D un clerc. Capitulum xxiiii.
D el ymage de nre dame. xxvi
L e miracle qui defendi les sa
medis nre dame. xxvii
D e la chetiuite domme et de la
doutance de la mort. xxxxxxv
L es salutations de la glieuse
virge la mere dieu.
D une empereris q fu temptee en
diuse maniere cap. pmum.

A s sages dit et fait sauoir
A li sages liures de sauoir
Q la peur de dieu comence
I nitions de sapience .
D iscrez et sages est sanz doute .
Q vn le crient et vn le doute .
Q vn crient dieu vn est pfaiz .
Q vn crient dieu en tox ses faiz .
G arde touz tans chose ne face .
D ont enuers li ses se meffface
H om qui toz tans est peureus .
B eneois est et eureus .
Q dieu ne crient sachiez saz doute
N ul mal a faire ne redoute .
Q doute dieu p tout doute a .
D une empereis qui douta .
D e tout son cuer de tote same .
N re seigneur et nre dame .
E qui m'lt ama chastee .
E n ionece et en ione ee .
V n biau miracle uueil retrere.
Ce romans dou lati traire .
L empereus dou grant empire .
Q tous tans croist nonqs nempire
Q la force est de chastee .
F ontaine et doiz de netee .
S i le me face reciter .
Q ua chastee puisse esciter .
C es grans seigneurs ces grandes dames
Q por les cors perdent les ames .
E t o en enfer les enlandonet .
P le franc qu cors abandonet

52-55
ROMAN ÜBER JOSEPH VON ARIMATHIA ODER ROMAN VON DER GESCHICHTE DES GRALS
Le Roman de Joseph d'Arimathie ou le Roman d'Estoire dou Graal

Frankreich. Anfang 14. Jahrhundert

139 Bll. 292 x 220 mm (Text 230 x 175 mm). Pergament. Französisch. 42 Miniaturen in rechteckigem Rahmen, angeordnet über Initialen, die mit Weinlaub auf goldenem Grund ornamentiert sind. Einband: 16. Jahrhundert. Karton, mit hellbraunem Leder bezogen, goldgeprägt; Wappen des Gui II., Vicomte de Melun, sowie die Devise Ingenium superat vieres (Der Geist besiegt die Kraft) auf beiden Einbanddeckeln; Vorsätze aus Pergament; vergoldeter Schnitt; auf dem Rücken 7 Heftbünde
Fr.F.v.XV, 5.

Die Petersburger Handschrift ist eine Prosa-Variante (version dérimée) des ersten Teils des dreibändigen Romans von Robert de Boron, einem französischen Dichter aus der Wende zum 13. Jahrhundert. In seinem Roman hat er den Versuch gemacht, das Grundsujet des Sagenkreises um König Artus in den Ritterromanen über den Gral im christlichen Geiste umzudeuten und darzulegen. Der Roman berichtet über die Heldentat Josephs von Arimathia, seine Gefangennahme und Befreiung aus dem Kerker, über das Aufkommen des Grals und die Entdeckung der wundertätigen Kraft des heiligen Kelches durch Joseph.
Die Erzählung ist in zwei Kolumnen geschrieben und in Kapitel unterteilt, deren jedes mit einer Initiale beginnt, die von einer Kopfleisten-Miniatur in Kolumnenbreite begleitet wird. An der Gestaltung der Handschrift haben offensichtlich mehrere Meister gearbeitet. So heben sich die Miniaturen mit einem Goldgrund hervor, deren Federzeichnung vereinfacht aussieht und Farben kräftiger Art eingesetzt sind. Laborde vermerkt die eleganten Bewegungen und die edlen Köpfe der Personen. Er datiert die Illuminierung in die Zeit um 1350. Romanowa, die die Malerei analysierte, datiert die Handschrift in den Anfang des 14. Jahrhunderts, was dem Stil der Miniaturen entspricht: sie sind recht archaisch, mit Zügen, die für die Wende zum 14. Jahrhundert typisch sind.
Laborde stellte fest, daß die Handschrift im 16. Jahrhundert der Familie d'Arbaleste gehört hat, und zwar dem Guy II., Sohn des Jean Vicomte de Melun, Hauptfinanzverwalter der Bretagne (1512—1570). Im 17. Jahrhundert gehörte sie zur Sammlung Séguier, gelangte 1735 nach Saint-Germain-des-Prés, wurde spätestens 1792 von Dubrowsky erworben.

GELANGTE 1805 IN DIE KAISERICHE ÖFFENTLICHE BIBLIOTHEK (1849–1861 EREMITAGE, 5.3.54)

LITERATUR: Cat. Séguier 1686, S. 15; Montfaucon 1739, Bd. 2, S. 1109, Nr. 821; Gille 1860, S. 38; Bertrand 1874, S. 190; Delisle 1868–1881, Bd. 2, S. 58; Laborde 1936–1938, S. 5. 31, Taf. III; Woledge B., Clive H.P.: Répertoire des plus anciens textes en prose français depuis 642 jusqu'aux premiers années du XIIIe siècle. *Genf 1964. S. 77; * Romanowa 1975, S. 194, 195, Abb. 14, Taf. 25.*

52

53

54

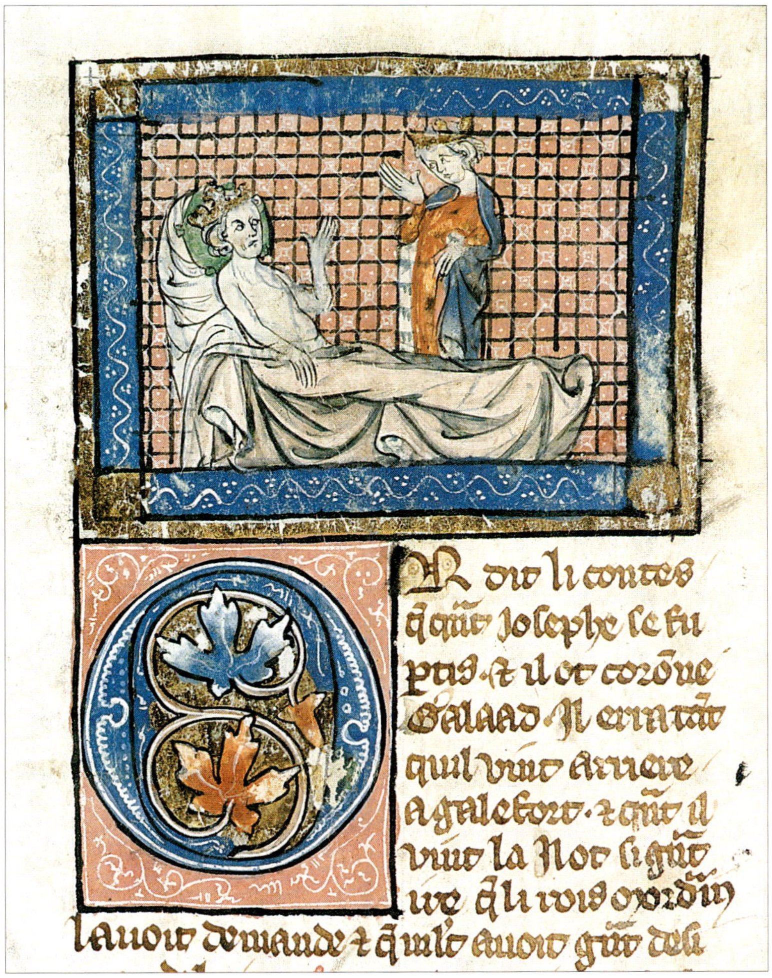

55

52. Bl.7r: INITIALE UND MINIATUR
Ein Engel erscheint dem König Evalach. Am Lager des Königs sitzt der junge Joseph. Die ungeschickte Perspektive – die Flügel des Engels und das Kopfkissen des Königs sind flächig wie in der romanischen Miniatur – wird durch die schöne Federzeichnung und die Harmonie der gedämpften Farbtöne wettgemacht.

53. Bl. 85v: INITIALE UND MINIATUR AUF GOLDENEM GRUND
Gezeigt ist der Bau eines Hauses für Hippokrates auf der Insel (Larissa?). Hippokrates, der weise Arzt, leitet mit einem Stab in der Hand die Arbeit der Maurer.

54. Bl. 110r: INITIALE UND MINIATUR
Die Miniatur illustriert die Erzählung von der Einkerkerung Josephs und seiner Begleiter durch den König Crudé für 40 Tage ohne Speise und Trank und von ihrer Befreiung durch den König Mordren. Diese Miniatur ist eine der besten. Der Maler versteht sich auf das Zusammenspiel der Farben und behandelt sehr fein die Gesichter, deren Wangen er leicht tönt.

55. Bl. 134r: INITIALE UND MINIATUR
König Mordren am Lager des sterbenden Joseph.

56-71
BRUNETTO LATINI
Die Schatzbücher. Li livres dou Tresor
Frankreich. 1310-1320

*149 Bll. 310 x 220 mm (Text 210 x 150 mm). Pergament.
Französisch. 115 kleine rechteckige Miniaturen; 4 historisierte Initialen zu Beginn des Vorworts und eines jeden Teils; große Initialen mit rotem und blauem Ornament auf goldenem Grund und Stengeln mit Drolerien, die auf das Randfeld übergehen und zwischen den Kolumnen eingefügt sind; eine Vielzahl von kleinen Initialen. Einband: 16. Jahrhundert. Braunes Saffian mit hellblauem, rotem und grünem Mosaik; im Mittelteil ein sechseckiger Stern, in den auf dem Vorderdeckel ein Adler (Wappen?) gesetzt ist; auf dem Hinterdeckel eine gravierte Devise In magnis et voluisse sat est. Fr.F.v.III, 4.*

Die Handschrift ist ein enzyklopädisches Werk von Brunetto Latini (um 1230—1294), dem florentinischen Staatsmann, Gelehrten, Dichter, Historiker und Philosophen, dem Lehrer und Freund Dantes. Es ist in französischer Sprache während der Verbannung des Autors in Frankreich (1260—1267) geschrieben worden und besteht aus drei Büchern. Das erste Buch beginnt mit der Darlegung der biblischen Geschichte, der Geschichte Trojas, Roms und des Mittelalters. Es folgt die Geschichte der Naturwissenschaften, wo vieles über Astronomie und Geographie mitgeteilt und ausführlich über die Tier- und Vogelarten berichtet wird. Das zweite Buch ist der Ethik gewidmet. Hier werden Aussprüche von alten und neuen Moralisten angeführt und die den Menschen eigenen Laster und Tugenden untersucht. Der originellste Teil ist das dritte Buch, wo Probleme von Politik und Staatsverwaltungskunst betrachtet werden. Die Kunst der Staatslenkung ist der Meinung des Autors nach das Wichtigste und Edelste aller Wissenschaften.

Die Handschrift ist reich und mannigfaltig illuminiert. Unerschöpflich ist die Phantasie des Künstlers, der die Randfelder von 18 Blättern mit einer Vielzahl von grotesken Drolerien besiedelt hat. Hier balgen und necken sich Tiere, vermummte Menschen und wunderliche Monstren. Akrobaten balancieren, jonglieren, tanzen, schlagen Rad, Musikanten blasen die Trompete, die Flöte, den Dudelsack, spielen auf der Viole, der Orgel, dem Tamburin. Wir finden hier Vögel, Hasen, Hirsche, Löwen. Abgebildet ist eine Wildschweinjagd mit Hunden, und sogar die Erschaffung der Eva ist hier zu sehen. Konstantinowa nahm an, daß hier die Groteskenserie durch das Thema der Wandermusikanten vereint ist (Jongleure), das auf Blatt 11r mit dem Posaunenruf beginnt. Sie nimmt ferner an, daß die Affen verkleidete Menschen, die Tiere dressiert und die Monstren Figuren eines Puppenspiels sind. Wie dem auch sei, die Drolerien im Petersburger Codex ist eine der entwickeltesten, interessantesten und frühesten unter solchen Serien in der europäischen Buchmalerei (leider ist ein Teil der Grotesken bei wiederholtem Einbinden beschnitten worden).

Die Zeichnung ist virtuos mit feinsten Federlinien ausgeführt, delikat mit zarten Aquarellfarben untermalt und weiß gehöht. Die Posen und Gesten sind schön und edel, geschickt ist Gold zweier Arten verwendet: als Blattgold und als Pulver-Pigment, besonders in den Illustrationen zur Naturgeschichte. Für diese Illustrationen werden traditionelle Schemata benutzt, die auf romanische Bestiarien zurückgehen. Laborde schätzte die »graziöse Phantasie und die bezaubernde Eleganz« der Miniaturen hoch ein. Er datiert sie in die Jahre um 1330 und sieht hier einen Abklang des Picardie-Stils. Konstantinowa fand, daß diese Arbeit einer »mondänen Pariser Werkstatt« aus dem Ende des 13. Jahrhunderts entstamme und vermerkt (in den Grotesken) den Einfluß der englischen Miniatur. Der Stil der Illuminierungen weist eher auf Nordfrankreich und auf das beginnende 14. Jahrhundert hin.

Die Handschrift gehörte zum Bestand der Sammlung des Kanzlers Séguier und befand sich seit 1735 in Saint-Germain-des-Prés; seit Ende des 18. Jahrhunderts in der Sammlung Dubrowsky.

GELANGTE 1805 IM BESTAND DER SAMMLUNG DUBROWSKY IN DIE KAISERLICHE ÖFFENTLICHE BIBLIOTHEK (1849—1861 EREMITAGE, 32.5.3)

LITERATUR: Séguier 1686, S. 116; Montfaucon 1739, Bd. 2. S. 1100, Nr. 476; Gille 1860, S. 51; Chabaille P.: Li Livres dou Tresor par Brunetto Latini publié pour la première fois d'aprés les manuscrits de la Bibliothèque Impériale, de la Bibliothèque de l'Arsenal et plusieurs manuscrits des départements et de l'étranger. *Paris 1863; Bertrand 1874, S. 94;* Il Tesoro di Brunetto Latini volgarizzato da Bono Giamboni raffrontato col testo autentico francese edito da P. Chabaille emendato con MSS ed illustr. de Luigi Gaiter. *Bd. 1–4. Bologna 1878–1883; * Jaremitsch 1914, S. 38; Laborde 1936–1938, S. 25, 26, Taf. XVI–XVIII; Constantinova A.:* Li Tresors of Brunetto Latini. *In: The Art Bulletin. 1937. Bd. 19. Nr. 2. S. 203–219, Abb. 1–24; Carmody F.I.: Li Livres dou Tresor de Brunetto Latini. Ed. Critique. Berkeley, Los Angeles 1948; * Lublinski W.S.: Vorergebnisse einer Handschriftforschung. In:* Ein unbekanntes Denkmal der Buchkunst. *Moskau, Leningrad 1963. S. 26, 41, 68, 69; * Golenistschew-Kutusow 1972. S. 239 (Abb.); * Romanowa 1975, S. 197–199, Tafl. 29.*

56. Bl. 18r: BLATT AUS DEM KAPITEL DES ERSTEN BUCHES, DAS DEN PROPHETEN GEWIDMET IST

In den kleinen rechteckigen Miniaturen erscheinen der Prophet Daniel in der Löwengrube, die in Form eines Festungsturms dargestellt ist, die Propheten Achieas, Iado und Tobias sowie Schadrach, Meschach und Abed-Nego, die drei Jünglinge im Feuerofen.

lonie avoec les autres ki la estoient
en prison · il prophetisa en babilonie
& blasmoit les babilonyens leur ma
uvaistiet mais li peuples d'israhel
locisent en trayson pour cou que il
les reprendoit des carmes & des diablies
que il faisoient · & fu mis ou sepulcre
dou fil le fil noe · qui ot a non arpha
sat en lonc des mors · De daniel ·

Daniel prophe
tes vaut au
tant a dire
comme ongemens
de dieu v houme
amiable · il fu
estrais de la lignie
judas · & cil de son
ancestre furent
noble si comme rois & empereurs · il en
fu portes en babilonie avoec le roy
joachin avoec les · trois enfans &
la fu il fais sires & princes de tous
les caueus · il fu hom glorieus & de
grant biautet & ot noble corage &
caste cors & fu parfais en foit · & conis
soit des secrees cozes · & savoit cou q̄ a
venir devoit · De achias prophette

Achias li pro
phettes fu
de la chitet
Elye · il dist lonc
tans devant le
roy salemon q̄
il deguerpiroit
la loy dieu pour
amour de une
femme · & quant il fu mors & same
partie de cest siecle · ses cors fu mis
entiere de iouste · i · kesne en ephiso ·
De jado

Iado prophettes
nasqui en sal
marie · il fu en
voyes a Ierobam
qui sacrefioit les
viles a dieu q̄ il de
mourast avoec
lui mais il ni de
moura pas · & p
chou li avint que quant il s'en repai
roit uns lyons l'estrangla pour cou q̄ il
avoit faliut a son compaingnon · & puis
fu entieres Iado en belleem · De thobie

Thobias pro
phettes valt
autant
a dire comme biens
de dieu · & fu fieus
a name de la lign
e neptalum · il
nasqui en la citet
de la region de ga
lilee · Gamalnazar le prist pour cou de
moura il en esil en la citet de ninive
Il fu iustes en toutes cozes · il douna tot
cou quil avoit as prisons & as povres ·
Il enseuelissoit les mors de samarie puis
avula par fiens d'une aronde ki li chei es
iols · mais a la fin diex li rendi saue
ue · x · ans apries · & li donna grant ri
cauche · & fu entieres apries sa mort en
ninive · Des · iij · enfans sidrac misac & abde na go ·

Li trois
enfant
furent
estrait dou
royal lig
nage · & fu
rent de la
glorieuse

57

58

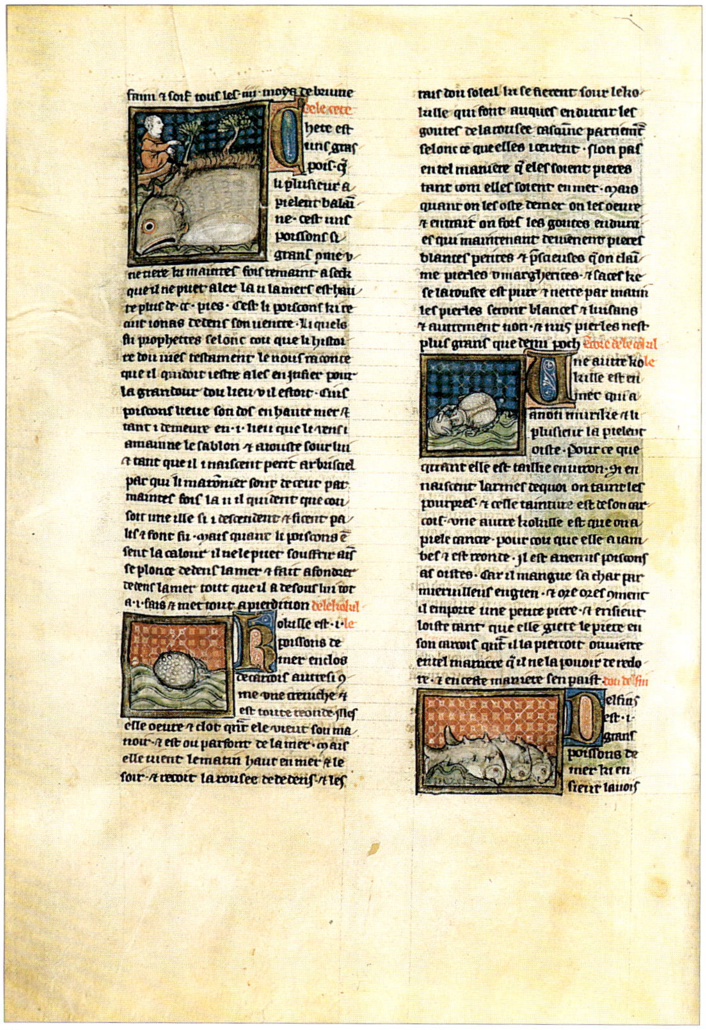
59

60

61

62

63

64

57. Bl. 11r: ANFANG DES KAPITELS DES ERSTEN BUCHES, DAS VOM "ZWEITEN WELTALTER" BERICHTET

Illustriert wird die Arche Noahs. Noah hält in der Hand eine Taube. Auf den Randfeldern ein musizierender Hase, ein Akrobat, der eine große Goldposaune bläst, und der Zweikampf eines blauen und eines grauen Affen.

58. Bl. 13v: ANFANG DES KAPITELS DES ERSTEN BUCHES ÜBER DAS REICH DER DAMEN ("DOU REGNE DES FEMMES")

Illustriert wird die Krönung einer Dame. Auf den Stengeln sind groteske Figürchen zu sehen: ein buckliger Seiltänzer, der zugleich jongliert, eine Frau, die auf einer Flöte spielt und zugleich ein Tamburin schlägt.

59. Bl. 46v: BLATT AUS DEM KAPITEL, IN DEM VON DEN MEERBEWOHNERN BERICHTET WIRD

Gezeigt sind ein Walfisch, zwei Muscheln (Krabben?) und Delphine.

60. Bl. 59r: ENDE DES ERSTEN BUCHES UND PROLOG ZUM ZWEITEN BUCH "VON DEN LASTERN UND TUGENDEN DER MENSCHEN"

Ein lehrender Mönch und lernender Kleriker. Auf dem Randfeld: ein Jongleur mit einem Schwert. Kleine Miniaturen auf einer Kolumne.

61. Bl. 45v (RECHTS OBEN): SÄGEFISCH

62. Bl. 47r (RECHTS UNTEN): SIRENEN

Bei der Darstellung der im Meer lebenden Phantasiewesen hat der Künstler seiner Vorstellungskraft freien Lauf gelassen.

63. Bl. 50v (LINKS): FALKEN

64. Bl. 54v: WIESEL

Die Komposition entspricht der heraldischen Symmetrie.

S. 78
65. Bl. 55: KOMPOSITION VON SELTENER ELEGANZ UND DYNAMISCHEN RHYTHMUS

S. 78
66. Bl. 57 ELEFANT

S. 78
67. Bl. 55 WOLF

Stilisierte Tierkörper vor quadrilliertem Hintergrund.

S. 78
68. Bl. 56 PFERD

S. 78
69. Bl. 54 v. SCHAFE

S. 78
70. Bl. 59 AFFEN

71. Bl. 20 v. ANFANG DES KAPITELS DES ERSTEN BUCHES, IN DEM BERICHTET WIRD, "WIE DIE NATUR UND ALLE DINGE UNTER VIER GESICHTSPUNKTEN EINGETEILT WURDEN" (DIE HAUPTZUSTÄNDE WERDEN JEWEILS ZU ZWEIT VERANSCHAULICHT: KALT UND WARM, NASS UND TROCKEN)

Die Miniatur zeigt einen Arzt an einem Krankenlager, bei der Untersuchung eines Tieres. Diese Szene ist in die Mitte einer Reihe von konzentrischen Kreisen plaziert, die Wasser, Luft und das Himmelsgewölbe darstellen. Im oberen Randfeld Drolerien: ein flötespielender, Vögel in eine Falle lockender Affe; im unteren Randfeld Duell-Parodie zwischen zwei auf einem Hirschen und einem Geißbock reitenden Affen. Dem Wappenschild des einen, das den Feind darstellt - einen roten Löwen auf goldenem Grund - begegnet man häufig in ähnlichen Szenen der französischen Buchmalerei.

65

66

67

68

69

70

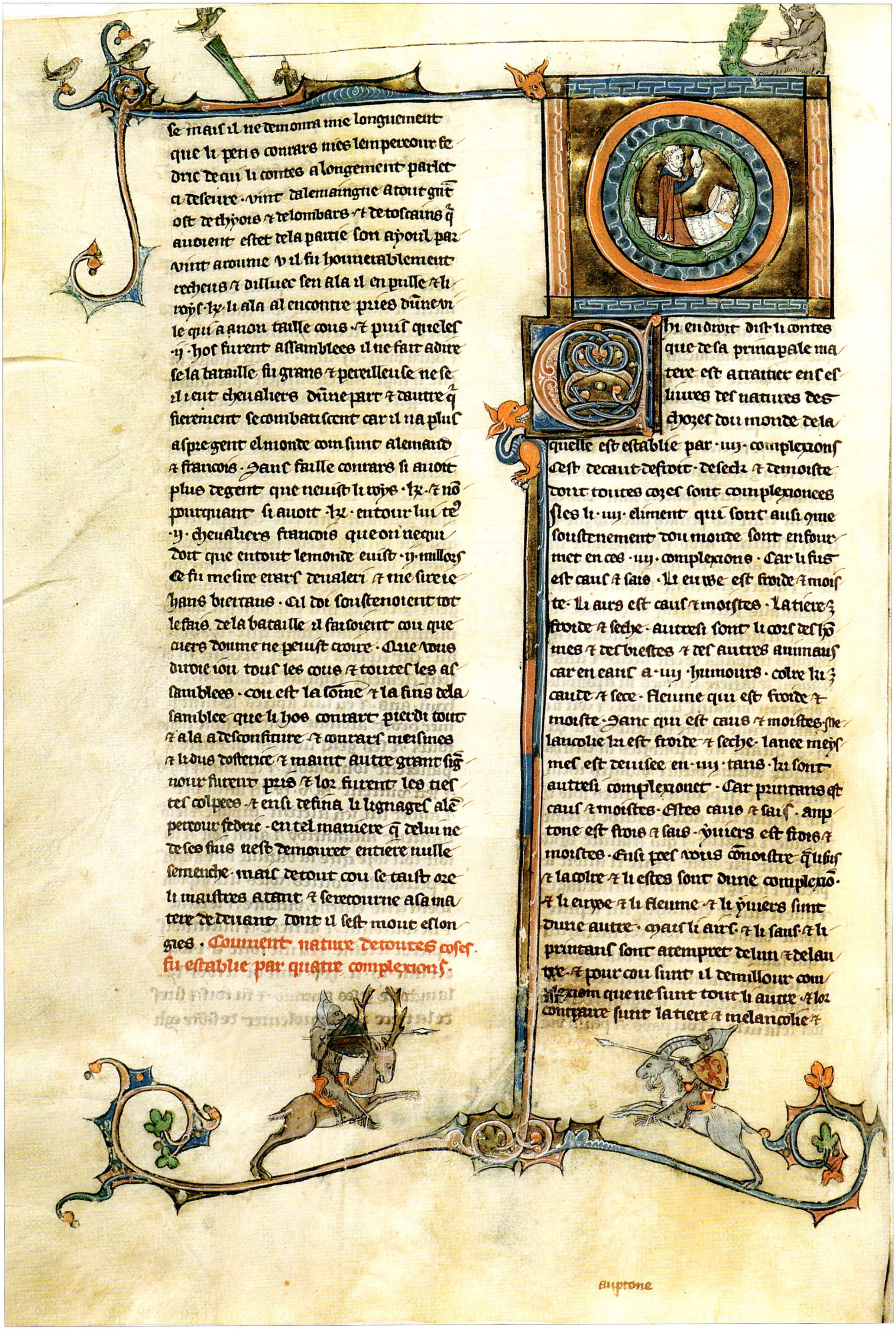

se mais il ne demoura mie longuement
que li petis conrars nies lempereour fe
dric de cui li contes a longement parle
ci deseure · vint dalemaingne atout grant
ost de thyois ⁊ de lombars ⁊ de toscains qui
auoient este de la partie son ayoul par
mi rome ou il fu hounerablement
recheus ⁊ dilluec sen ala il en puille ⁊ li
rois · k · li ala al encontre pres dune vi
le qui a anon taille cous ⁊ puis que les
· ij · hos furent assamblees il ne fait a dire
se la bataille fu grans ⁊ perilleuse ne se
il i eut cheualiers dune part ⁊ dautre qui
fierement se combatissent car il na plus
aspre gent el monde com sunt alemant
⁊ francois · Sans faille conrars si auoit
plus de gent que neuist li rois · k · ⁊ non
pourquant si auoit · k · entour lui tel
· ij · cheualiers francois que on ne quidoit
que en tout le monde euist · ij · millors
Ce fu mesire erars deualeri ⁊ mesire le
hans brettaus · Cil doi soustenoient tot
le fais de la bataille il faisoient cou que
cuers domme ne peust croire · Que vous
diroie iou tous les cous ⁊ toutes les as
samblees · cou est la some ⁊ la fins de la
samblee que li hos conrart pierdi tout
⁊ ala a desconfiture ⁊ conrars meismes
⁊ li dus dosterice ⁊ maint autre grant sig
nour furent pris ⁊ lor furent les tiestes
colpees ⁊ ensi defina li lignages ale
pereour federic en tel maniere que de lui ne
de ses fius nest demouree entiere nulle
semenche · mais de tout cou se taist ore
li maistres a tant ⁊ se retourne a sa ma
tere de deuant dont il sest mout eslon
gies · Coument nature de toutes coses
fu establie par quatre complexions ·

Chi endroit dist li contes
que de sa principale ma
tere est a traitier en ces
liures des natures des
chozes dou monde de la
quelle est establie par · iiij · complexions
cest de caut de froit · de sech ⁊ de moiste
dont toutes cozes sont complexionees
si les · iiij · eliment qui sont ausi comme
soustenement dou monde sont en four
met en ces · iiij · complexions · Car li fus
est caus ⁊ sais · Li eurve est froide ⁊ mois
te · Li airs est caus ⁊ moistes · La tiere est
froide ⁊ seche · autresi sont li cors des ho
mes ⁊ des biestes ⁊ des autres animaus
car en eaus a · iiij · humours · colre ki est
caude ⁊ sece · fleume qui est froide ⁊
moiste · Sanc qui est caus ⁊ moistes · me
lancolie ki est froide ⁊ seche · lanee meis
mes est deuisee en · iiij · tans · ki sont
autresi complexionet · Car printans est
caus ⁊ moistes · Estes caus ⁊ sais · aup
tone est frois ⁊ sais · yuiers est frois ⁊
moistes · Ensi poes vous connoistre que li fus
⁊ la colre ⁊ li estes sont dune complexion ·
⁊ li eurve ⁊ li fleume ⁊ li yuiers sunt
dune autre · mais li airs ⁊ li sans ⁊ li
printans sont atempret de lun ⁊ de lau
tre ⁊ pour cou sunt il de millour com
plexiom que ne sunt tout li autre ⁊ lor
contraire sunt la tiere ⁊ melancolie ⁊

Auptone

72-81
STUNDENBUCH

Frankreich (Paris). Zweite Hälfte 14. Jahrhundert

201 Bll. 30 x 20 mm (Text 14 x 6 mm). Pergament. Latein und Französisch
10 Miniaturen in ornamentalen Rahmen (goldene Efeublättchen auf schwarzen Stengeln); goldene Initialen vor farbigem Grund; Rubriken
Einband: 16; oder 17. Jahrhundert. Braunes Saffian, goldgeprägte Königslilien; Kasette aus dem 19. Jahrhundert; Vorsätze aus marmoriertem Papier
Erm.lat.17.

Das Stundenbuch ist unvollständig: ein Kalender in französischer Sprache, ein Fragment aus dem Johannesevangelium, Offizium der Maria, Bußpsalmen, Litaneien, Gebete.
Das Format ist außergewöhnlich. Es handelt sich um eine der kleinsten Handschriften jener Epoche. Aber selbst in diesen mikroskopischen Miniaturen, die man ohne Vergrößerungsglas kaum betrachten kann, zeigt der Künstler eine geschickte Komposition und natürliche Posen. Es gelingt ihm, in den evangelischen Sujets, wenn auch nur leicht angedeutet, Landschaftselements und ikonographisch übliche Details zu zeigen. Besonders ausdrucksvoll sind Christi Geburt, Verkündigung an die Hirten und Flucht nach Ägypten. Die gotische architektonische Umrahmung der Miniaturen, die erlesene Palette, die außer dem üblichen Rot und Blau auch fliederfarbene und kirschrote Töne aufnimmt, sowie die virtuose Technik weisen auf einen erstklassigen Meister hin, und zwar höchstwahrscheinlich aus der Pariser Schule.
Gille und Laborde nahmen an, das Stundenbuch habe jemandem aus der französischen Königsfamilie gehört. Der Codex wurde 1860 von Kaiser Alexander II. für die Bibliothek der Ermitage erworben, wo er unter der Chiffre 5.2.107 aufbewahrt wurde.

GELANGTE 1861 ZUSAMEN MIT DER EREMITAGE-SAMMLUNG WESTEUROPÄISCHER HANDSCHRIFTEN IN DIE KAISERLICHE ÖFFENTLICHE BIBLIOTHEK

*LITERATUR: Gille 1860, S. 47; * Dobiasch-Roshdestwenskaja 1927, S. 6; Laborde 1936—1938, S. 37.*

72

73

72. Bl. 17r: VERKÜNDIGUNG

73. Bl. 48r: HEIMSUCHUNG

74. Bl. 80v: CHRISTI GEBURT

75. Bl. 96v: VERKÜNDIGUNG AN DIE HIRTEN

76. Bl. 105r: DIE ANBETUNG DER KÖNIGE

77. Bl. 114r: DARBRINGUNG IM TEMPEL

78. Bl. 123r: KRÖNUNG DER GOTTESMUTTER

79. Bl. 132v: DIE FLUCHT NACH ÄGYPTEN

80. Bl. 146r: CHRISTUS AUF DEM THRON

81. Bl. 191r: KREUZIGUNG MIT GOTTESMUTTER UND JOHANNES DEM TÄUFER

74

75

76

77

78

79

80

81

82-91
GUIART DES MOULINS
Historienbibel
La Bible historiale

Frankreich (Paris). Drittes Viertel 14. Jahrhundert

Die Handschrift besteht aus zwei Bänden: 299 Bll. und 249 Bll. 455 x 315 mm (Text 290 x 215 mm). Pergament. Französisch. Der erste Band hat eine Miniatur auf dem Frontispiz und 40 kleine Sujet-Miniaturen vor den Anfängen der Bibelbücher; der zweite Band hat eine Miniatur auf dem Frontispiz und 11 kleine Sujet-Miniaturen. Beide Bände haben eine Vielzahl von großen und kleinen Initialen in Gold und Tempera; Kolumnentitel in Blau und Rot mit Filigranornament in Gold. Einband: 15. Jahrhundert. Holzdeckel, mit braunem Leder bezogen; Blindprägung; auf dem Rücken 10 Bünde. Im 17. Jahrhundert (?) wurde der Einband mit karmesinrotem Goldbrokat überzogen. Auf den Holzdeckeln Durchstiche für Schlösser und Spuren zweier Schließen; vergoldeter Schnitt. Fr.F.v.I, 1/1—2.

Die französische Adaptation des lateinischen Textes der »Scholastischen Geschichte« von Petrus Comestor (12. Jahrhundert) wurde um 1295 vom Kanonikus Guiart des Moulins aus Artois geschaffen. Sie machte die in der Bibel enthaltenen Sujets gemeinverständlich und erfreute sich bis zum 15. Jahrhundert eines großen Erfolges. Der erste Band des Petersburger Codex enthält das Alte Testament mit dem Psalter, der zweite die Fortsetzung des Alten Testaments, beginnend mit den Sprüchen Salomons, und das Neue Testament.

Unter den Historienbibeln des 14. Jahrhunderts waren viele für den höchsten französischen Adel bestimmt und deshalb prächtig illuminiert. Zu ihnen gehört auch die Petersburger Handschrift. Die zierliche und edle Zeichnung, die grazilen, etwas gelängten Figuren mit kleinen Köpfen und gelocktem Kopf- und Barthaar, das helle und freudige Kolorit sind ausgeprägte Züge der raffinierten Kunst der Pariser Schule. Die feinen, virtuos ausgeführten Grisaillen der Frontispize veranlaßten Laborde, die Illuminierung der Handschrift »ein glänzendes Werk der Pariser Meister aus dem Ende des 13. Jahrhunderts, der Zeit Pucelles und Honorés«, zu nennen. Obwohl Laborde die Qualität der Miniaturen richtig einschätzte, hat er sich zweifellos in der Datierung geirrt. Die Petersburger Bibel ist in den Traditionen der erlesenen Kunst Pucelles gestaltet, die in der Pariser Schule im Laufe des ganzen 14. Jahrhunderts lebendig geblieben sind. Nicht von ungefähr hat sie Meiss eine »late pucellesque Bible« genannt.

An der Ausschmückung der Petersburger Handschrift arbeiteten mehrere Meister. Darunter sind der Künstler, der die Frontispize ausführte, und der Verfasser der Illustrationen zum Sechstagewerk hervorzuheben. Nach F. Avril haben hier ebenfalls die Meister gearbeitet, die er mit den Lettern D, E und L in seiner Analyse der Bible Moralisée aus der Nationalbibliothek in Paris (ms.fr. 167) bezeichnet hat, die er in die Jahre 1350—1355 datierte.

Im 14. — 16. Jahrhundert gehörte die Handschrift dem Haus d'Albret von Navarra, wovon die Signaturen vieler Vertreter dieser Familie zeugen: auf dem Vorderdeckel des zweiten Bandes Isabeau d'Albret und Charles d'Albret (gest. 1415), Konnetabel Frankreichs, ein Cousin Karls VI., dem dieser 1389 gestattete, sein Wappen mit dem königlichen zu vereinen. Das fand seinen Widerhall auf zehn Codexblättern. Die neuen Wappen der d'Albret wurden erst nach der Herstellung der Handschrift hinzugefügt. Auf dem ersten Leerblatt des gleichen Bandes hinterließen ihre Signaturen: Jean d'Albret, der 1484 König von Navarra wurde, Heinrich II., Jeanne d'Albret und Heinrich III. von Navarra, der spätere König Heinrich IV. von Frankreich. Auf der Rückseite des ersten Blattes hinterließ ihre Unterschrift Margarete von Valois, die Gattin Heinrich IV. Im 17. Jahrhundert gehörte die Handschrift dem Kanzler Séguier, wovon die Chiffren d860 und d861 auf dem Vorsatz beider Bände zeugen. Im Katalog von Montfaucon jedoch, wo die Handschriften Séguiers verzeichnet sind, welche 1735 nach Saint-Germain-des-Prés gelangt waren, fehlen die Nummern 847 bis 872. Folglich gelangte der Codex zu Dubrowsky, ohne in Saint-Germain gewesen zu sein.

GELANGTE 1805 IM BESTANED DER SAMMLUNG DUBROWSKY IN DIE KAISERLICHE ÖFFENTLICHE BIBLIOTHEK (1849—1861 EREMITAGE, 5.3.19)

LITERATUR: Cat. Séguier 1686, S. 98; Inv. S. 21; Gille 1860, S. 35; Bertrand 1874, S. 11; Delisle 1868—1881, Bd. 1. 335; Laborde 1936—1938, S. 13—17, Taf. VIII—X; La librairie de Charles V. Bibliothèque Nationale. Catalogue de l'exposition. Paris 1968. S. 92; Avril F.: Un chef- d'œuvre de l'enluminure sous le règne de Jean le Bon: La Bible Moralisée, ms.fr. 167 de la Bibliothèque Nationale. *In: Fondation Eugène Piot.* Monuments et mémoirs publiés par l'Académie des Inscriptions et Belles- Lettres. *Bd. 58. Paris 1973. S. 110, Nr. 2; Meiss, The late 14th Century 1968—1974, S. 104, 106, 380, Nr. 25, 36; * Romanowa 1975, S. 155, 159, 160, Taf. 48; * Neretina S.:* Das Weltbild in der »Historienbibel« Guyart de Moulins'. *In:* Aus der Kulturgeschichte des Mittelalters und der Renaissance. *Moskau 1976. S. 106—141.*

82. BL. 1 Band 1,
EINLEITUNGSBLATT DER BIBEL

Gezeigt ist das symbolische Bild der Weltschöpfung. Oben, uhrahmt von gotischen Architekturformen, thront die neutestamentliche Dreieinigkeit: Christus mit einer Schale, Gottvater mit einer Sphäre und der Hl. Geist mit der Heiligen Schrift. Unter ihnen sieht man Engel unterschiedlicher Hierarchie und die ihnen entsprechenden neuen geistigen Ränge — Patriarchen, Propheten, Apostel usw. Das untere Feld nimmt eine kosmogonische Komposition ein, mit dem Höllenschlund im Zentrum, mit Erde, Wasser, Himmelsgewölben und Tierkreiszeichen. Zu beiden Seiten sind später Wappen des Geschlechts d'Albret, verbunden mit den Königslilien, hinzugefügt worden. Jede der drei Textkolumnen beginnt mit einer historisierten Initiale, in der, entsprechend Guyart des Moulins, Petrus Comestor und Hieronymus, der dem Papst seine Bibelübersetzung darreicht, dargestellt sind.

Ci commence la bible hystoriaus ou les hystoires escolastres sont. Et les livres qui apres ensuivent. Cest li proheimes de celui qui mist cest livre du latin en françois.

Pour ce que li deables q̃ chascun iour empesche destourbe et en ordist les cuers des hommes par oiseuse. et par cui las q̃ il a tendus pour nous p̃ndre. entre en nos cuers cõme celui qui onques ne cesse daguetier comment il nous puisse metre a peche pour nos ames traire en son puant enfer. aucunes lui. Et il est mestiers a nous clers et prestres de sainte eglise

Qui devons estre lumiere du monde. que nous apres nos heures et nos oraisons entendons a aucune bone oeuvre faire. si que li pieres des dampnez li deables comme il nõ vient assaillir de ses tẽptacions ne nous truisse oiseus par quoi il ait achoison de legierement entrer en nos cuers. et face cheoir en pechie premierement par pensee. et apres par oeuvre si devons sur

Toutes riens fuir oiseuse et entendre a bien faire et oeuvre qui plaise a dieu. et au deable soit contraire. Et pource que li deables q̃ maintes fois ma fait pechier par oiseuse ne me puist mais trouver oiseus. mais touz iours en besoingnier aucune bõne oeuvre. et ie qui suis prestres et chanoines. et Guiars des moulins sui apelez. premierement a la loenge de dieu et de la benoite vir

83

84

85

86

tu as gloire pdurablement.
amen. Ci fine le secont livre
de paralipomenon.
Ci cōmence le livre de Esdras.

88

89

90

S. 84
83. Band 1, Bl. 5r: DRITTER UND VIERTER SCHÖPFUNGSTAG
Gezeigt sind die Schöpfung von Land und Pflanzenwelt sowie die Schöpfung der Gestirne.

S. 84
84. Band 1, Bl. 7v: SIEBENTER SCHÖPFUNGSTAG

S. 84
85. Band 1, Bl. 10v: VERURTEILUNG ADAMS UND VERTREIBUNG ADAMS UND EVAS AUS DEM PARADIES

S. 84
86. Band 1, Bl. 245v: ILLUSTRATION ZUM BUCH DES PROPHETEN JEREMIA
Ermordung Gedaljas, »den der König von Babel über das Land gesetzt hatte«.

S. 85
87. Band 1, Bl. 207: ILLUSTRATION ZUM ERSTEN BUCH ESRA
Dargestellt ist der Tempelbau in Jerusalem auf Befehl Cyrus', des Königs von Persien, und die Herausgabe »der Geräte des Hauses des Herrn«.

88. Band 1, Bl. 12 v: KAIN BAUT EINE STADT

89. Band 1, Bl. 218v: ILLUSTRATION ZUM ANFANG DES BUCHES NEHEMIA
Boten aus Juda besuchen Nehemia in Susa und berichten von den Unbillen und von der Zerstörung Jerusalems.

90. Band 1, Bl. 235v: ILLUSTRATION ZUM BUCH DES PROPHETEN DANIEL (HIER »BUCH SUSANNA«)
Susanna und die Alten im Garten..

91. Band 2, Bl. 1r: FRONTISPIZ. NEUES TESTAMENT
Oben: Verkündigung, Christi Geburt, Kreuzigung mit Gottesmutter und Johannes, Auferstehung aus dem Grabe, Höllenfahrt.
unten: Abendmahl mit Maria Magdalena, an den Seiten die Wappen d'Albret.

92-99
LOB DEM HL. JOHANNES DEM EVANGELISTEN
Les Louanges de monseigneur saint Jehan l'Evangéliste
Frankreich (Paris). 1375-1380

115 Bll. 230 x 150 mm (Text 145 x 90 mm). Pergament. Französisch
16 Miniaturen, 9 historisierte und 14 ornamentierte Initialen vor dem Anfang des Prologs und der Kapitel; eine Vielzahl von kleinen blau-roten Initialen mit Filigranornament
Einband: 18. Jahrhundert. Karton, mit fliederfarbenem Samt bezogen, geprägt; zwei vergoldete Silberschließen; vergoldeter Schnitt
Fr.O.v.I, 1.

Das mystische Werk des Dominikanermönchs »Bruder Johann aus Deutschland« besteht aus einem Prolog und 22 Kapiteln, die vom Leben des Evangelisten Johannes berichten (der Text ist nicht herausgegeben).
Die Miniaturen, die vom Leben des Johannes berichten, sind in Grisaille-Technik ausgeführt und leicht mit Gold und Rosa getönt, manchmal werden auch Hellblau und Grün verwendet. Die Miniaturen sind einfach in ihrer Komposition und bestechen durch ihre zarte Lyrik, eine delikate Modellierung und eine zierliche Zeichnung, Züge, die der Pariser Schule des 14. Jahrhunderts eigen sind. Die eleganten Silhouetten, das gelockte Haar, die harmonische Drapierung, die Rahmen mit einem Ornament aus Efeublättern veranlaßten Laborde, die Illuminierung der Schule Pucelles zuzuschreiben. Der Text der Handschrift wird von Romanowa in die 1330er Jahre datiert. Avril jedoch meint, der Codex sei für ein Mitglied der königlichen Familie zu Lebzeiten Karls V. angefertigt worden und müsse folglich in die Jahre 1375 — 1380 datiert werden. Als Autor dieser Miniaturen nennt er den Meister der Krönung Karls VI. Nur die von Bl. 53 stammt von einer fremden Hand. Die Miniaturen bezeugen die Kontinuität der Traditionen der Pariser Schule seit Jean Pucelle bis zu den für den Herzog von Berry arbeitenden Meistern.
Im 17. Jahrhundert gehörte die Handschrift dem Kanzler Séguier und gelangte 1735 mit dessen Sammlung nach Saint-Germain-des-Prés, wurde von Dubrowsky 1780 in Paris erworben, wovon seine Eintragung am Ende der Handschrift zeugt.

GELANGTE 1805 IM BESTAND DER SAMMLUNG DUBROWSKY IN DIE KAISERLICHE ÖFFENTLICHE BIBLIOTHEK (1849—1861 EREMITAGE, 5.2.100)

LITERATUR: Cat. Séguier 1686, S. 11; Montfaucon 1739, Bd. 2. S. 1101, Nr. 537; Gille 1860, S. 47, 48; Bertrand 1874, S. 36; Delisle 1868-1881, Bd. 2. S. 48; Laborde 1936-1938, S. 18, 19, Taf. XI; Avril F.: Un chef-d'œuvre de l'enluminure sous le règne de Jean le Bon: La Bible moralisée, *ms.fr. 167 de la Bibliothèque Nationale. In:* Monuments et mémoires publiés par l'Académie des Inscriptions et Belles-Lettres. *Bd. 58. Paris 1973. S. 98; * Romanowa 1975, S. 199-201, Taf. 30, 32.*

92

93

94

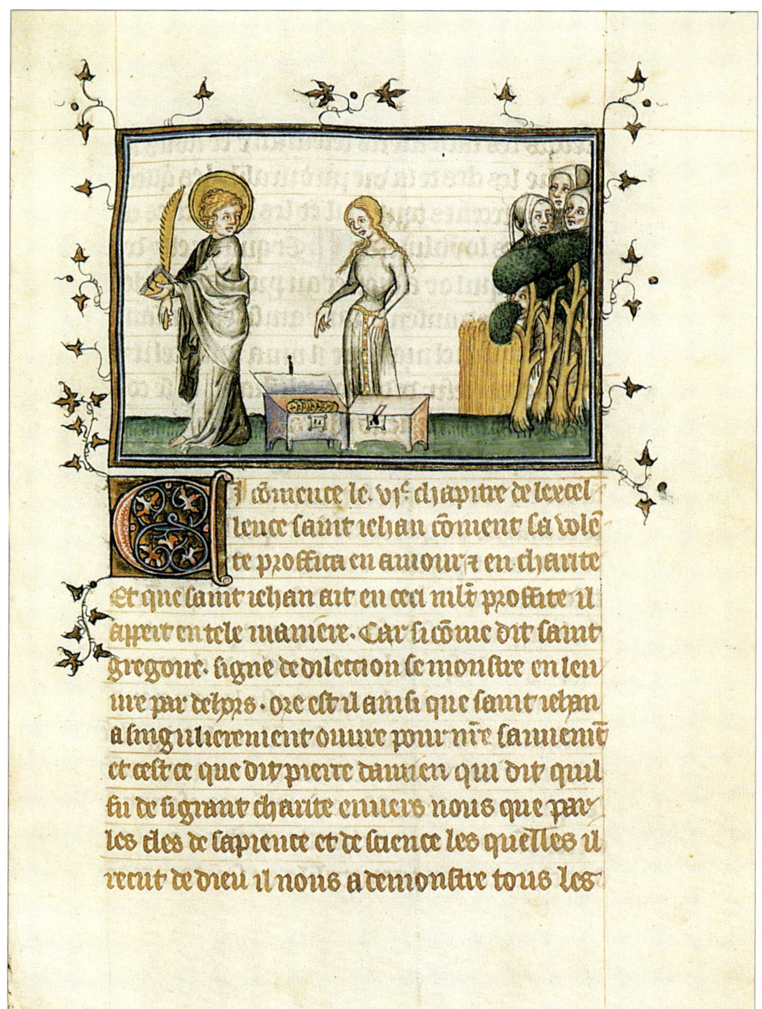

95

92. Bl. 1r: INITIALE ZUM PROLOG
In der Initiale erscheint der Evangelist Johannes und sein Symbol, der Adler.

93. Bl. 4v: MINIATUR ZU KAPITEL 1: “VON DER EDLEN HERKUNFT DES JOHANNES”
Dargestellt sind Johannes mit seiner Mutter und der Jungfrau Maria sowie Christus mit den Aposteln Jakobus dem Jüngeren, Jakobus dem Älteren und Petrus.

94. Bl. 9v: MINIATUR ZU KAPITEL 2: “WIE JOHANNES DER EVANGELIST DURCH CHRISTUS VON DER FLEISCHLICHEN EHE ZUR GEISTIGEN EHE BERUFEN WURDE”
Johannes ist mit der »irdischen«, Christus mit der »geistigen« Braut gezeigt.

95. Bl. 53r: MINIATUR ZU KAPITEL 6
Gezeigt ist Johannes, der die irdischen Güter zurückweist.

96

97

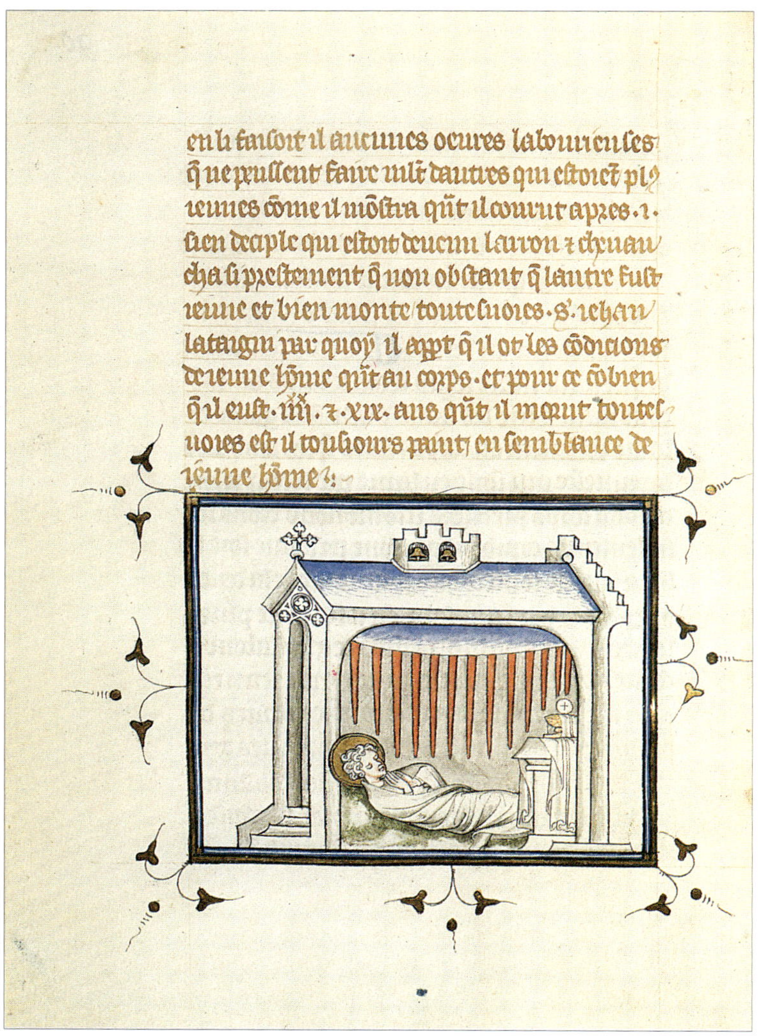

98

96. Bl. 78r: MINIATUR ZU KAPITEL 10: “VERGLEICH DES JOHANNES MIT DEN IRDISCHEN (“SENSIBLEN”) DINGEN, DEN EDELSTEN UND SCHÖNSTEN”

Johannes ist kniend vor Christus gezeigt.

97. Bl. 84r: MINIATUR ZU KAPITEL 12, DAS VON DEN TATEN DES JOHANNES ERZÄHLT. ILLUSTRIERT WIRD DIE ERSTE VON DREI “BEGEBENHEITEN”

Johannes, im Meer fischend.

98. Bl. 90v: MINIATUR ZU KAPITEL 14: “VOM TOD DES JOHANNES”

Der Heilige ist am Boden vor einem Altar liegend dargestellt, in einer Kapelle, bartlos und jünglingshaft.
Am unteren Rand die an den Illustrator gerichtete Kursiv-Inschrift (*Le trépassement S. Jehan*).

99. Bl. 84v: MINIATUR ZU KAPITEL 12, DAS DIE ZWEITE “BEGEBENHEIT” ILLUSTRIERT

Dargestellt ist der predigende Johannes, der vor das Volk als “Seelenfischer” tritt.

Cy commence le douzieme chapitre de
lexcellence des offices saint iehan
et me semble que il ot .xx. offices.
Car premierement il fu pescheur de lempereur
Secondement serviteur et garde de lempe
reurs. Tiercement tresorier du temple de
dieu. Quartement clavier du ciel. Quin
tement palazin de lempereur. Sixtement
chapelain de lempereurs. Septiesmement
confesseur de la mere de dieu. Huitiesmement
quil fu adioint a lespouse de ihu crist. Noeuie
mement. car il fu principal legal de ihu crist

100-107
STUNDENBUCH
Heures à l'usage de Rome
Frankreich (Paris). Wende zum 15. Jahrhundert

171 Bll. 215 x 155 mm (Text 110 x 72 mm). Pergament. Französisch und Latein
13 Miniaturen; rot-blaue Initialen mit Gold; blaue, goldene und rote Rubriken im Kalender; dekorative Bänder; auf jedem Blatt eine Bordüre (blau, rot und Gold), mit Pflanzenornament und Drachen. Einband: 19. Jahrhundert. Karton, mit rotem Samt bezogen. Rasn.Q.v.1,8.

Üblicher Bestand des Stundenbuchs: Kalender in französischer Sprache, Fragmente aus den Evangelien, Offizium der Maria, Bußpsalmen, Litaneien, Offizium des Heiligen Kreuzes, Offizium des Heiligen Geistes, Totenoffizium, Gebete.

Die farblich erlesenen Miniaturen, der Trend zum Realistischen, die aristokratische Feinheit, die kostbaren Bordüren, bald prunkvoll, bald leicht und transparent, machen die Gestaltung dieses relativ kleinen Codex zu einem vorzüglichen Beispiel für die franko-flämische Kunst, die in Paris im Ausgang des 14. Jahrhunderts florierte. »Hier fühlt man bereits überall einen lebendigen Hauch, ein ästhetisches Gefühl«, schrieb über dieses Stundenbuch Dobiasch-Roshdestwenskaja, die annahm, daß es in der Werkstatt des berühmten Jacquemart de Hesdin illuminiert worden war. Meiss, der die französische Miniatur aus der Wende zum 15. Jahrhundert wissenschaftlich systematisiert und vertieft hat, schrieb die Illuminierung des Petersburger Stundenbuchs einem Maler zu, der formell »Pseudo-Jacquemart« genannt wurde, und datierte das Werk mit 1410. Es ist zu beachten, daß die Miniaturen nicht von einem, sondern mindestens von zwei Künstlern gemalt wurden.

Auf dem ersten und dem letzten Leerblatt sind später nicht identifizierte Wappen mit Monogrammen und der Devise nunc et semper hinzugefügt worden. Die Frühgeschichte des Codex ist nicht festgestellt.

GELANGTE 1925 AUS DER SAMMLUNG JUSSUPOW IN DIE ÖFFENTLICHE BIBLIOTHEK

*LITERATUR: * Dobiasch-Roshdestwenskaja 1927, S. 14; * Dobiasch-Roshdestwenskaja, Lublinskaja 1939, S. 861—869; Meiss, The late 14th Century 1968—1974, S. 264, 265, 325, 401, Nr. 28, Abb. 255, 256, 259; Meiss, The Limburgs 1974, S. 414.*

100

100, 101. Bll. 23v-24r: VERKÜNDIGUNG. MADONNA MIT DEM KIND AUF DEM THRON, UMRINGT VON ENGELN

Mit dieser Doppelseite beginnt der Abschnitt der »Stunden«, der die Gebete enthält, die während der Frühmesse gelesen werden. Wenn die Verkündigung als gewöhnliches Sujet für die Illustrierung dieser »Stunde« gilt, so ist die Ergänzung durch die Madonna mit dem Kind auf dem Thron, umringt von Engeln ein äußerst seltener Fall. Die unterschiedliche Ausführungsart beim Vergleich der linken und der rechten Seite ist hier offensichtlich. Die poetische und farblich feine Verkündigung nimmt in der Handschrift eine etwas gesonderte Stellung ein (in der Illuminierung der französischen Stundenbücher malte das Haupt der Werkstatt in mehreren Fällen eben dieses Sujet). Das leuchtendrote Gewand Gottvaters, der etwas delikate rote Grund mit Goldprägung, das äußerst erlesene Zusammenwirken der zartrosa Fittiche des Erzengels mit seiner hellgrünen, goldbestickten Dalmatika und dem leichten, leuchtenden Haar, das asch-lila Gewand der Maria und ihr stahlblauer Mantel zeugen von einem großen koloristischen Talent des Künstlers. Diese Miniaturen schuf der erste Meister, der »Pseudo-Jacquemart«.

Domine labia mea aperi
es
Et os meum annun
ciabit laudem tuam

102

103

104

102, 103. Bll. 68v-69r: DIE ANBETUNG DER KÖNIGE
Charakteristisch für dieses Stundenbuch ist die künstlerische Interpretation des Doppelblattes. Die Miniatur wird von einem feinen Rankenwerk mit goldenen Blättern umrahmt, während der mit kräftigem Farbendekor gesättigte Text und die schmucke Initiale durch eine üppige Bordüre ergänzt wird (in das Ornament ist ein Drache eingefügt).

104. Bl. 57v: CHRISTI GEBURT
Die farbliche Behandlung der Miniaturen des zweiten Meisters ist einfacher, doch zeigt er dabei Herzlichkeit und deutet die Sujets auf intime Art. Rührend sind die zusammengekauerte Figur Josephs und der Hirt mit seinen Schäfchen im Hintergrund. Meiss nimmt an, daß der Autor dieser Miniatur fünfzehn Jahre früher eine der Bibeln für den Herzog von Berry ausgeschmückt hat.

105. Bl. 78v: DIE FLUCHT NACH ÄGYPTEN
Die Behandlung der Landschaft mit den konventionellen Bergen, die von Bäumen gekrönt sind, ist kennzeichnend für die Pariser Schule.

S. 96
106. Bl. 128v: DIE AUSGIEßUNG DES HL. GEISTES AUF DIE APOSTEL

S. 97
107. Bl. 134r: ILLUSTRATION ZUM ABSCHNITT DES TOTENOFFIZIUMS
Dargestellt ist das Totenamt im Tempel. Auf rotem und goldenem Grund verwendet der Künstler sehr geschickt verschiedene Abstufungen einer Farbskala – von Weiß und Graublau bis samtigem Blauschwarz.

Placebo domino. ps
Dilexi quoniam exau
diet dominus vocem
orationis mee
134
130

108-113
ANWEISUNGEN FÜR DIE HERRSCHER

L'Information des rois et des princes, traduction française de Jean Golein

Frankreich. Um 1400

163 Bll. 320 x 230 mm (Text 200 x 140 mm). Pergament. Frankreich.
16 Miniaturen, davon 4 ganzseitige am Anfang eines jeden Buches; rote und blaue Initialen mit Gold; Bordüren mit Weinreben- und Blumenmotiven; eine Vielzahl von kleinen goldenen Initialen auf fliederfarbenem Grund
Einband: 18. Jahrhundert. Holztafeln (vom alten Einband), mit rötlich-orangefarbenem Samt bezogen; vergoldete Silberschließen. Fr.F.v.III, 2.

Das lateinische Traktat De *informatione principium* in vier Büchern — über die Würde des Fürsten, über seine Pflichten sich selbst und anderen gegenüber, über seine Weisheit und Gerechtigkeit – wurde für Ludwig, den Sohn Karls des Kühnen, zusammengestellt. Die vorliegende Übersetzung ins Französische wurde im Auftrag Karls V. vom Karmeliter Jean Golein bewerkstelligt. Sie hatte großen Erfolg und ist bereits Anfang des 16. Jahrhunderts gedruckt worden. Die Petersburger Kopie entstand womöglich nach dem Original des Jahres 1379, das in der Bibliothek Karls V. aufbewahrt wurde (Paris, Nationalbibliothek, ms.fr. 1950). Aus dem Inventar 1380 ist bekannt, daß der Herzog von Anjou diesen Codex an sich nahm und ihn erst Karl VI. zurückgab. Die Petersburger Handschrift ist bedeutend reicher illuminiert als das Pariser Exemplar und typisch für die Wende zum 15. Jahrhundert. Sie ist aber bei den Froschern wenig bekannt und wurde deshalb in der grundlegenden Forschungsarbeit von Meiss nicht in Betracht gezogen. Laborde nennt die Ausführungsweise der kleinen Miniaturen eine »Imitation des Meisters Boucicaut«. Die Figuren in diesen einfachen, doch überzeugend zusammengestellten Szenen sind fast in Grisaille gemalt und heben sich plastisch vom ornamentalen bzw. blauen Grund ab. Gold wird nur sparsam verwendet, mit Deckweiß dagegen wird aktiv modelliert. Malerisch schön sind die großen Miniaturen. Hier werden gesättigte Farben offen gegenübergestellt, die Gesichter sind mit der Feder durchgezeichnet, die schön fallenden Gewandfalten verhüllen die Figuren der Hauptpersonen. Am Anfang der Handschrift sind 4 Balladen hinzugefügt, deren Urheberschaft, nach Ansicht von Laborde und Schischmarjow, René von Anjou zugeschrieben werden kann. Die Handschrift ist vermutlich für den Herzog Ludwig von Anjou angefertigt worden und gehörte zum Bestand seiner Bibliothek. Später erhielt sie sein Sohn René (auf Blatt 10v erschien später das Wappen Renés und seiner zweiten Gemahlin Jeanne de Laval). Am Schluß des Codex (Blatt 163r) ist später ebenfalls ein Wappen hinzugemalt, und zwar ein goldener Leopard auf rotem halbkreisförmigem Feld. Schischmarjow äußerte die Vermutung, daß es das Wappen der Lavals (Herzöge von Guyenne) sei. Im 17. Jahrhundert gehörte der Codex dem Kanzler Séguier. Von ihm gelangte er 1735 über den Herzog Coislin nach Saint-Germain- des-Prés. Dubrowsky erwarb ihn Ende des 18. Jahrhunderts.

GELANGTE 1805 IN DIE KAISERLICHE ÖFFENTLICHE BIBLIOTHEK (1849—1861 EREMITAGE, 5.3.30)

*LITERATUR: Cat. Séguier 1686, S. 15; Montfaucon 1739, Bd. 2. S. 1113, Nr. 1047; Gille 1860, S. 56; Bertrand 1874, S. 93; * Schischmarjow 1927, S. 167—177; Laborde 1936—1938, S. 45—56.*

108

109

108. Bl. 10v.: WAPPEN DES RENÉ D'ANJOU UND DER JEANNE DE LAVAL

109. Bl. 163: WAPPEN DER LAVAL, HERZÖGE VON GUYENNE

110. Bl.10r: KOPFLEISTE ZUM ERSTEN BUCH

In Anwesenheit von Vertretern der Stände überreicht der kniende Autor (oder Übersetzer?), ein Mönch in rotem, hermelinverbrämtem Gewand, sein Werk dem jungen Fürsten. Das sind höchstwahrscheinlich Ludwig und der Verfasser des Werkes— laut Laborde Gilles de Rome (1247-1316), Erzbischof von Bourges. Da jedoch auf Blatt 5r ebenfalls eine Darreichungsszene gezeigt ist, ist es möglich, daß auf dieser Karl V. und Jean Golein dargestellt sind.

Premiere partie
De la dignite et excellance de lestat royal premier chap.
Pour declairer la maniere de ce premier chapitre len doit considerer premierement la dignete de la royal maieste len doit scavoir que la royal maieste est en la chose publique ainsi comme unct corps compose
de divers membres ou quel le Roy ou le prince tient le lieu du chief et les seneschaulx les prevosts et les juges ont les offices des oreilles et des yeulx et les saiges conseilleurs loffice de cuer Et les chlrs deffendeurs loffice des mains Et les marchans courans p le monde sont a maniere de jambes Les labourers cultiveurs des champs les autr
Ex Musæo Petri Dubrowsky

111

112

111. Bl. 119v: KOPFLEISTE ZUM DRITTEN BUCH
Dieses Buch erläutert, daß »weise Zweifel dem König äußerst notwendig und geziemend seien«. Deshalb ist der König mit seinen Räten und seinem Gefolge bei einem Rittereid vor dem Altar zugegen.

112. Bl. 44v: ILLUSTRATION ZU KAPITEL 26 ERSTES BUCH
In diesem Kapitel ist die Rede davon, »wieviel Höflichkeit der König beim Empfang von Gästen an den Tag legen muß«.

113. Bl. 62r: ILLUSTRATION ZU KAPITEL 34 ERSTES BUCH
Hier wird davon gesprochen, »wie streng der König gegenüber unredlichen Bittstellern sein muß«. Neben dem König steht sein Berater im Priestergewand.

autres amez et de tous

Comment le roy doit estre
auel aux mauuais z puers xxvi

Il est expedient po[ur]
le bien de la chose
publique que le
roy soit enble aux

114
HONORÉ BONNET. DER SCHLACHTENBAUM
L'Arbre des batailles
Frankreich. Anfang 15. Jahrhundert

109 Bll. 275 x 220 mm (Text 200 x 150 mm). Pergament. Französisch
1 Miniatur, zahlreiche ornamentierte goldene, rote und blaue Initialen; Rubriken
Einband: 16. Jahrhundert. Holzdeckel, mit dunkellila Samt bezogen;
auf den Deckeln ein Mittelstück und Eckstücke aus Metall; Spuren von zwei Schließen
Fr.Q.v.IV,1.

Honoré Bonnet oder Bouvet, Prior von Selonnet-de-la-Craux, Diözese Embrun, war ein französischer Schriftsteller und Moraltheologe (geb. um 1349). Er stand der königlichen Familie nahe und widmete sein zwischen 1386 und 1389 geschriebenes Werk Karl VI. Die Handschrift besteht aus vier Teilen. Der erste Teil besteht aus 12 Kapiteln und erzählt von den Angriffen, denen die Heilige römische Kirche ausgesetzt war, und von den Schismen und Ketzereien, die im christlichen Glauben von seinem Anbeginn bis zum heutigen Tag existierten. Der zweite Teil besteht aus 19 Kapiteln und berichtet von den Zerstörungen und Unruhen in den vier Großkönigreichen Babylon, Makedonien, Karthago und Rom. Der dritte Teil spricht allgemein über Schlachten, der vierte, grundlegende Teil, besteht aus 133 Kapiteln. Hier wird von den Arten der Schlachten gesprochen.

Der Schlachtenbaum hatte im Höhepunkt des Hundertjährigen Krieges, der das Land unbarmherzig ruinierte, einen großen Erfolg. Uns hat eine Vielzahl von Kopien aus dem 15. Jahrhundert erreicht (allein in der Nationalbibliothek Frankreichs beträgt ihre Anzahl 30 Exemplare). Die erste gedruckte Ausgabe dieser Handschrift erschien bereits 1480 in Lyon. Laborde datiert den Petersburger Codex in das Ende des 14. Jahrhunderts, doch die stilistischen Merkmale der Miniaturen — die lebhaften, leuchtenden Farben, die gut durchmodellierten Gewandfalten, die mit den expressiven Bewegungen der Krieger und mit den Akanthusblättern an den Ecken und den Blumenvasen in der Bordüre harmonieren, weisen auf den Anfang des 15. Jahrhunderts hin. Höchstwahrscheinlich ist die Miniatur in einer Pariser Werkstätte um 1410 Jahrhunderts entstanden. Im 16. Jahrhundert gehörte das Manuskript M. de Courtebourne (?), der es 1570 (gemäß des Besitzervermerks auf der Rückseite des Vorderdeckels) J. Rumet (?) schenkte. Das Manuskript befand sich vermutlich im 17. Jahrhundert bei Séguier, da auf dem Deckel eine für die Sammlung des Kanzlers typische Chiffre 0 291 zu sehen ist. Allerdings steht im Verzeichnis von Montfaucon unter dieser Nummer ein anderer Codex. Hier steht ebenfalls die Nummer 2024, die der Bibliothek Colberts gehören könnte. Diese Nummer ist bei Montfaucon weggelassen, da sie in der Sammlung von Colbert fehlt. Dubrowsky erwarb die HandschrifT Ende des 18. Jahrhunderts.

GELANGTE 1805 IN DIE KAISERLICHE ÖFFENTLICHE BIBLIOTHEK (1849—1861 EREMITAGE, 5.2.45)

LITERATUR: Cat. Séguier 1686, S. 10; Gille 1860, S. 56, 57; Bertrand 1874, S. 138; Laborde 1936 —1938, S. 52, 53;
** Schischmarjow 1965, S. 42.*

114. Bl. 5: MINIATUR

Illustration zum ersten Teil der Handschrift. Hier wird von den dramatischen Zusammenstößen und dem Leid gesprochen, das die Spaltung der katholischen Kirche mit sich gebracht hatte. Um den Baum tobt eine virtuos dargestellte Schlacht. Links und rechts stehen Papstfiguren in Tiaren und mit Kreuzen in den Händen. Der Papst rechts im blauen Gewand segnet die Kämpfenden, der linke, im violetten Gewand, hat das Kreuz nach unten gewandt. Bonnet beschreibt folgendermaßen den oberen Teil seines allegorischen Baumes: »... zuerst können sie oben auf dem Baum die Fürsten der heiligen Kirche sehen, die von Wirren, Zwisten und Kriegen zerrissen werden«. Der Stil dieser Malerei ähnelt dem des Meisters der Apokalypse des Jean de Berry (s. Nr. 136-138).

5
A la Sainte couronne
de france En laquelle
aujourduy par lor
denance de dieu regne charles
le vj^e en icellui nom tresbien ame
Et par tout le monde redoubte
soit donne los et gloire sur tou
tes seigneuries terriennes Tres
hault prince Je suis appelle par
mon droit nom honnore bonet
prieur de Sallon docteur en
decret Souvent et menu ay
eu en voulente de faire aucun
livre . Premierement alonne
rameur de dieu Et de sa doulce
mere Et de la vraie haulte seigneu
rie . Mais les raisons pourquoy
jay empris de cestui faire
sont asses bonnes a mon sem
blant . tout premierement car
lestat de la Sainte eglise est
en telle tribulacion que se dieu
ny met aucun bon remede et
vraie seigneurie la quelle est
acoustumee dachever et mect
afin les fieres aventures de la
foy crestienne . Je ne voy ne che
min ne voye comment soit bone
Ex Museo Petri Dubrowsky

115-117
DIE GROSSEN FRANZÖSISCHEN CHRONIKEN
Les Grandes Chroniques de France
Frankreich (Paris). Anfang 15. Jahrhundert

In drei Bänden: 122, 219, 190 Bll. 410 x 293 mm (Text 295 x 190 mm). Pergament. Französisch
Der erste Band enthält 39 Miniaturen (7 große: 185 x 85 mm bzw. 185 x 125 mm; 32 kleine: 80 x 90 mm); der zweite Band enthält 32 Miniaturen (15 große und 17 kleinere); der dritte Band enthält 22 Miniaturen (5 große und 17 kleinere). Jede Miniatur wird von einer kolorierten Initiale begleitet (14 mit dem Wappen der Familie Sanguin de Meudon und einem Ganz- bzw. Halbrahmen mit Vignette; zahlreiche kleine farbige Initialen mit Gold
Einband (jeder Band): 16. Jahrhundert. Karton, mit Leder bezogen; an den Ecken goldene Königslilien; vergoldeter Schnitt
Fr.F.v.IV, 1/1–3.

Die Handschrift behandelt die Geschichte der französischen Könige. Zusammengestellt wurde sie von den Mönchen der Abtei Saint-Denis und in der zweiten Hälfte des 13. Jahrhunderts von Primat, einem Saint-Denis-Mönch, ins Französische übersetzt. Diese Übersetzung war außerordentlich populär und ist vielmals kopiert worden. Späterhin wurde sie in der Abtei regelmäßig ergänzt und bis zum Ende der Regierung Philipps VI. geführt. Zur Zeit Karls V. (1350-1380) hat der Kanzler Pierre d'Orgemont die Chronik fortgesetzt. Somit enden die *Chroniken* von Saint-Denis mit dem Jahr 1380.
Der erste Band schließt mit der Herrschaft Karls des Großen, der zweite mit der Philipps des Kühnen und der dritte mit der Karls V. An der Illuminierung dieser monumentalen Handschrift haben mehrere Meister gearbeitet, deren Kunst gemeinsame Züge vereinen, die der archaischen Richtung in der Pariser Schule zu Beginn des 15. Jahrhunderts eigen waren. Davon zeugen u.a. die ornamentalen Hintergründe.
Die Petersburger Handschrift gehörte der reichen Pariser Familie Sanguin de Meudon, die während der Herrschaft Karls VI. in den Adelstand erhoben wurde. Ende des 18. Jahrhunderts wurde der Codex von Dubrowsky erworben.

GELANGTE 1805 IN DIE KAISERLICHE ÖFFENTLICHE BIBLIOTHEK (1849—1861 EREMITAGE, 6.3.33)

LITERATUR: Gille 1860, S. 54, s. 370 (suppl.); Bertrand 1874, S. 107; Laborde 1936—1938, S. 50—52; 3 Miniaturen (Bd. 1-r, Bl. 3,4v, 19v) abgebildet in Reinach S.: Un manuscrit de la bibliothèque de Philippe le Bon de la Bibliothèque à S. Pétersbourg. *Paris 1904. Taf. XLI; * Nikolajew 1904, S. 96.*

115. Band 1, Bl. 4v: MINIATUR ZUM ERSTEN KAPITEL DES ERSTEN BUCHES
Die Miniatur illustriert die Idee von der Herkunft der Franzosen von Phrancion, dem Sohn Hektors und dem Enkel des trojanischen Königs Priamos. Deshalb sehen wir unter dem Blatt mit der Darstellung der Belagerung Trojas die Gründung von Paris. In der Bordüre mit Akanthusblättern und Reben gibt es viele Drolerien. In die Initiale Q ist das Wappen der Sanguin de Meudon eingefügt. Wortlaut der Rubrik: *Das erste Kapitel berichtet, wie die Franzosen aus Troja der Großen stammen, aus der Linie des Königs Priam.*

S. 106
116. Bl. 19v: MINIATUR ZUM ERSTEN KAPITEL DES ZWEITEN BUCHES
Die Miniatur illustriert die Aufteilung des Frankenreichs unter die vier Söhne Chlodwigs (*Das erste Kapitel spricht davon, wie das Reich unter die drei Söhne von König Chlodwig aufgeteilt wurde und vom Tod Chlodomirs.*
Hervorzuheben sind die feine Zeichnung und Farbgebung und die zierlichen Posen der Personen am Anfang des zweiten Bandes. Wahrscheinlich hat an dieser Arbeit einer der besten Pariser Künstler aus dem Beginn des 15. Jahrhunderts teilgenommen.

S. 107
117. Band II, Bl. 2v:
BESUCH EDUARDS I. VON ENGLAND BEI PHILIPP DEM SCHÖNEN
Im linken Teil Einzug Eduards in Paris; rechts beugt der englische König in seiner Eigenschaft als Vasall sein Knie vor dem auf dem Thron sitzenden französischen König.

Le premier

Le premier chapitre parle comment
les francois sont de troye la grant
de la lignie au roy priant descendus

Quatre cens et
quatre ans auat
que romme fut
fondee regna
priant en troye
la grant Il en
uoia paris am
ne de ses filz en grece pour rauir la
royne helaine la femme au roy mene
laus pour soy vengier dune honte q
les grieux lui auoient fait Les gri
gois qui moult furent courrouce de
ceste chose se esmeurent z vindrent
assegier troye Ace siege qui dix
ans dura furent occis tous les filz
du roy priant maisque vn appel
le alemis Il et la royne hecuba
sa femme La cite fut arse et des
truitte et le peuple et les barons
occis mais aucuns eschapperent
de ceste pestillence et plusieurs
des princes de la cite se espandirent
en plusieurs et diverses parties
du monde pour querre nouvelles
habitacions comme alemis Ene
as anthenor et maint autres ba
rons Cil alemis fut vn des filz

Du roy clotaire.

Le premier chapitre parle comment
le royaume fut departi aux .iiii. filz au
roy clovis et de la mort clodommes.

Le fort roy clovis
ot quatre filz de
la royne crotilde
Clodommes, chil
debert, theodo
rich et clothaire
tous ces quatre
furent roys et devisèrent le royaume
en quatre parties. Theodorich fist le
siege de son royaume a metis. Clodom
mes a orliens. Clotaire a soissons et
Childebert a paris comme le pere. Ja
soit ce que en france ait eu plusieurs
roys en divers sieges et en diverses
parties du royaume nous ne mettons
en nombre des roys de france fors
ceulx tant seulement qui furent roys
du siege de paris. Quant le royaume
fut ainsi devisé en quatre parties un
pou de temps fu que guerres ne sour
doient de mille part, mais danois
qui sont une gent qui ne pueent estre
en paix arriverent par eaue en la
terre du roy theodorich, en partie la
prindrent et gasterent. Le roy envoia
contre eulx un sien filz theodebert
pour son ost conduire et guier. Alen
contre leur vint a eulx se combati des
confis furent et chaciez du pais, et
aucuns pris et retenuz. Quant theo
debert ot ainsi exploittie il retourna
a son pere. Entre ces choses la roy
ne crotilde manda ses autres trois
filz le roy childebert, le roy clodo
mires et le roy clothaire pour leur
dist en telle maniere. Le tout puis
sant dieu createur et gouverneur
de tout le monde voult que vous
feussiez roys du regne vostre pere.
Pour la quelle chose beaux doulz
filz se iay deservi ne merites je vous
prie que vous venchiez la mort de
mon pere et de ma mere. Je me
doy esioir de ce que iay enfante et
nourry enffans qui doivent estre
executeurs de ma douleur. Mais
ie me doy douloir de la mort de leur
pere mon mari qui leur fist grant
honneur. Si vous requier orendroit
vous ne devez pas despire ne despri
sier la cause de ma complainte par
la quelle vous estes orphelins de lui
de de si grans amis que trayson et
envie vous ont tollu avant que vous
feussiez nez. Advertissiez vous quelle
esperance vous povez avoir en celui
qui ce vous ont fait. Cuidiez vous
quilz espargnent aux nepveux qui
par ne sespargnierent aux freres, et
certes ilz les occistrent pour petite
partie du regne. Cuidiez vous quilz
vous soient plus debonnaires se
vous estiez mors. Ilz auroient grant
esperance quilz eussent vostre royau
mes. Certes se vous ne prenez la

du Roy

Comment le roy Edouart dangleterre fist hommaige au roy de france de la duche dacquitaine.

Apres ce que le roy phe
qui fut filz monseig
neur saint loys fut
mort regna en france
phe le bel son filz et re
gna xxviij. ans et
commenca a regner lan de lincarnacion
nre seigneur mil deux cens quatre vins et six
En ceste annee alphons filz du roy darragon
commenca a regner ou royaulme darragon
apres la mort son pere et jaques son frere a
necques constance sa mere et occuppa la ter
re de sezille contre linibicion et commandemt
de leglise de romme En ce temps ensuivant
pape honnoure la sentence que son devancier
avoit prononciee contre pierre darragon
et jaques son filz et alphons et constance le
mere en ycelle enfermee et en cest endroit mt
conferma En ce mesmes an Edouart filz
au roy dangleterre en france appelle fist ho
maige au roy phe de france pour la duchie
dacquitaine et de toutes autres choses quil
avoit ou royaulme de france et que de celluy
roy il tenoit et possidoit Et puis celluy Edou
art sen vint a bourdeaulx la maistre cite de
gascongne et y tint vng grant parlement
ouquel lieu il receut plusieurs messaiges
despaigne et fut souspeconne quil ne pour
chacast aucune traysson envers le roy phe
de france de son royaulme.
mais toutesfoyes procura ycelluy Edou
art la delivrance du prince de salerne
son cousin qui estoit prins des sizilliens
ennemis alphons le roy darragon qui te
noit ycelluy en sa prison Et en cest mi
an ensuivant ou moys de septembre
trespassa de ce siecle labbe mahieu abbe
de saint denis en france principal con
seiller du royaulme de france Lequel
abbe mahieu le moustier de saint denis
de sa maison commencie de merveilleu
se et coustable oeuvre par moult de temps
par vn pou de la moyenne partie jusques
au derrier consomma et fist et parfist
labbaye en laquelle sont moult de choses
edifiees avoit trouvees degastees ainsi
comme de nouveaulx murs et de maisons
et de salles et de belle et noble oeuvre ra
pareilla et la rendi en son temps aussi
admendee enrichiee et en moult de bonnes
rentes lacreut et esleva par lendoctrine
ment duquel et necessairement de sa re
solution les moines dicelui lieu esmeuz
et enterinez furent plusieurs abbez establi
et faiz abbez en divers moustiers Apres
lequel fut abbe de saint denis monseig
neur regnault giffart de la nacion de
paris Comment le roy de chippre fut

118-122
GUIDO DELLE COLONNE
GESCHICHTE DES TROJANISCHEN KRIEGES ODER DIE GESCHICHTE DER ZERSTÖRUNG TROJAS
Guido delle Colonne (de Columna). Historia Destructionis Troiae
Frankreich. Anfang 15. Jahrhundert

151 Bll. 288 x 222 mm (Text 190 x 155 mm). Pergament. Latein 35 Miniaturen; 35 große farbige Initialen mit Gold; Bordüre mit gewundener Vignette. Einband: 18. Jahrhundert. Karton, mit olivfarbenem Saffian bezogen; Filigran auf dem ersten Schutzblatt des Einbands mit der Jahreszahl 1742; auf dem Buchrücken Goldprägung; vergoldeter Schnitt. Lat.F.v;IV, 5.

Die sagenhafte Geschichte Trojas von der Fahrt der Argonauten bis zum Tode des Odysseus wurde in den Jahren 1270-1287 in 35 Büchern vom italienischen Juristen, Historiker und Dichter Guido de Columna zusammengestellt. Sie ist eine gekürzte lateinische Wiedergabe in Prosa des *Roman vom Trojanischen Krieg* von Benoît de Sainte-Maure. Guido, geboren um 1220 in Messina, diente später am neapolitanischen Hof des Kaisers Friedrich II., später seines Sohnes Manfred. Der Erfolg seiner *Geschichte des Trojanischen Krieges* in Europa übertraf bei weitem die Beliebtheit des schwerfälligen Werkes von Benoît, besonders Ende des 14. und im Laufe des 15. Jahrhunderts. Sie wurde ins Italienische, Spanische, Französische, Englische und Holländische übersetzt, 1477 in lateinischer Sprache in Köln gedruckt.

Die 3 großen Illustrationen, die jedem der 35 Bücher vorangeschickt sind, wirken etwas archaisch. Einen Trend zu den Illuminationen des 14. Jahrhunderts zeigen die Hintergründe (quadrillé) der Miniaturen und die Bordüren neben den Initialen. In den weltlichen Sujets sind Disproportionen in der Größe der Figuren und der Unbeholfenheit der Gesten. Der großformatige Charakter der Kompositionen, der Hang zu großen Farbflächen, die gleichmäßig fallenden parallelen Gewandfalten und der Gesichtstyp in diesen Szenen lehnen an die Kunst Italiens an. Wenn der Meister auch nicht von jenseits der Alpen kam, so konnte ihm als Vorbild eine iltalienische Handschrift zur Verfügung gestanden haben. Kompositorisch perfekter sind die üblichen Kampfszenen, die vermutlich einem anderen Maler gehören.

Die Frühgeschichte der Handschrift ist unbekannt. In der ersten Hälfte des 18. Jahrhunderts gehörte sie dem französischen Bibliophilen Louis-Jean Gaignat, wovon eine Eintragung auf dem ersten Schutzblatt des Einbandes zeugt. Die Sammlung Gaignat ist 1769 in Paris versteigert worden. Es ist bekannt, daß Katharina II. die gesamte Bibliothek Gaignat zu kaufen beabsichtigte. Es ist denkbar, daß damals der Codex von einem Mitglied der Familie Stroganow erworben worden.

GELANGTE 1869 IM BESTAND DER SAMMLUNG A.G. STROGANOW IN DIE KAISERLICHE ÖFFENTLICHE BIBLIOTHEK

*LITERATUR: Catalogue des livres du cabinet du feu M. Louis-Jean Gaignat. Disposé et mis en ordre par G.F. de Bure le Jeune. Bd. 2. Paris 1769. S. 81, Nr. 2851; * Bericht der Kaiserlichen Öffentlichen Bibliothek für das Jahr 1889. St. Petersburg 1890. S. 12;* * Golenistschew-Kutusow 1972, S. 50, 232, 234 (veröffentlicht sind 3 Miniaturen).

118

118. EXLIBRIS DER GRAFEN STROGANOW

119. Bl. 2v: ANFANG DES ERSTEN BUCHES
Peleus, der König Thessaliens, mit seiner Gemahlin, der Nereide Thetis, empfangen Jason an der festlichen Tafel und beauftragen ihn, das Goldene Vlies zu erobern.

120. Bl. 88 v: DRITTE SCHLACHT ZWISCHEN GRIECHEN UND TROJANERN
Die Zurückhaltung in der Farbgebung ist bei Schlachtendarstellungen üblich. Die beliebtesten Farben sind Lila, Dunkelgrün, Dunkelbraun für die Erde und Hellblau für die Rüstungen. Dies erklärt die Wirkung des Rottons. Bestechend ist die peinlich genaue und berechnete Verwendung des Goldes an den Rüstungen der Ritter, die ausgefeilte Wiedergabe der Harnische und Sporen und die Trompete.

121. Bl. 134r: SCHIFFBRUCH DER GRIECHISCHEN FLOTTE, DIE DURCH FALSCHE FEUERZEICHEN AUF DIE KLIPPEN IN DER NÄHE VON EUBOIA, DEM REICH DES NAUPLIOS (NAULUS), IRREGEFÜHRT WURDEN
Erfinderisch ist die Katastrophe gezeigt. Die berstenden Masten zerreißen das Spinngewebe des Takelwerks, die Segel flattern im Wind, verzweifelt ringen die Krieger ihre Hände, während die schweren Harnische sie in den Meeresschlund hinabziehen.

122. Bl. 143r: KÖNIG PELEUS UND KÖNIG AKASTOS ÜBERREICHEN DEM IN KÖNIGSGEWÄNDER GEKLEIDETEN PYRRHOS (NEOPTOLEMOS) DIE KRONE VON THESSALIEN

119 120

121 122

123-127
GERBERT DE MONTREUIL. ROMAN VOM VEILCHEN ODER VON GIRART GRAF VON NEVERS
NICOLE DE MARGIVAL. DIE SAGE VOM LIEBESPANTHER
Gerbert de Montreuil
Roman de la violette ou de Girart comte de Nevers
Nicole de Margival. Le Dit de la panthère d'amour
Frankreich (Paris). Anfang 15. Jahrhundert

64 Bll. 290 x 210 mm (Text 195 x 130 mm). Pergament. Französisch
16 Miniaturen, Initialen und Halbrahmen; 2 halbseitige Miniaturen in Vollrahmen mit Vignetten am Anfang der Romane; eine Vielzahl von goldenen und blau-roten Initialen mit Ranken
Einband: 18. oder Anfang 19. Jahrhunderts (von Dubrowsky bestellt): Karton, mit leuchtendgelbem Saffian bezogen; goldgeprägter Rahmen auf dem Vorder- und Hinterdeckel; gemusterter Rücken; Vorsätze aus purpurfarbenem Papier; vergoldeter Schnitt
Fr.Q.v.XIV, 3.

Der erste Teil der Handschrift (Bll. 1r-45v) enthält in Versen den *Roman vom Veilchen*, verfaßt vom französischen Dichter des 13. Jahrhunderts Gerbert de Montreuil in den Jahren 1227-1229. Der Roman handelt von einer verleumdeten Frau, die ihren ehrlichen Namen wiedergewinnt. Girart de Nevers schenkt den Verleumdungen des tückischen Verführers Glauben und verfährt grausam mit seiner Frau Oriane. Im tiefen Wald schickt er sich an, Oriane mit seinem Schwert zu durchbohren, kommt aber beinahe selbst um. Nur dank der Warnung seiner Frau gelingt es ihm, sich zu retten.

Der zweite Teil der Handschrift ist ein allegorischer Roman von Nicole de Margival, einem Dichter des 13. Jahrhunderts. Es sind lediglich zwei Kopien dieses Romans erhalten geblieben: eine zeitlich frühere in der Nationalbibliothek von Paris (ms.fr. 24432) ohne Miniaturen und die Petersburger. Um die Liebe einer schönen Dame werbend, erzählt ihr der Dichter seinen Traum: In einem Wald herumirrend, der voll von Tieren und singenden Vögeln ist, begegnet er Venus und dem Liebesgott, die ihm ein Wundertier zeigen, den Liebespanther, das Symbol seiner Dame, und ihm helfen, Gegenliebe bei der Dame zu erreichen. Doch nach dem Erwachen erkennt der Dichter seinen Irrtum. Für seine Dame verfaßt er Balladen und Lieder von Treue, Liebeslust und -schmerz. Laborde hat die Miniaturen des Codex richtig der Pariser Schule zugeschrieben, brachte sie aber irrtümlich mit dem Kreis des »Meisters des Stundenbuchs des Marschalls Boucicaut« in Verbindung. Meiss ist der Ansicht, daß es ein Werk des Luçon-Meisters sei, der dem Missale seinen Namen gab. Es ist für Etienne Loypeau, den Bischof von Luçon, angefertigt worden. Diese Attribution kann jedoch nur mit Vorbehalt akzeptiert werden, daß nicht alle Miniaturen der Petersburger Handschrift vom Meister selbst gemalt wurden. Einige simplere Stücke sind offensichtlich von seinen Gehilfen angefertigt worden. Der Luçon-Meister war zwischen 1390 und 1410 tätig und gehörte zu den aktivsten Künstlern aus dem Anfang des 15. Jahrhunderts. Er hat viele Stundenbücher illuminiert, seine bekannteste Arbeit ist *Térence des ducs* (um 1412, Paris, Arsenalbibliothek, ms. 664). Sein Stil zeichnet sich durch die Eleganz der geschmeidigen, gelängten Figuren und die Erlesenheit des Kolorits aus. Meiss betrachtet diesen Meister als typischsten Vertreter des internationalen Stils in der Pariser Miniatur aus dem Anfang des 15. Jahrhunderts. Die Bordüren der vorliegenden Handschrift, wo in das Rebenmuster mit Goldblättchen (in der Regel im oberen Feld) Drachen eingeflochten sind, gelten als üblich in der Pariser Illumination um die Jahrhundertwende.

Die Handschrift bildet ein Ganzes mit dem *Roman über Athis und Prophilias* (siehe Nr/ 128-135; Fr. Q.v. XIV, 4). Dieser Sammelband Höfischer Dichtungen gehörte den Herzöge von Burgund (1420 im Inventar erwähnt). Im 17. Jahrhundert befand sich die handschrift im Besitz des Kanzlers Séguier und gelangte mit seiner Sammlung 1735 nach Saint-Germain-des-Prés (auf Blatt 2r ist die Inventar Nr. »n. 18312« erhalten geblieben). Vermutlich erwarb Dubrowsky die ganze Handschrift, doch ohne Einband, was ihn dazu veranlaßte, die Handschrift in zwei Teile zu teilen und jeden einzeln einzubinden.

GELANGTE 1805 IN DIE KAISERLICHE ÖFFENTLICHE BIBLIOTHEK (1849—1861 EREMITAGE, 5.2.53)

LITERATUR: Montfaucon 1739, Bd. 2, S. 1108, 763; Gille 1860, S. 52; Bertrand 1874, S. 175; Margival Nicole: Le Dit de la Panthère d'amours. Poème du XIIIe siècle publié d'après les manuscrits de Paris et de Saint-Pétersbourg *par Henry A. Todd. Paris 1883; * Nikolajew 1904, S. 101; Doutrepont 1906, S. 67, Nr. 107; * Jaremitsch 1914, S. 39, Abb. zwischen S. 36 u. 37: Montreuil Gerbert de:* Le Roman de la Violette,ou de Gérard de Nevers édité par D.L. Buffum. *Paris 1928; Laborde 1936-1938, S. 53-55, Taf. XXVI; * Schischmarjow 1965, S. 42, 43, 79, 80; Meiss, The late 14th Century, 1968-1974, S. 317, 355, 358; Meiss, The Limburgs 1974, S. 395, 419.*

123. Bl. 2r: EINLEITENDE MINIATUR ZUM ROMAN VOM VEILCHEN

Im Garten, neben einem Zelt, sitzt auf einem Sessel der Herrscher, er trägt eine Krone mit Lilien (wie bereits erwähnt, ist die Handschrift für den Herzog von Burgund angefertigt worden). Er ist von Höflingen eingerahmt, hinter der Wand spielen Musikanten auf. Die frischen Farben, die gelängten, zierlichen Figuren, ihre modische Kleidung, die Blumen im Garten — das alles schafft nicht nur eine Atmosphäre des amourösen Ritterromans, sondern auch des höfischen Stils im Leben des höchsten Adels Frankreichs unter Karl VI.

Sens de povre homme est pou prisie
Ja ne sera autorisie
Vilain homme sil na avoir
Non pourquant je puis bien savoir
Que avoir mondain est tost fallis
Et en brief temps homs est saillis
De grant avoir en grant povrete
Ja puis ne lui est porte ouverte
Voulentiers quant il vient a court
Amis tantost arriere recourt
Jusque on ne le laisse entrer
Doutre vous vueil dire et conter
Que qui riens na vils est tenu
Et des riches mal venu
Mais qui sens a cest advantage
On dit tantost cellui est sage

Mais homs a petit de savoir
A conquesté maint grant avoir
Pour ce me vueil je entremettre
Dun plaisant compte en rime mettre
Ja ne laurai pour mon travail
Puisque sceue ay et tant vail
Que je ne die aucun beau mot
Que se aucun mesdisant mot
Et il en a dueil ou envie
Que je me deduis en ma vie
Et sil en dit soit maulx soit biens
Puis se di que li sens est miens
Ne leur doit nuire ne peser
Se mein deduis en mon penser
Si fais grant dueil aux envieux
Si aient ilz mal en leurs yeux

Ex Museo Petri Dubrowsky

124

125

126

124. Bl. 7v: "WIE DIE SCHÖNE ORIANE SICH AUF BEFEHL GIRARTS AUF DEN WEG MACHT"

125. Bl. 9v: "WIE GIRART ORIANE AN DEN HAAREN PACKT UND DAS SCHWERT ERHEBT, UM SIE ZU ENTHAUPTEN"
In dem Augenblick wird Girart selbst von einem aus der Höhle kriechenden Drachen bedroht. Das Grün des Grases und der Bäume, der blaue Himmel, die zierlichen Gestalten und der spielzeugähnliche Drache geben der Szene etwas märchenhaft Bezauberndes.

126. Bl.12r: "WIE GIRART UNTER DER MASKE EINES JONGLEURS NACH NEVERS KAM UND DIE VIOLA VOR DEM GRAFEN UND EINER ALTEN DAME SPIELTE, DIE IHM VORWARF, ER HABE SICH DURCH SIE DER GRAFSCHAFT NEVERS BEMÄCHTIGT"

127. Bl. 48v: "WIE DER LIEBESGOTT DEN VERLIEBTEN IN EIN TAL BRACHTE, DAMIT ER DEN PANTHER ERBLICKE"

Prioreur dist li biē ma pleu
Tout ce que iay en toy veu
Que ie men tien biē a paie
De tant que ie tay essaie
Auec moy vng pou tu venras
Et tout en voyant aprenras

128-135
ALEXANDRE DE BERNAY
ROMAN ÜBER ATHIS UND PROPHILIAS, ODER DIE BELAGERUNG VON ATHEN
Alexandre de Bernay. Roman d'Athis et Prophilias ou Le Siège d'Athènes
Frankreich (Paris). Anfang 15. Jahrhundert

133 Bll. 290 x 210 mm (Text 195 x 130 mm). Pergament. Französisch
26 Miniaturen, deren Breite gleich einer Textkolumne ist (60 mm), Höhe schwankt zwischen 50 und 70 mm; jedes Schmuckblatt ist mit einer farbigen Initiale und einem Weinrebenornament verziert; die Rebe befindet sich entweder zwischen den Kolumnen oder auf dem Randfeld; kleine Initialen Blau mit Rot oder Gold mit Blau
Einband: 18. bzw. Anfang 19. Jahrhundert (von Dubrowsky bestellt). Karton, mit gelbem Saffian bezogen; goldgeprägter Rahmen und Rücken; vergoldeter Schnitt
Fr.Q.v.XIV, 4.

Alexandre de Bernay, ein französischer Dichter der zweiten Hälfte des 12. Jahrhunderts, setzte den berühmten Roman über Alexander den Großen erfolgreich fort. Er hat als erster den zwölfsilbigen Vers angewandt, der daher den Namen »Alexandriner« trägt. *Athis und Prophilias oder: Die Belagerung von Athen* gilt als das früheste Werk des Dichters. Dieser lange und verworrene Roman in Versen ist der Freundschaft des Atheners Athis mit dem Römer Prophilias gewidmet. Athis tritt seine Frau dem Prophilias ab, der diese liebgewonnen hat. Prophilias rettet bald darauf seinem Freund das Leben. Darauf verliebt sich Athis in Gaiete, die Schwester des Prophilias, welche ehedem Bilas, dem König von Sizilien, als Frau zugesprochen war. Die Heirat von Athis und Gaiete wird zum Casus belli zwischen Theseus, dem Herzog von Athen, einerseits, und dem König Bilas sowie Telamon, dem Herzog von Korinth, andererseits. Der Verfasser beschreibt ausführlich und malerisch die Kriegshandlungen und die Belagerung Athens. Während eines Waffenstillstands begegnet Bilas Sabina, der Schwester von Athis, die bei ihm eine starke Zuneigung erweckt. Ihre Liebe und Heirat versöhnt beide sich befehdenden Parteien. Der Roman endet mit der Aufhebung der Belagerung von Athen und mit einem Fest zu Ehren der Neuvermählten.

Im Zusammenhang mit der Illuminierung des Romans, die sich durch ein intensives und farbenfrohes Kolorit, eine sichere Zeichnung und eine erfinderische Komposition auszeichnet, erinnert Laborde zu Recht an die Ausschmückung zweier bekannter Exemplare der französischen Übersetzung, *Des Cleres et Nobles Femmes* (Von berühmten und edlen Frauen) von Boccaccio, die Anfang des 15. Jahrhunderts für die Herzöge Johann von Berry (Paris, Nationalbibliothek, ms.fr. 598) und Philipp den Kühnen von Burgund (Paris, Nationalbibliothek, ms.fr. 12420) angefertigt worden waren. Früher nahm man an, daß beide Handschriften der gleiche Künstler illuminiert habe, der den Namen »Meister von 1402« erhielt. Meiss jedoch gelang es, diese Attribution zu präzisieren und die Miniaturen zwischen verschiedenen Malern zu verteilen. Die Illustrationen des Petersburger Codex, die besonders nahe an die Burgunder Handschrift von Boccaccio anlehnen, werden einem Illuminator zugeschrieben, den Meiss als »Meister der Krönung der Jungfrau Maria« nach einem Frontispiz mit diesem Sujet im Exemplar der *Legenda aurea* von 1403 (Paris, Nationalbibliothek, ms.fr. 242) bezeichnet. Dieser Maler, gebürtig aus Flandern (vielleicht auch Brügge), kam Ende des 14. Jahrhunderts nach Paris. Er wurde zu einem der glänzendsten Vertreter der Pariser Schule, arbeitete aber offensichtlich nicht lange, denn alle von ihm bekannten Werke werden vor 1404 datiert, wobei er in der letzten Periode (1402 — 1404) die Handschriften nicht nur für den Herzog von Berry, sondern auch für Philipp den Kühnen ausschmückte. In diese Jahre ist auch der Petersburger Codex zu datieren, der für den Herzog von Burgund angefertigt wurde (eine einheitliche Handschrift mit dem *Roman vom Veilchen* und der *Sage vom Liebespanther* - siehe: Fr.Q.v.XIV,3). Der Künstler hat möglicherweise mit Gehilfen gearbeitet.

GELANGTE 1805 IN DIE KAISERLICHE ÖFFENTLICHE BIBLIOTHEK (1849—1861 EREMITAGE, 5.2.54)

LITERATUR: Montfaucon 1739, Bd. 2. S. 1108, Nr. 763; Gille 1860, S. 55; Bertrand 1874, S. 175; Doutrepont 1906, S. 67, Nr. 107; Li Romanz d'Athis et Prophilias (L'Estoire d'Athenes), nach allen bekannten Handschriften zum ersten Male vollständig. *Hrsg. von Alfons Hilka. Bd. 1, 2. Dresden 1912—1916; Laborde 1936—1938, S. 55, Taf. XXVI; * Dobiasch-Roshdestwenskaja, Lublinskaja, S. 861—864; * Schischmarjow 1965, S. 42, 43, 79, 80; Meiss, The late 14th Century 1968—1974, S. 355; Meiss, The Limburgs 1974, S. 383, 419;* Fourteenth Century French Miniatures: Le Roman d'Athis et Prophilias ou le Siège d'Athènes *by Alexandre de Bernay Publ. T.P. Voronova. Leningrad 1983.*

128. Bl. 62v: ATHIS UND PROPHILIAS SEGELN MIT IHREN FRAUEN NACH ATHEN
Bemerkenswert ist, wie frei der Künstler mit dem Raum umgeht, wie er die Personen im Schiff zeigt und das auf eine Welle gehobene Heck des dritten Schiffes in kühner Verkürzung darstellt.

129. Bl. 46v: GAIETE, DIE SCHWESTER DES PROPHILIAS, BEGIBT SICH MIT IHREM GEFOLGE ZU BILAS, DEM KÖNIG VON SIZILIEN
Die Rosse sind mit einem für jene Zeit hohen Können dargestellt.

130. Bl. 71v: ANKUNFT EINES BOTEN BEIM HERZOG VON ATHEN
Er überbringt die Kriegserklärung Telamons, des Herzogs von Korinth. Diese Miniatur mit ihren frischen, gleichsam heute aufgelegten Farben lehnt sich besonders nahe an die Illuminierung des berühmten Exemplars von Boccaccio an.

131. Bl. 68r: THESEUS, HERZOG VON ATHEN, UND SEIN SOHN BEREITEN SICH ZUM EMPFANG VON ATHIS UND PROPHILIAS VOR
Für den »Meister der Krönung« sind solche interessanten Szenen typisch, in denen die Personen dicht den Raum füllen. Sie berühren mit ihren Köpfen fast die Decke.

128

129

130

131

ffeust par trestoute la contree.
De draps de soie or et tendues
Cilz de romme toutes les rues

133

134

132. Bl. 17v: FEST DER RÖMER VOR DEM RAUB DER SABINERINNEN

Damen und Kavaliere in reicher goldverzierter Kleidung tanzen zu den Klängen der Harfe auf einer Blumenwiese. Die kühne Gegenüberstellung kräftiger Farben und die rhythmische Komposition ergeben ein Bild von freudiger Festlichkeit.

133. Bl. 83v: DER HERZOG VON ATHEN HÄLT RAT IN SEINEM PALAST MIT DEN BARONEN, DER GEMAHLIN UND DER TOCHTER

134. Bl. 93v: DER HERZOG VON ATHEN HÄLT RAT MIT SEINEN RITTERN, WIE SEINEM SOHN HILFE ZU ERWEISEN SEI

135. Bl. 132r: VERMÄHLUNG DES BILAS MIT SABINA

135

136-138
SENTENZENSAMMLUNG VERSCHIEDENER PHILOSOPHEN

Les Ditz Moraux de philosophes translates de latin en français par Guillaume de Tignonville. Frankreich. Anfang 15. Jahrhundert

90 Bll. 265 x 190 mm (Text 150 x 110 mm). Pergament. Französisch.
15 Miniaturen; farbige Initialen mit Gold und Flechtwerk aus Weinlaub.
Einband: 18 Jahrhundert (von Dubrowsky bestellt). Karton, mit türkisblauem Samt bezogen; Blindprägung; Dublüren auf dem Vorder- und Hinterdeckel; Vorsätze aus Goldbrokat
Fr.Q.v.III,4.

Der Sammelband wurde vor 1402 von Guillaume de Tignonville, dem Kammerherrn des französischen Königs Karl VI., zusammengestellt worden. Er war Dichter, Übersetzer und Politiker (gest. 1414). Der Band besteht aus 16 Kapiteln und enthält Aussprüche verschiedener Philosophen des Altertums (Zedekia, Hermes, Pythagoras, Sokrates, Plato, Aristoteles, Alexander der Große, Ptolemäus u.a.).

Für Laborde gelten die Miniaturen als ein gutes Beispiel für »die Grisaillen der Epoche Karls VI.« er datiert sie um 1395. Meiss ist der Meinung, sie seien um 1410 von einem Künstler ausgeführt worden, den er »Meister der Apokalypse« nennt nach seinem Hauptwerk, der *Apokalypse* in der Pierpont Morgan Library in New York (ms. 133), der in den Jahren 1407/1418 — 1420 tätig war. Der Stil dieses Miniaturisten, eines Nachfolgers des »Meisters Boucicaut«, zeichnet sich durch eine begrenzte, doch delikate Palette aus. Der Meister bevorzugt helles, ja sogar blasses Grün, Hellblau, Beige und Grau, eine Palette, die die Tradition der Grisaille des 14. Jahrhunderts fortsetzt. Er malte mit rasch improvisierenden Pinselstrichen, seine Figuren sind relativ flach, die Komposition ist simpel, und die Figuren sind gewöhnlich gruppenweise angeordnet.

Besondere Verbreitung fand dieses Werk im 15. Jahrhundert, doch war sein Inhalt nicht immer derselbe. Gewöhnlich war es Bestandteil von größeren Sammelbänden. Vermutlich war auch die Petersburger Handschrift der Teil eines größeren Werkes, wovon eine Eintragung im Katalog Montfaucons zeugt, angeführt von Schischmarjow, sowie ein Vermerk Dubrowskys auf dem ersten Leerblatt, wonach die Handschrift René von Anjou gehört haben soll. Im 16. Jahrhundert wechselte die Handschrift wiederholt ihre Besitzer, die ihre Signaturen sowie Vierzeiler und Sentenzen auf den letzten Leerblättern hinterlassen haben: Pierre Gilbert, Françoise Gilbert, Claude Roger, Roger Bontemps, P. Boulle, André Boulle. Im 17. Jahrhundert gehörte sie zur Sammlung von Pierre Séguier, wurde später von dessen Enkel, dem Herzog Coislin, geerbt, der sie 1735 zusamen mit anderen Handschriften der Abtei Saint-Germain-des-Prés vermachte. Spätestens 1792 wurde sie von Dubrowsky erworben.

GELANGTE 1805 IN DIE KAISERLICHE ÖFFENTLICHE BIBLIOTHEK (1849-1861 EREMITAGE, 2.5.44)

*LITERATUR: Cat. Séguier 1686, S. 5; Montfaucon 1739, Bd. 2, S. 1805, Nr. 782; Gille 1860, S. 51, 52; Delisle 1868-1881, Bd. 2. S. 58; Bertrand 1874, S. 96, 97; * Schischmarjow 1927, S. 189-192; Laborde 1936-1938, S. 26-28; Meiss M.:* French Painting in the Time of Jean de Berry. *The Boucicaut Master. London 1968. S. 71, Abb. 480; Meiss,* The late 14th Century, *1968—1974, S. 354; Meiss, The Limburgs 1974, S. 379.*

136

137

138

136. Bl. 2r: DREI WEISE DISKUTIEREN VOR SEDECHIAS (ZEDEKIA), KÖNIG VON JUDA, DER AUF EINEM SESSEL UNTER EINEM BALDACHIN SITZT UND DEN DER AUTOR DEN ERSTEN PHILOSOPHEN NENNT

137. Bl.77r: ILLUSTRATION ZU DEN SENTENZEN VON GALEN
Der berühmte Arzt der Antike und Verfasser von naturphilosophischen Werken Claudius Galen (131- um 200) ist beim Sammeln von Heilkräutern gezeigt.

138. Bl. 75v: ILLUSTRATION ZU DEN SENTENZEN VON PHESSAL
Phessal war ein antiker Philosoph und Arzt, ein Nachfolger des Hippokrates. Die farbliche Zusammenstellung dieser Miniatur, besonders das blasse Grün und das Beige der Berge in der Landschaft, sind typisch für den »Meister der Apokalypse«.

139-144
STUNDENBUCH DER MARIA STUART
Heures dites de Marie Stuart
Frankreich. Zweites Viertel 15. Jahrhundert

229 Bll., 250 x 175 mm (Text 110 x 75 mm). Pergament. Französisch und Latein
22 Miniaturen; Pflanzenbordüre mit Gold (jedes Blatt); im Kalender goldene, blaue und rote Rubriken, rote, blaue, goldene Initialen; dekorative Bänder.
Einband: 18. Jh. Holzdeckel, mit lila Samt bezogen; blindgeprägter Rahmen; zwei vergoldete Silberschließen; auf dem Buchrücken Bünde; Dublüren aus Goldbrokat; Vorsätze aus rotem Moiré; Goldschnitt. Lat.Q.v.I,112.

Dieses Stundenbuch ist das berühmteste der Petersburger Sammlung. Es besteht aus einem Kalender in französischer Sprache; Fragmente aus den Evangelien, Offizium der Maria, Bußpsalmen, Litaneien, Offizium des Heiligen Kreuzes, Offizium des Heiligen Geistes, Totenoffizium, die Gebete Obsecro te und O Intemerata in lateinischer Sprache; Die fünfzehn Freuden Mariae, *Die sieben Gebete an Christus, Gebet an den hl. Peter von Luxemburg* (in Versen) in französischer Sprache; am Ende des Codex Gebete aus verschiedenen Anlässen.

Typisch für diese Handschrift sind die breiten Bordüren, die die Miniaturen umrahmen. In das Akanthusmuster sind Palmetten und Blumenvasen eingefügt, die eine Art von Kandelaber bilden. Im unteren Blattfeld erscheinen botanisch exakte Pflanzendarstellungen, die äußerst selten im Dekor von Handschriften zu finden sind. Solch eine Randfeldausschmückung wird in die Zeit um 1430 datiert und mit dem Kreis des Meisters von Herzog Bedford in Verbindung gebracht. Der Dekor *des Breviariums für Salisbury* (oder Breviarium Bedford, um 1433, Paris, Nationalbibliothek, ms. lat. 17294) ist laut Laborde mit der Illuminierung des Petersburger Stundenbuchs vergleichbar. Er fand, daß die Miniaturen darin eine Nachahmung früherer Vorbilder seien, die dem Künstler zur Verfügung gestanden hatten. Tatsächlich sind in den Miniaturen archaische Züge zu entdecken, besonders in der Ikonographie einer Reihe von Sujets und in der Behandlung der Hintergründe (Landschaftsbilder mit Bergen und Baumgruppen), manchmal auch eine Rückkehr zu farbigem oder ornamentalem "Schachbrett"-Untergrund. Die vorzüglich erhalten gebliebenen frischen und kräftigen Farben verleihen der Handschrift einen besonderen Wert. Das nicht ausgelöschte Wappen, ein silberner Schild mit einem Löwen, auf der Miniatur mit der Vision des hl. Peter von Luxemburg weist darauf hin, daß der Auftraggeber ein Mitglied des Hauses Luxemburg gewesen ist. In den Rahmen aller übrigen Schmuckseiten ist dieses Wappen sorgfältig ausgelöscht. Das Stundenbuch erhielt Maria Stuart von ihrem Onkel Herzog François de Guise als Geschenk. Auf vielen Blättern der Handschrift sind die Signatur sowie Vierzeiler der Königin erhalten geblieben, die sie zu verschiedenen Zeiten geschrieben hat.

Bis 1615 befand sich die Handschrift in England und gehörte, wie A. Lobanow-Rostowski vermutete, einem der Hofleute Jakobs I., der auf den Blättern die Unterschriften vornehmer Persönlichkeiten gesammelt hat, darunter von Graf Nottingham, Lady Arabella Seymour, Elizabeth Shrewsbury, Graf Essex, Graf Sussex, Sir Walsingham u.a. Angaben über das weitere Schicksal der Handschrift fehlen. Sie wurde Ende des 18. Jahrhunderts von Dubrowsky in Frankreich erworben.

GELANGTE 1805 IN DIE KAISERLICHE ÖFFENTLICHE BIBLIOTHEK (1849—1861 EREMITAGE, 5.2.11)

LITERATUR: Gille 1860, S. 65, 66; Lobanoff A.: Lettres, instructions et mémoires de Marie Stuart, reine d'Ecosse, publiés sur originaux et les manuscrits du State Paper Office de Londres et des principales archives et bibliothèques de l'Europe. *Bd. 7. London 1844. S. 245, Nr. 1, S. 346—352; Dobiasch-Roshdestwenskaja O.: Livres d'heures de la Bibliothèque Publique. In:* Académie des Inscriptions et Belles-Lettres. Comptes-rendus des séances de l'année *1925. Paris 1925. S. 183—187, 2 Abb.; * Dobiasch-Roshdestwenskaja, Ausstellung 1927, S. 15, 16; Laborde 1936—1938, S. 63, 66, Taf. XXVII.*

139

Conuerte nos deus
salutaris noster.
Et auerte iram
tuam a nobis.

141

142

143

S. 120
139. BL. 129v: HANDGESCHRIEBENER VIERZEILER VON MARIA STUART

S. 121
140. Bl. 77v: KRÖNUNG DER JUNGFRAU MARIA

141, 142. Bll. 39v-40: HEIMSUCHUNG
Auf Bl.39v Autogramme englischer Adeliger.

143. Bl. 110r: MINIATUR ZUM TOTENOFFIZIUM

144. Bl. 167v: MINIATUR ZUM GEBET DES HL. PETER VON LUXEMBURG – VISION DES HEILIGEN
Vom Sternenhimmel schwebt ein Engel mit einem Kardinalshut herab, an dessen Bändern ein Wappen mit einem Löwen auf silbernem Feld befestigt ist.

Tout le monde et

145, 146
STUNDENBUCH FRANZ II. VON BRETAGNE
Heures dites de François II duc de Bretagne à l'usage de Paris
Frankreich (Paris). Um 1420-1430

157 Bll. 168 x 120 mm (Text 95 x 68 mm). Pergament. Latein und Französische
15 Miniaturen mit Goldbordüren (Vignette und Akanthusblätter) und großen farbigen Initialen; auf dem Randfeld eines jeden Blattes eine Bordüre (goldenes Weinlaub mit roten und blauen Blüten); eine Vielzahl von kleinen Goldinitialen auf blauem bzw. rotem Feld
Einband: 17. Jahrhundert. Karton, mit dunkellila Samt bezogen; Spuren zweier Schließen; vergoldeter Schnitt
Lat.O.v.I, 65.

Üblicher Inhalt eines Stundenbuches: Kalender, Auszüge aus den Evangelien, die Gebete Obsecro te und *O Intemerata*, Offizium der Maria, Offizium des Heiligen Kreuzes, Offizium des Heiligen Geistes, Bußpsalmen, Totenoffizium, Gebete in lateinischer Sprache; *Die fünfzehn Freuden Mariae*, *Die fünf Schmerzen Christus* in französischer Sprache, ebenso wie sämtliche Rubriken. Es fehlen das Markusevangelium, ein Teil des Textes des Offiziums der Maria (beginnend mit der Verkündigung) und ein Teil des Offiziums des Heiligen Kreuzes. In den Miniaturen sind Nachklänge der Pariser Schule aus den ersten Dezennien des 15. Jahrhunderts zu spüren (Laborde datiert sie ganz zu Beginn des Jahrhunderts). Die eher untergeordnete Behandlung der Komposition im Verein mit dem Charakter des Randfeldschmucks veranlassen jedoch, die Illuminierung des Stundenbuches eher in das zweite Viertel des Jahrhunderts zu verlegen. Die Handschrift ist mindestens von zwei Meistern illuminiert worden, die die Kompositionstechnik der Künstler des Herzog von Berry gut kannten. Gemeinsame Züge ihrer Malart sind die natürliche Bewegung der Figuren und der ruhige, harmonische Faltenwurf der Gewänder. Der Meister, der das Offizium der Maria illustrierte, zeigt ein mehr verhaltenes Temperament. Seine Malweise ist poetisch, er neigt zu einer aufgehellten Palette blauer, grüner und violetter Töne. Über einen dunkelblauen Himmel ziehen Silberwolken. In diesem Meister erkennt man aus stilistischen Eigenarten den Meister der Stadt Dover. Es handelt sich hier wohl um ein Spätwerk des Künstlers. Ein anderer Meister (reproduziert wird sein *Totenoffizium*) bevorzugt ein effektvolles Zusammenspiel von Kontrastfarben und Gold.

Im 15. Jahrhundert gehörte der Codex François II., Herzog der Bretagne, dem Vater der Königin Anna von Bretagne. Auf der Rückseite des letzten Blattes (157v) sieht man seine Signatur. Im 16. Jahrhundert besaß der Herzog François de la Trémoille (1510—1541) die Handschrift. Seine Unterschrift ist auf Bl. 13r und 157r zu sehen. Das weitere Schicksal des Stundenbuchs ist ungeklärt. Gegen Ende des 18. Jahrhunderts wurde es von Dubrowsky.

GELANGTE 1805 IN DIE KAISERLICHE ÖFFENTLICHE BIBLIOTHEK (1849—1861 EREMITAGE, 5.2.71)

*LITERATUR: Gille 1860, S. 46; * Jaremitsch 1914, S. 38, 39; Laborde 1936—1938, S. 60, 61.*

145

146

145. Bl. 57r: CHRISTI GEBURT

146. Bl. 106r: MINIATUR ZUM TOTENOFFIZIUM – TOTENMESSE

147-157
LUXEMBURGER STUNDENBUCH
Heures dites de Luxembourg à l'usage de Rome
Flandern (Brügge). Erste Hälfte 15. Jahrhundert

156 Bll. 157 x 120 mm (Text 90 x 60 mm). Pergament. Latein
39 Miniaturen; 39 große Initialen auf goldenem Grund; 39 ornamentale Rahmen; auf den übrigen Blättern vertikale Bordüre
Einband: 19. Jahrhundert. Karton, mit hellrotem Samt bezogen; vergoldete Bronzeecken; Sterne im Mittelfeld und eine Agraffe in Form eines Adlers; auf beiden Seiten weitere Miniaturen des 15. Jahrhunderts (Gottesmutter mit Kind und Johannes dem Täufer); Dublüren und Vorsätze aus grünem Moiré; Goldschnitt
Rasn.O.v.I,6.

Das Stundenbuch enthält Fragmente aus den Evangelien (der Kalender ist verschollen), das Offizium der Maria, Bußpsalmen, Litaneien, das Offizium des Heiligen Kreuzes, das Offizium des Heiligen Geistes, das Totenoffizium, Gebete an einzelne Heilige (darunter an Peter von Luxemburg). Der Charakter der Gebete im Offizium der Maria weist auf die Niederlande hin. Dobiasch-Roshdestwenskaja meinte, daß der Codex bald nach dem Tod Peters von Luxemburg von einem seiner Angehörigen in Auftrag gegeben worden sei. Davon zeugt das Wappen des Hauses Luxemburg (siehe: Bll.111v–112r), außerdem erlaubt die französische Eintragung über das Erdbeben vom 2. Februar 1418 nach Ansicht der Kunsthistorikerin, das Stundenbuch vor 1419 zu datieren. Die Annahme von Dobiasch-Roshdestwenskaja, der Künstler könne Jakobus Kona sein (Jacque Coene, ein aus Brügge stammender Künstler, den Graf Durrieu wie nach ihm Millard Meiss mit dem Meister von Boucicaut, dem großen anonymen Pariser Buchmaler der Jahre 1410-1420 identifizierten), ist heute nicht mehr aufrechtzuhalten, obwohl die Miniatur von Bl. 7, die den Apostel Markus darstellt, von einer diesem Meister zugeschriebenen Komposition in den Heures dites de Jérôme Bonaparte (Paris, Nationalbibliothek, Latein 10538, fol.) abgeleitet ist. Dieses Manuskript befand sich eine Zeitlang im Besitz des burgundischen Herzogs Philipp des Guten und Spuren seines Einflusses lassen sich verschiedentlich in der flämischen Buchmalerei nachweisen. Der Typ der Bordüren und der Stil der Miniaturen des Petersburger Stundenbuchs sowie die eindeutige Kenntnis von den Erfindungen der großen Meister der flämischen Schule, die sich in vielen Miniaturen verrät, lassen seine Datierung um 1420-1440 schlüssig erscheinen. F. Avril spricht von drei beteiligten Buchmalern, von denen die zwei ersten, der Maler der Verkündigung und der des Buße tuenden David mit Sicherheit aus den Künstlerkreisen von Brügge stammen, wobei der zweite den Malern der Gruppe des "Meisters der Goldranken" nahesteht. Ein dritter Künstler ist auf den Bll. 10 und 111 tätig geworden; diese zwei Miniaturen scheinen kurz darauf hinzugefügt worden zu sein, ihr mehr graphischer Stil läßt sich mit den Erzeugnissen aus Dijon aus der gleichen Zeit in Verbindung bringen.
Was die Geschichte des Codex anbetrifft, so gehörte er laut Fjodor Berenstamm, dem Direktor der Peterhofer Museen im Jahre 1924, der russischen Kaiserin Alexandra Feodorowna.

GELANGTE 1924 IN DIE KAISERLICHE ÖFFENTLICHE BIBLIOTHEK AUS SCHLOß PETERHOF

*LITERATUR: *Dobiasch-Roshdestwenskaja 1927, S. 7, 8, 10, 14, 15; Dobiasch-Roshdestwenskaja O.:* Livres d'heures de la Bibliothèque Publique. *In:* Académie des Inscriptions et Belles-Lettres. Comptes-rendus des séances de l'année 1925. *Paris 1925. S. 183, 186, 2 Abb.*

147. Bl. 7r: EVANGELIST MARKUS
Dargestellt ist die Zelle des Evangelisten Markus, und zwar in der Maltechnik des »Meisters von Boucicaut«. Markus schreibt an seinem Pult, auf dem Regal stehen wie auf einem Stilleben Bücher und Flaschen. Die Ruhe und Vergeistigung dieser intimen Welt werden durch das weiche Licht akzentuiert, was auf die Bekanntschaft des Malers mit den Interieurs von Robert Campin und Jan van Eyck deutet. Avril weist auf die ähnliche Manier des »Maître aux rinceaux d'or« (»Meister der Goldranken«) hin. Eine ähnliche Komposition findet sich in dem Stundenbuch aus der Sammlung H.P. Kraus in New York, das in den 1440er–1450er Jahren von Guillebert de Metz illuminiert wurde.

147

148

149

148. Bl. 10v: DIE GOTTESMUTTER MIT KIND ERSCHEINT DEM HL. PETER VON LUXEMBURG

Neben dem betenden Peter sehen wir den Auftraggeber (Besitzer?) des Stundenbuchs mit seinem Patron Johannes dem Täufer und ein anderes, kleineres Figürchen eines Betenden. Den Auftraggeber mit den gleichen Gesichtszügen sehen wir auch auf dem Doppelblatt (Bll.111v–112r). Der flächige, lineare Stil dieser und anderer Miniaturen des Codex erinnert nach F. Avril an den Stil einer Gruppe von Stundenbüchern, die im zweiten Viertel des 15. Jh. in Dijon illuminiert wurden. Typisch für diese Manier sind die angewandten archaischen Techniken, z.B. die "gekästelten" Hintergründe.

149. Bl. 47v.: DIE GEBURT CHRISTI

Diese poetische Miniatur ist ebenfalls vom »Meister der Verkündigung« gemalt worden. Avril meint, sie sei das Vorbild für die *Geburt Christi* aus dem Stundenbuch des Guillaume de Montfort (1450er Jahre, Wien, Österreichische Nationalbibliothek, S.n. 12878, Bl.44v) und im Kreis des bekannten Miniaturisten Guillaume Vrelant aus Brügge illuminiert.

Domine labia mea
aperies
Et os meū annū
ciabit laudē tuā

151

152

153

150. Bl. 17r: MARIÄ VERKÜNDIGUNG
Diese, leider etwas beschädigte Miniatur ist ein Werk des progressivsten Malers unter den Künstlern, die an der Ausschmückung des Stundenbuches teilgenommen haben. Er hat die Lehren der großen Niederländer vorzüglich erfaßt. Der wahrheitsgetreu wiedergegebene Raum ist von Licht und Luft erfüllt, die Landschaft löst sich im Dunst auf, alles ist von stiller Freude durchdrungen. Die zierliche Zeichnung und Behandlung der Draperie, das meisterhafte Kolorit, die lyrischen Gestalten des Erzengels und der Maria, die sich besonders nahe an Campin und van Eyck anlehnen, sprechen von einer hohen Kunst.

151. Bl. 55v: DIE ANBETUNG DER KÖNIGE
Die Miniatur wurde vom Maler der *Mariä Verkündigung* geschaffen.

152. Bl. 59r: KINDERMORD ZU BETHLEHEM

153. BL.71r: MINIATUR ZU DEN BUSSPSALMEN "KÖNIG DAVID IM GEBET"

154

155

156

154, 155. Bll. 111v-112r: GEBET AN DIE GOTTESMUTTER
Das Doppelblatt ist eine einheitliche Darstellung, in der das Gebet des Auftraggebers des Stundenbuchs (links) an die Gottesmutter mit Kind (rechts) gerichtet ist. Im linken Teil ist die Hauptszene mit der Umrahmung verbunden, auf der eine Dame im Hofkleid ein Reh aus dem Wald führt und den Helm des Besitzers und sein Wappenschild in den Händen hält.

156. Bl. 147v: ALLERHEILIGENBILD

157. Bl. 142r: DER HL. ANTONIUS
Der hl. Antonius ist in der Wüste mit Wildschweinen gezeigt. Ihm sind die Heilige Schrift, ein Krückstock und eine Glocke gegen böse Geister beigegeben. Im unteren Feld der Bordüre sind Episoden aus der Vita des heiligen Eremiten zu sehen.

De sancto anthonio antiph[on]a.
Vox de celo ad beatum antho
nium facta est quoniã viriliter
dimicasti. Ecce ego tecum sum
149

158-161
BESCHREIBUNG EINES TURNIERS VON 1446
Description en vers français d'un tournoi fait en 1446 ou Récit du tournoi du roi René à Saumur (Launay) en 1446 nommé " Pas du perron "

Frankreich. Um 1470-1480

48 Bll. 360 x 270 mm (Text 230 x 210 mm). Papier.
Französisch 89 Miniaturen (Federzeichnungen, mit Aquarell koloriert);
farbige Initialen
Einband: 18. Jahrhundert. Karton
Fr.F.p.XIV,4.

Aufgrund des Wappens auf dem ersten Blatt nahm Schischmarjow als Verfasser der Beschreibung dieses berühmten Turniers des 15. Jahrhunderts den Abbé aus der Familie Conilly oder Grandin de Mansigny an und nicht den Seneschall de Beauveu, wie Laborde meinte. In der Handschrift sind zwei Turniere beschrieben, an denen König René teilnahm: *Emprise de la Gueule du dragon*, von dem der Autor kurz berichtet, und der sog. *Pas du Perron*, dem der Hauptteil des Textes gewidmet ist. Beide Turniere fanden 1446 statt. Der Pas du Perron währte 40 Tage (vom 27. Juni bis zum 8. August) und spielte sich neben einem Schloß in der Nähe von Saumur ab, das speziell für dieses Fest aus Holz errichtet worden war. Das Fest zeichnete sich durch besonderen Prunk und starken Zustrom aus und war exotisch ausgestattet. Es war mit hohen Auslagen verbunden, und nicht ohne Grund wollte René seine Beschreibung festhalten. Die Biographen Renés hielten sie lange Zeit für verloren. Die Petersburger Handschrift ist die einzige Kopie.

Außer den feierlichen Auffahrten zeigen die Miniaturen die Wettkämpfe der 91 Teilnehmer, die in zwei Gruppen geteilt waren, die Gruppe der Angreifer (assaillants) und die der Verteidiger (tenants). Die einander ähnlichen skizzenartigen Illustrationen geben mit Sicherheit nicht zeitgenössische Einzelheiten wieder. Die Kleidung der Reiterin von Bl. 24 entspricht nicht der Mode vor 1470. Aber trotz der scheinbar schnell hingeworfenen Ausführung sind diese kolorierten Federzeichnungen frei in ihrer Komposition und sehr dynamisch. Die kräftigen leuchtenden Farben geben vortrefflich die sommerlich sonnige Atmosphäre wieder. Der Künstler versteht es, bald den gemessenen Schritt der mächtigen Ritterrosse, bald ihren schweren Galopp zu zeigen. Die fast vorderansichtige Darstellung der Rosse veranlaßte O. Pächt, hierin italienische Vorbilder zu sehen, wie z.B. die Zeichnungen von Antonio Pisanello. Nach Ansicht des österreichischen Forschers sind die Petersburger Miniaturen eine frühe Arbeit des berühmten »Meisters des Königs René«, den man nach seinem Meisterwerk, der Illumination der Handschrift »Coeur d'Amours Espris« (Wien, Österreichische Nationalbibliothek, ms. 2597) den »Meister des Herzens« nennt. Bereits Durrieu fand, daß der rätselhafte Meister der Maler Barthelemy van Eyck sei, der sich 1447 bis 1470 in Diensten des Königs René befand. In letzter Zeit kam Charles Sterling auf diese Hypothese zurück. Die Handschrift gehörte König René. Im 17. Jahrhundert befand sie sich im Bestand der Bibliothek von Pierre Séguier, gelangte 1735 zusammen mit der Kollektion des Enkels von Séguier, Herzog Coislin, nach Saint-Germain-des-Prés. Ende des 18. Jahrhunderts wurde sie von Dubrowsky erworben.

GELANGTE 1805 IN DIE KAISERLICHE ÖFFENTLICHE BIBLIOTHEK

LITERATUR: Wilson de la Colombière M.: Le vray théâtre d'honneur et de chevalerie. *Bd. 1. Paris 1648. S. 81–106; Montfaucon 1739, Bd. 2, S. 1108, Nr. 749; Quatrebarbes Th. de:* Oeuvres complètes du Roi René d'Anjou. *Bd. 1. Angers 1845. S. LXXV–LXXXIII (nur auszugsweise erschienen); Bertrand 1874, S. 173; *Schischmarjow 1927, S. 162–167; Laborde 1936–1938, S. 71, Taf. XXIX; Pächt O.:* René d'Anjou. *In:* Jahrbuch der Kunsthistorischen Sammlungen in Wien. *1977. Bd. 73 (Neue Folge Bd. 37). S. 37, 38, 42, 64–66, Abb. 73, 74, 75.*

158

158. Bl. 9r: GRAF DE TANCARVILLE FORDERT DIE VERTEIDIGER HERAUS

Der Vertreter der Angreifer sticht zum Zeichen der Forderung mit der Lanze nach dem Schild der Verteidiger, der an einer Säule befestigt ist und von den Löwen bewacht wird. Im Zelt sitzt der Waffenherold. Das Band auf dem Helm des Grafen und die Pferdedecke sind gekästelt. Das sind die Farben der Angreifer-Gruppe.

159. Bl. 6r: FEIERLICHER AUSZUG DER VERTEIDIGER AUS DEM SCHLOSS

An der Spitze des Zuges führen Personen in orientalischen Kostümen zwei Löwen, die konventionell Wappentiere verkörpern. Weiter folgt ein Reiter, dessen Banner und Pferdedecke mit den Farben der Verteidiger geschmückt sind: auf rotem Grund violett-weiße Blümchen. Hinter den Trompetern und dem Gefolge reitet ein Herold im Turban mit einem Stab, dahinter wird an den Zügeln ein weißes Roß geführt, dem die Dame aufsitzt, die zu verteidigen ist. Zuletzt folgen paarweise, im Gespräch, die Ritter..

160

160. Bl. 24r: KÖNIG RENÉ BEGIBT SICH ZUM ZWEIKAMPF MIT DEM HERZOG VON ALENÇON

Der König René beteiligte sich am Turnier auf der Seite der Verteidiger. Der Ritter wird symbolisch von einer Dame geführt. Auf diesem Entwurf ist mit besonderer Sorgfalt die Landschaft durchgearbeitet.

161. Bl. 22v: ZWEIKAMPF DES GRAFEN FERRY VON LOTHRINGEN UND DES GRAFEN D'EU AUS DEM GESCHLECHT DER VALOIS

Die hölzerne Scheidewand bewahrt die Ritter vor einem Zusammenprall und ermöglicht nur die Lanzenberührung des Rivalen. Graf Ferry wurde nach der Austragung des Turniers als der beste Verteidiger anerkannt und mit einem goldenen Schmuckstück mit Diamanten und Rubinen belohnt.

Robert de

162-171
MATTHAEUS PLATEARIUS
Das Buch von den Heilkräutern und Heilmitteln
Le Livre des simples médecines
Frankreich. Mitte 15. Jahrhundert

221 Bll. 290 x 200 mm (Text 205 x 140 mm). Pergament. Französisch
10 Miniaturen in Viertelblattgröße; 420 Illustrationen im Text; 2 farbige Initialen, eine (Bl.2r) mit einer vertikalen, die andere (Bl.26r) mit einer vollen Bordüre; eine Vielzahl von goldenen, hellblauen und roten Initialen. Einband: 17. Jahrhundert. Karton, mit rotem Saffian bezogen; goldgeprägter Rahmen auf dem Vorder- und Hinterdeckel; auf dem Rücken goldgeprägte heraldische Löwen und Lilien; auf der Innenseite des Hinterdeckels ein Papieretikett mit dem Exlibris der Stroganows; Vorsätze aus marmoriertem Papier; die Handschrift liegt in einer Kartonkassette, die wie der Einband mit rotem Saffian überzogen ist und ebenfalls einen goldgeprägten Rahmen hat.
Fr.F.v.VI,2.

Das Werk ist eine französische Übersetzung des *Circa instans*, eines der bekanntesten Kräuterbücher des Mittelalters, genannt nach den ersten zwei Wörtern der Einleitung. Es wurde von Matthaeus Platearius, einem Arzt des 12. Jahrhunderts aus Salerno, zusammengestellt. Das Kräuterbuch enthält eine Beschreibung der heilkräftigen Eigenschaften von Pflanzen, Mineralien und tierischen Substanzen. Es ist streng alphabetisch angelegt. Es beginnt mit einem Index, der die Pflanzen nach ihrer Heilwirkung klassifiziert. Im Text wird neben der entsprechenden Beschreibung der Heilmittel ihre Darstellung angeordnet, außerdem werden in mehreren Miniaturen die Gewinnungsarten einiger besonders wichtiger Heilkomponenten gezeigt. Der Typ derartiger »enzyklopädischer« Illustrationen war im Prinzip einheitlich in den naturwissenschaftlichen Handschriften von ganz Westeuropa. Wesentlich haben dazu die Italiener beigetragen. Doch die Ausschmückung jeder Handschrift blieb individuell. Auch der Illuminator des vorliegenden Exemplars ist keine Ausnahme. Der Stil dieses begabten und eigenartigen Meisters zeichnet sich durch eine leichte und freie Malweise aus. Er bevorzugt helle, lebensfrohe Farben. Seine Sujetminiaturen sowie die eigentlichen Illustrationen zum Kräuterbuch haben keine Rahmen, ihre Rolle übernimmt das weiße Pergament. Die Menschenfigürchen sind vital, ihre Bewegungen natürlich, die Gesichter sind fein und sorgfältig gemalt. Mit höchst einfachen Mitteln hat der Meister die zarten Blütenblättchen, die samtigen Tierkörper und die durchsichtigen Insektenflügelchen wiedergegeben.
Der Grundtext des Kräuterbuchs beginnt mit der Initiale E, in deren Inneres, wie Avril feststellte, das Wappen des Grafen Charles d'Anjou, Graf du Maine, Bruder des Königs René d'Anjou, eingefügt ist. Womöglich ist der Codex in seinem Auftrag bzw. für ihn hergestellt worden und gehörte zur berühmten Bibliothek des Königs René. Vielleicht ist gerade diese Handschrift im veröffentlichen Inventar von 1471 unter dem Titel *Liber dictus Herbolista, avec la reproduction peinte de différentes herbes* vermerkt. Später gehörte die Handschrift Karl VIII. Ihr weiteres Schicksal im 16.–17. Jahrhundert ist nicht bekannt.

GELANGTE 1889 AUS DER SAMMLUNG A. STROGANOW IN DIE KAISERLICHE ÖFFENTLICHE BIBLIOTHEK

LITERATUR: Lecoy de la Marche A.: Le roi René, sonadministration, ses travaux artis.tiques et littéraires. *Bd. 2. Paris 1875. S. 188;* *Bericht der Kaiserlichen Öffentlichen Bibliothek für das Jahr 1889. *St. Petersburg 1891. S. 12, 13; Platearius M.: Livre des simples médecines. (Französische Übersetzung des Liber de simplici medicina, dictus Circa instans de Platearius. Hrsg. von Paul Dorveaux. Paris 1913; Laborde 1936–1938, S. 164, 165; Avril, in: Platearius,* Livre des simples médecines, *Paris, 1986, S. 275, 277, 282-283, Abb. 8, 18, 19.*

162

163

164

165

162. Bl. 1r: WAPPEN
Am ersten Leerblatt ist mit einem Seidenband ein Pergamentblättchen (170 x 130 mm) befestigt, auf dem unter einer Königskrone zwei Wappen vereint sind, links – das Königswappen mit Lilien und dem Abzeichen des Ordens des hl.. Michael, rechts – das Wappen des Ordens des Halbmondes. Dieses Wappenpaar weist darauf hin, daß der Codex Karl VIII., König von Frankreich, gehört hatte. Darunter ist ein nicht identifiziertes Wappen, wahrscheinlich Pierre Morels, Arzt und Ratgebers des Charles du Maine.

163. Bl. 26r: ERSTE SEITE DES GRUNDTEXTES VON PLATEARIUS MIT DER INITIALE E
Eine zierliche, luftige Bordüre mit goldenen Efeublättchen, Blüten, Beeren und Akanthus ist typisch für die Gestaltung von Büchern in Frankreich in der Mitte und in der zweiten Hälfte des 15. Jahrhunderts. Der Initiale ist das Wappen von Charles du Maine eingefügt.

164. Bl. 28r: GEWINNUNG VON ALOE
Die Miniatur illustriert, wie man Aloe gewinnt. Nach Platearius ist es ein Baum, der in »den Wäldern Babyloniens« wächst. Ein grauhaariger Mann fischt mit einem Handnetz die im Fluß schwimmenden Zweiglein dieses wundertätigen Gewächses heraus.

165. Bl. 33v: GEWINNUNG VON ANTIMON

166

167

168

166. Bl. 43r: GEWINNUNG VON AURIPIGMENT (Gelbe Arsenblende)

167. Bl. 149r: BIENENSTOCK

Diese Miniatur ist ein Beispiel für die feine Beobachtungsgabe des Malers, dem sogar der Schatten der Bienen auf dem Bienenstock nicht entgeht.

168. Bl. 165r: HIRSCH

In allen naturwissenschaftlichen Büchern des Mittelalters war die Darstellung des Hirsches sehr beliebt. Das ist nicht nur durch die Heilwirkung seines Geweihs, sondern auch durch seinen schönen und edlen Anblick, seine allegorische Rolle im Leben der Ritter zu erklären. Der vorliegende ikonographische Darstellungstyp des Tieres wiederholt sich in allen Handschriften, doch dieses Exemplar ist dank seiner weichen Malart und der einwandfreien Zeichnung eines der besten.

169

170

171

169. Bl. 183v: ROSE
Ein gemeinsamer Zug aller Illustrationen der mittelalterlichen Kräuterbücher sind die ausgebreiteten Blätter, Stiele, Zweige und Wurzeln auf der Blattebene wie im Herbarium. Hervorzuheben ist hier die feine Maltechnik der Blume.

170. Bl. 192v: SCHWEFELGEWINNUNG IN EINER LANDSCHAFT, DIE AN EINEN VULKANKRATER ERINNERT

171. Bl. 212v: GEWINNUNG VON TERPENTIN-HARZ

172
MARTIN LE FRANC
Streit zwischen Tugend und Fortuna
L'Estrif de Vertu et de Fortune

Frankreich (Tours ?). Drittes Viertel 15. Jahrhundert.

101 Bll. 285 x 205 mm (Text 195 x 135 mm). Pergament. Französisch
Frontispiz-Miniatur in einem ornamentalen Rahmen; 4 farbige Initialen mit Gold und einer Bordüre aus Weinreben mit goldenen Blättchen und Blüten; zahlreiche kleine Goldinitialen auf rotem und blauem Grund. Einband: alter Holzdeckel, mit rotem Samt bezogen; Spuren von fünf metallischen Knospen auf jedem Deckel und zweier Schließen; Bünde auf dem Rücken; vergoldeter Schnitt
Fr.F.v.XV,6.

Dieses didaktische Werk in Prosa und Versen ist 1447 von Martin Le Franc (1410 bis um 1461), dem bekannten französischen Dichter und Rhetoriker, Prévot des Kapitels zu Lausanne, Sekretär der Päpste Felix V. und Nikolaus V., im Auftrag Philipps des Guten, Herzog von Burgund, zusammengestellt worden. Es besteht aus drei Büchern, in denen Tugend und Fortuna vor der Allweisheit ihre Vorzüge darlegen. Dieser Disput wird am Ende von der Tugend gewonnen. A. Bayot, der den Text untersuchte, wies darauf hin, daß in diesem Exemplar Papst Nikolaus V. erwähnt wird (der Papst starb am 24. März 1455), und datiert die Handschrift folglich vor 1456. Als erster schrieb Durrieu die Frontispiz-Miniatur Jean Fouquet zu. Seine Attribution wurde von anderen Forschern (Ph. Lauer, K.G. Perls u.a.) unterstützt. In letzter Zeit jedoch werden Zweifel an der Urheberschaft von Fouquet ausgesprochen. C. Schaefer z.B. datiert die Miniatur zwischen 1453 und 1456. Er nimmt an, daß es entweder die Arbeit von Fouquet selbst oder seines Gehilfen sei, den er »Meister Boccaccio« nennt. Seine Zweifel teilt auch Nicole Reynaud. Lombardi dagegen datiert die Miniatur in die Jahre 1456–1459 und zählt sie zu den Meisterwerken Fouquets. Das Malsystem des Frontispiz unterscheidet sich tatsächlich von den kräftigen aktiven Farben in dem besten Werk Fouquets, dem *Stundenbuch für den Schatzmeister Etienne Chevalier*. Das Kolorit ist hier dezenter und harmonischer. Die hellen mikroskopischen Farbstriche ergeben zusammen mit den feinen Goldschraffen den Eindruck eines besonderen Luft- und Lichtmilieus. Das Schaffen Fouquets entwickelte sich aber gerade in dieser Richtung. Zugunsten seines entscheidenden Beitrags auf dem Gebiet der Buchmalerei spricht nicht nur die virtuose Technik, sondern auch die äußerste Klarheit der Idee und die ausgewogene Komposition sowie eine Reihe von konkreten Analogien zu seinen anderen Werken, z.B. ähneln sich die Figuren der Tugend und der Dienerin in der *Heimsuchung*, oder der hl. Anna im *Stundenbuch Chevalier*, es gibt eine Ähnlichkeit mit dem Bl. 81 des *Boccaccio* von Fouquet in München, die Form der Sitze ist hier wie auch in der Antwerpener *Madonna* die gleiche.

Im 17. Jahrhundert gehörte die Handschrift dem Kanzler Séguier, wurde seit 1735 in Saint-Germain-des-Prés aufbewahrt. Ende des 18. Jahrhunderts erwarb sie Dubrowsky.

GELANGTE 1805 IN DIE KAISERLICHE ÖFFENTLICHE BIBLIOTHEK (1849–1861 EREMITAGE, 5.3.53)

LITERATUR: Cat. Séguier 1686, S. 12; Montfaucon 1739, Bd. 2. S. 1109, Nr. 814; Gille 1860, S. 80; Bertrand 1874, S. 190; Reinach S.: Un manuscrit de la bibliothèque de Philippe le Bon de la Bibliothèque à Saint-Pétersbourg. *In:* Monuments et Mémoires publiés par l'Académie des Inscriptions et Belles-Lettres. *Bd. 11. Paris 1904. S. 10; *Nikolajew 1904, Einlage; Durrieu P.:* Le Manuscrit de l'Estrif de Vertu et de Fortune de Martin le Franc, avec des peintures de Jean Fouquet. *In:* Académie des Inscriptions et Belles-Lettres. Comptes-rendus des séances de l'année 1913. *Paris 1913. S. 268; *Jaremitsch 1914, S. 39, 40, Abb. zwischen S. 38 und 39; Blum A., Lauer Ph.: La Miniature française au XVe et XVIe siècles. Paris — Brüssel 1930. S. 66, Taf. XVII; Laborde 1936–1938, S. 88–89, Taf. XL; Perls K.G.:* Jean Fouquet. *London; Paris; New York 1940. Taf. 267; Schaefer C.:* Recherches sur l'iconologie et la stilistique de l'art de Jean Fouquet. *Bd. 2. Lille 1972. S. 305–307; Lombardi S.: Jean Fouquet. Florenz 1983. S. 123, 124, Taf. 124; Laborde A.:* De quelques manuscrits à peintures des Bibliothèques de Petrograd. *In:* Comptes-rendus des scéances de l'Académie des Inscriptions et Belles-Lettres. *Paris 1917. S. 13.*

172. Bl. 1v: FRONTISPIZ

Im Zentrum der ideal ausgewogenen Komposition sitzt auf einem kurulischen Stuhl (»faudestuel«) unter einem Baldachin (»dais en tissus«) der Schiedsrichter des Disputs, eine nicht mehr junge, doch erfahrene Frau in Nonnenkleidung – die Allweisheit. Rechts steht vor ihr die Fortuna in einem Kleid, das in allen Regenbogenfarben schillert, was auf ihre Unbeständigkeit hindeutet. Ihr zu Füßen hockt eine Eule, die hier einen Vorboten des Todes symbolisiert. Im Hintergrund ist auf einem Fels eine düstere Ruine zu sehen, die auf das traurige Schicksal derer hinweist, die sich der Macht der Fortuna hingegeben haben. Mit der einen Hand hält Fortuna die Kurbel ihres Rades, mit der anderen weist sie auf ihre Rivalin und droht ihr gleichsam mit ihrem Stab. Zu Füßen der links stehenden Tugend, einer Dame in einem hohen Kopfputz und einem Gewand von edlen Farben, steht ein Pfau, das Symbol der Ewigkeit und der Wiedergeburt. Hinter ihr erhebt sich ein schönes Schloß, das wie ein Kristall den Felsen krönt.
Die Weisheit hört aufmerksam den Rivalinnen zu und deutet nur durch eine leichte Kopfwendung an, daß sie der Tugend geneigt ist. Der Streit um das menschliche Schicksal, um die sittliche Haltung verläuft auf einem wunderschönen, Friede und Ruhe atmendem Boden. Der Hintergrund ist hier, wie auch in vielen anderen Miniaturen Fouquets, von den lichtdurchfluteten Bildern des Loiretals inspiriert.

Cy commance lestrif de vertu et
fortune divise en troys livres
ou premier est demonstre le povoir
& foible estat de fortune Lacteur
Enfant comme
le monde se varie
Dessoubz le ciel q
souvent chavie
En occident. sās trespasser sa bourne
Vng temps sen va & vng autre retorne
Vng royaume est abbatu de la guerre
Lautre est en paix florissāt sur la terre
Cil en dormāt desproveu de merite
Honneurs. tresors. & richesses herite
Tu pour scavoir. pour labeur & pour soutin
Jamais nauras de bon eur vng plain
point

173
GUIDO PARATI CREMENSIS (GUY PARAT)
Drei Traktate über die Erhaltung der Gesundheit
Trois Traitiez de la Conservation et garde de la Santé
Niederländisches Burgund. Mitte 15. Jahrhundert

132 Bll. 225 x 170 mm (Text 145 x 102 mm). Pergament. Französisch
1 Miniatur auf Blatt 2v mit einem prächtigen Rahmen; auf Bl.4v (Anfang des 1. Traktats) eine Initiale mit dem Wappen Philipps des Guten und ein ornamentaler Rahmen mit einer Devise, heraldischen Motiven und einem Affen; die Anfangsblätter des zweiten und dritten Traktats sowie einige Abschnitte haben am Rand rechts (manchmal auch links) eine vegetabilische Bordüre; goldene Initiale auf rotem oder blauem Grund mit Pflanzenschößlingen am Anfang des Kapitels.
Einband: 15. Jahrhundert. Holzdeckel, mit braunem Leder bezogen; darüber grün gemusterter Brokat; restaurierter Rücken aus braunem Leder mit goldgeprägtem Muster zwischen fünf Bünden; Vorsätze aus weißem Pergament; vergoldeter Schnitt. Fr.Q.v.VI,1.

Die Handschrift ist eine französische Übersetzung (1448) von medizinischen Traktaten des italienischen Humanisten Guido Parati, Medizinprofessor der Universität Pavia, der im Dienst des Herzogs von Mailand stand. Der Codex sollte Philipp dem Guten, Herzog von Burgund, geschenkt werden, deshalb wurde seine Illuminierung einem erstklassigen Meister anvertraut. Die Komposition dieser Miniatur und insbesondere die Interpretation der Gestalt des »Großen Herzogs des Westens« zeigen Ähnlichkeit zur gut bekannten Miniatur, die Rogier van der Weyden zugeschrieben wird (Brüssel, Bibliothèque Royale, MS. 9241, f. 1) und die Jean Wauquelin zeigt, der zwischen 1440 und 1450 Werkstattleiter in Mons und Übersetzer der Chroniken des Hennegau war, als er Philipp dem Guten sein Werk überreicht. Die raffinierte Zeichnung, die feine Harmonie der dezenten Farbtöne, die eleganten Silhouetten und die etwas manierierten Posen, die Fähigkeit, mit knappen Mitteln eine Porträtähnlichkeit zu erzielen, lassen erkennen, daß wir es mit einem vorzüglichen Beispiel der verfeinerten aristokratischen Kunst zu tun haben, die am Hof von Burgund florierte. Besonders interessant ist der »Durchbruch« in die Außenwelt, der den Raum der Miniatur erweitert. Er wurde virtuos von den niederländischen Malern des 15. Jahrhunderts erarbeitet. Der Blick des Betrachters wandert durch eine große Halle, an deren glasbemaltem Fenster eine Dame und ein Kavalier im Gespräch stehen.

Diese Motive erinnern an einige Interieurs, die auf den Altarflügeln mit Szenen aus dem Leben des hl. Bertin aus der Klosterkirche von St.- Omer dargestellt sind (heute Berlin-Dahlem, Staatliche Museen). Der Altar ist 1459 von Simon Marmion gemalt worden.

Laborde und Durrieu schreiben die Miniatur Jean Hennecart aus Lille zu, heute aber sind die Forscher eher geneigt, Simon Marmion als Autor anzusehen.

Die Handschrift gehörte zum Bestand der Bibliothek der Herzöge von Burgund und behielt den ursprünglichen Einband, der in alten Inventaren als *»Livre couvert de drap damas vert«* vermerkt war. Das Schicksal des Codex im 16.–17. Jahrhundert ist unbekannt. Im 18. Jahrhundert gehörte er den Grafen Saluski.

GELANGTE 1795 IM BESTAND DER SAMMLUNG DER GRAFEN SALUSKI IN DIE KAISERLICHE ÖFFENTLICHE BIBLIOTHEK (1849–1861 EREMITAGE, REF. 5.2.51)

*LITERATUR: Barrois 1830, S. 294, 2069; Gille 1860, S. 79; Bertrand 1874, S. 163; *Nikolajew 1904, Einlage; *Jaremitsch 1914, S. 40; Laborde 1936–1938, S. 99–101, Taf. XLIII; La Librairie de Philippe le Bon (Catalogue bearbeitet von G. Dogaer et Debae). Brüssel 1967. S. 89; Pächt O., Jeuni U., Thoss D.:* Die illuminierten Handschriften und Inkunabeln der Österreichischen Nationalbibliothek. *Bd. 6: Flämische Schule I. Wien 1983. S. 31, 32, Abb.. 28; Woronowa, 1984; Avril, Reynaud, S. 87, Anm. 38.*

173. Bl. 2: PHILIPP DER GUTE, HERZOG VON BURGUND, EMPFÄNGT DIE HANDSCHRIFT

Die Devise des Herzogs *Aultre n'auray* und sein mit der Ordenskette des Goldenen Vlieses geschmücktes Wappen sind unten in die Bordüre eingefügt. Ein Bär, ein anderes Emblem des Hauses Burgund, hebt sich unter den Vögeln und Tieren, die zwischen den Blumen, Akanthusblättern und den Weinrebentrieben sich tummeln, hervor. Im Katalog der Flämischen Handschriften der Wiener Österreichischen Nationalbibliothek wird mit dieser prächtigen Umrahmung der Schmuck der Blätter im Cod. 2583 (nach 1453) verglichen, aber der Stil der Miniaturen im Wiener Codex, der vom »Maître des Privilèges« illustriert wurde, unterscheidet sich von dem Marmions. Die Verfasser des Katalogs sind der Meinung, daß die Umrahmungen dieser beiden Handschriften, die für Philipp den Guten angefertigt waren, dem gleichen Buchmaler gehören, während die Illustrationen von verschiedenen Meistern stammen. Unter der Miniatur steht eine Widmung: Dem noblen und sehr exzellenten Fürsten, dem Herzog von Burgund, Guy Parat, Kavalier und Physiker des Herzogs von Mailand. Hervorzuheben ist, daß das Buch, das der Autor dem Herzog überreicht, den gleichen grünen Einband wie den bis heute erhaltenen des Codex hat.Die Gesichtszüge des Herzogs von Burgund und des Übersetzers (Jean Wauquelin ?) sind getreulich wiedergegeben, die der übrigen Figuren sind so verallgemeinert, daß sich die Dargestellten nicht identifizieren lassen.

A treshault tresnoble et tresexcellent prince mons
le duc de Bourgongne &c. Guy parat chevalier
z phisicien de mons le duc de milan treshumble
recommendation
Comme nostre saint pere pius deu
sieme de ce nom tenst journee des
princes crestiens en la cite de ma
tua

174-189
DIE GROSSEN FRANZÖSISCHEN CHRONIKEN
Les Grandes Chroniques de France
Niederländisches Burgund. Mitte 15. Jahrhundert

441 Bll. 465 x 325 mm (Text 325 x 230 mm). Pergament. Französisch
25 Miniaturen (215 x 258 mm), 65 Miniaturen (65 bis 110 x 165 mm);
weitere Miniaturen (100 x 140 mm, 105 x 120 und 110 mm).
Die Rahmen, die die farbigen Hauptminiaturen einfassen, sind aus dünnen, geschweiften Zweigen und goldenen, ins Ornament eingeflochtenen Blättern, stilisierten Blüten und Distelblumen zusammengestellt. Die Rahmen der übrigen Miniaturen sind bescheidener und nach einer Schablone ausgeführt, die für diese Werkstatt typisch ist.
Die farbigen Initialen bilden mit der Illuminierung des gesamten Blattes eine Einheit
Einband: 20. Jahrhundert. Karton, mit schwarzem Samt bezogen
Erm.fr.88.

Der Codex enthält die Geschichte Frankreichs von den ältesten Zeiten bis zum 14. Jahrhundert. Der Text der Handschrift ist mit der offiziellen Variante der *Großen Französischen Chroniken*, die im Kloster Saint-Denis nahe Paris geschaffen wurde, nicht absolut identisch. Der Verfasser der Handschrift folgte der offiziellen Variante bis 1226. Die Periode von 1226 bis 1327 wird nach den *Chroniken* von Guillaume de Nangis dargelegt. Der abschließende Teil der Handschrift basiert auf den *Flandrischen Chroniken*, die im Kloster Saint-Bertin in Saint-Omer entstanden. Solch eine Struktur des Textes ist durch die politische Ausrichtung der *Chroniken* zu erklären. Ihr Auftraggeber, Abt Guillaume Fillastre, verfolgte die Interessen Burgunds und war bestrebt, die Ansprüche Philipps des Guten, des »Großen Herzogs des Westens«, auf die Königskrone Frankreichs zu begründen. Wie G. Tschernowa in ihrer Forschungsarbeit gezeigt hat, zeichnet eine solche »proburgundische« Tendenz nicht nur den Text, sondern auch die Illustrationen aus. In der Illuminierung dieser hervorragenden Handschrift sind besonders die verfeinerten Zeichnungen, das harmonische Kolorit und die unübertreffliche narrative Kunst der 14 farbigen Miniaturen hervorzuheben. Die übrigen Illustrationen sind in einer Technik ausgeführt, die der Grisaille nahekommt. S. Reinach, nachdem er sich 1901 als erster mit der Handschrift beschäftigt hatte, identifizierte den Hauptmeister mit dem namhaftesten burgundischen Künstler Simon Marmion (1420–1489) aus der Picardie. Der Mangel an ausreichenden Angaben über den Meister zu Beginn des Jahrhunderts gab Anlaß, an seiner Urheberschaft zu zweifeln (Durrieu z.B. hielt Philippe de Mazerolles für den Hauptmeister), obwohl jetzt, da unsere Kenntnisse über die Malerei des 15. Jahrhunderts sich wesentlich vertieft haben, feststeht, daß die Petersburger Handschrift ein Meisterwerk von Marmion ist. N. Reynaud hat den Beitrag des Meisters zu dieser Handschrift weiter präzisieren können.

Der Codex wurde vielleicht im Kloster Saint-Bertin zur Zeit des Abts Guillaume Fillastre für Herzog Philipp den Guten hergestellt und gehörte zu dessen Sammlung. In der zweiten Hälfte des 16. und im 17. Jahrhundert ist die Handschrift in sämtlichen erhaltengebliebenen Inventaren der in Brüssel befindlichen Bibliothek der burgundischen Herzöge verzeichnet. Die Handschrift verschwand um die Mitte des 18. Jahrhunderts, während des Siebenjährigen Krieges. Courchotat d'Esnaus hat sie entwendet, als er 1748 Kommissar der französischen Regierung in Brüssel war. Um die Handschrift verkaufen zu können, haben seine Erben den Einband ausgetauscht und das erste und letzte Blatt entfernt, auf denen die Zugehörigkeit der Handschrift zur burgundischen Sammlung vermerkt war. Im Jahre 1807 wurde die Handschrift vom Pariser Buchhändler de Bure erworben, bei dem sie Graf F. Potocki kaufte. Letzterer verkaufte sie 1838 dem Zaren Nikolaus I., der sie der Ermitage-Bibliothek (4.2.13) übergab.

GELANGTE 1861 IN DIE KAISERLICHE ÖFFENTLICHE BIBLIOTHEK

LITERATUR: Barrois 1830, S. 234, Nr. 1638; Reinach S.: Un manuscrit de la bibliothèque de Philippe le Bon de la Bibliothèque à Saint Pétersbourg. *In:* Gazette des Beaux-Arts. *1903. S. 265–279; Idem. Paris 1904. 79 S., 41 Taf.; *Nikolajew 1904, S. 101, 102, 110; Bayot A.:* Sur l'exemplaire des »Grandes Chroniques« offert par Guillaume Fillastre à Philippe le Bon. *In:* Mélanges Godefroid Kurth. *Bd. 2. Liège, Paris 1908. S. 183–190; *Tschernowa G.A.: Die Miniaturen der Großen Französischen Chroniken. Moskau 1960; *Jaremitsch 1914, S. 41; Warren Hoffman E.:* The Simon Marmion re-considered. *In:* Scriptorium. *1969. Bd. 23. Nr. 2. S. 243–272, Taf. 83, 84a, 84b;* Idem. Simon Marmion or »The Master of the Altarpiece of Saint-Bertin«. *In:* Scriptorium. *1973. Bd. 27. S. 263–290; Woronowa T.P.:* Les Grandes Chroniques de France. Enluminures du XVe siècle. *Léningrad 1980; Dogaer,* Flamish Miniature Painting in the 15th and 16th century, *Amsterdam, 1987, S. 51, 53, 55, 185, Abb. 24 und 26; Avril, Reynaud, S. 82-84, Beschr. 36.*

174. Bl. 1r: PHILIPP DER GUTE, HERZOG VON BURGUND, EMPFÄNGT AM 1. JANUAR 1457 DIE HANDSCHRIFT VOM ABT GUILLAUME FILLASTRE

Links von Philipp steht der Kanzler Rolin, rechts – Graf Charolais (der künftige Karl der Kühne), Jean Chevrot, Bischof von Tournai, und Antoine von Burgund. Hier zeigte sich Marmion als außergewöhnlicher Porträtmaler, der nicht nur die individuellen Züge, sondern auch die Gemütsbewegungen wiederzugeben vermochte.

S. 146

175. Bl. 36v: AUFTEILUNG DES FRANKENREICHS DER MEROWINGER UNTER DIE VIER SÖHNE CHLODWIGS IM JAHRE 561

Links sieht man die Beratung der Söhne und die Vertreibung Chilperichs aus Paris. Im Zentrum beschuldigt der hl. Hermann den Chilperich des Verrats. Rechts oben sieht man den Übergang des Hunnenkönigs Attila über die Mainzer Brücke und die Zerstörung von Metz. Unten ist eine Episode aus der Legende von der Vision Gunthers, König von Burgund und Orléans, gezeigt.

S. 147

176. Bl. 120v: KRÖNUNG KARLS DES GROSSEN

Rechts: die Krönung Karls des Großen zum Kaiser im Jahre 800 in der Peterskirche zu Rom. Links unten empfängt Karl die Geschenke des Perserkönigs Aaron und des sarazenischen Emirs Abraham. Links oben die Belagerung Venedigs durch Pippin, den Sohn Karls.

Treshault tresexcel
lent trespuissant prin
ce et mon tresredoubte
seigneur Monseign^r
Phelippe par la grace
de dieu duc de bourgoingne de loth de
brabant et de lembourg Conte de flandres
dartois de bourgoingne Palatin de hayn
nau de hollande de zeellande et de Na
mur Marquis du saint empire
Seigneur de frise de salins et de
Malines Vostre treshumble et tres
obeissant subiect serviteur et devot
orateur Guillame par la divine pa
cience indigne evesque de toul et hu
ble abbe de labbaye saint bertin de ser

norablement mis en sepulture en
labie s. maart · si cõme il auoit p
auant deuise · Il y auoit · xxv · milez
de la ou il trespassa · iusquez la il fu
portes · Ses · iiii · fieux estoient p̃nt
qui moult hõnorablement le firent
porter toute la voie · A grans pcessi
ons de gens de religion · qui lame
recõmanderent a n̄re s · et faisoient

le seruice et office diuin selone ce
que a noblece de roy doit appartenir ·
Ceste hystoire demoustre et enseigne cõ
ment les · iiii · filz clotaire partirent le
roialme · et bouterent hors de paris chil
pic leur frere qui lor auoit rauie ·
Item cõmt rocus passa le pont de maience
et destruist la cite et celle de mes · Item
du castoy que fist s. germain au roy childebt
De la vision le roy gontra en dormat a la cache

Apres le mort le roy
clotaire · fu li roia
mes departis as
· iiii · freres · mais
chilpris qui plus
sages et plus malicieus estoit que
nulz des aultres a qui ne souffissoit
pas tel partie que il deuoit auoir
par droit sort · alla a paris saisir ·
les tresors son pere au plus tost
quil pot · Les poissans franchois ma
da · et acquist lor amour par dons
et par promesses · en tel maniere
se mist en possession du royalme ·

Mais les aultres freres qui pas ne
sacorderent a ce · sassamblerent et
entrerent en la cite soudainement
que chilz nen sceut mot qui estoit
despourueus contre lor venue · Hors le
bouterent · puis lui manderent que
sil se voloit assentir que tout le roi
alme qui fu leur pere · fust partiz en
· iiii · parties equaus · ilz le rapeleroi
ent · Rapeles fu donquez en tel ma
niere · Lors partirent le roialme en
· iiii · Childeberz qui aisnes estoit · ot
le roialme de paris · qui ot este son
oncle childebert · Gontrans ot le roi

Le jour de la
nativite entra
li rois en leiuli
se saint piere
droit en ce point
que on debuoit celebrer la grant
messe ainsi comme il se fu encli
nez devant lautel · li apostoles le
ons li assist la courone imperial
sour le chief · Lors commanca li
peuples a crier en tel maniere
au grant charlemaine auguste

couronne de dieu · paisible empereor
des romains soit vie et victoire
apres les loenges de peuple · li papes
le courona et vesti des garnimens
empiraus selonc la coustume des
anciens princes · et fu apeles dilluec
en avant emperes augustes · Pou
de jours fu apres que il manda q
ceulz qui lapostole leon avoient
depose fussent devant lui amenez ·
et puis furent iugies selonc les
lois de romme des chiefs pdre

177

177. Bl. 154v: GESCHICHTE ROLANDS

Links unten empfängt Karl der Große vom Verräter Ganelon die Gaben der Sarazenenkönige Marsile und Balligante. Im Zentrum: die Schlacht bei Roncevalles. Links oben: der Zweikampf Rolands mit Marsile. Rechts liegt unter einem Baum der verwundete Roland, zu seinen Füßen ein Horn. Weiter rechts rät Ganelon dem König Karl ab, Roland zu Hilfe zu eilen. Rechts unten und oben: die Vision Turpins, des Bischofs von Reims: Der Erzengel Michael trägt die Seele Rolands empor, während Teufel die Seelen der Sarazenen in die Hölle schleppen. Unter der Vision: die Vierteilung Ganelons.

178. Bl. 39r: GESCHICHTE CHILPERICHS

Die linke Seite der Miniatur zeigt, wie König Chilperich Galswintha, die Tochter des Königs der Westgoten, heiratet und sie danach auf Betreiben Fredegundes erwürgt. Rechts unten sieht man Chilperich und seine zweite Frau Audovère, die von der heimtückischen Fredegonde verleumdet wurde. Letztere wird schließlich Königin. Rechts oben sieht man Tournai, das von König Sigibert, dem Bruder Chilperichs, belagert wird, und den Tod Sigiberts durch die Hand der von Fredegunde heimlich geschickten Mörder.

les huns baptisies· et coment il haioit
le roy goutran
De xvii^e. Coment les·ii·rois murent
guerre contre le tiers et coment il; fi
rent paix
De xviii^e. coment fredegonde fist
iustice des sorcieres· et coment li rois
chilpris envoia sa fille en espaigne
De xix^e. coment fredegonde mist lui
et son fil; en le garde le roy goutran
De xx^e coment fredegonde fist oci
re le roy chilpric son seigneur
De xxi^e. coment godoal; fu nes et
coment il fu fais rois
De xxii^e coment li rois goutrans
traita vilainement les messages le
roy chil debert son neveu
De xxiii^e. coment pretextes fu rape
le; de exil· et coment fredegonde cuida
faire ocirre brunehaut
De xxiiii^e. comment li rois goutrans
fist ocirre oberulphe en en latre
saint martin de tours
De xxv^e. comment godoals tra
mist ses messages au roy goutran·
et comment il saisist une partie
du royalme·
Coment li rois sigebers fu ocis en son tref p fred
Comt le roy cilpic mada galsode en espaigne et
comt il lestrangla et comt il laissa la ve p fredeg
Chilperis li rois de
soissons estoit si ha
bandonnes a luxure
que tout adies me
noit il grans tour
bes de femmes avecq lui contre
lonnestete de son estat· plus le ser
voient pour se biaute que elles ne
faisoient pour se noblece ne pour
taleus· volante lui prist de faire

179

180

179. Bl. 102r: WIE KARL MARTELL AUS DEM KERKER SEINER STIEFMUTTER ENTFLOH UND AUF WELCHE WEISE ER ZUM HERRSCHER ZWEIER KÖNIGREICHE WURDE

Gezeigt sind drei Schlachten, nach denen Karl Martell Alemannien, Schwaben und Bayern eroberte. Links oben Martell im Schloßkerker zu Köln.

180. Bl. 422r: DIE SCHLACHT BEI CRECY

Im Jahre 1346 erlitten die Franzosen durch das englische Heer unter Anführung Eduards III. eine vernichtende Niederlage. Unten, im Zentrum, sieht man den gefallenen Herzog von Alençon. etwas höher kämpft der König von Böhmen, Johann von Luxemburg, der Verbündete der Franzosen, mit einem zweihändigen Schwert. Rechts rettet sich König Philipp nach der Niederlage durch die Flucht nach Amiens.

181. Bl. 373v: VOM AUFSTAND DER GRAFEN VON FLANDERN

Rechts oben, auf dem Hügel, die Befestigungen von Cassel. Das Hauptsujet ist die berühmte »Schlacht der goldenen Sporen« bei Kortrijk (Courtrai) im Jahre 1302, in der die französischen Ritter eine vernichtende Niederlage durch das flandrische Bürgertum erlitten. Im Zentrum ist der vom Pferd stürzende Anführer der Franzosen Robert d'Artois zu sehen.

Ore vous dirons de
ceulx de bruges q̃
par droit auoient
fourfait corps et
auoir et pensoi
ent bien que la chose ne pooit mie
ensi demourer si enuoierent querre
guillame de Julers et lui requisent
que pour dieu il venist vers eulx et
emprensist la guerre a la deliurance
du comte guy son oncle qui en prison
estoit · et lui offrirent or et argent
a grant foison · Tantost guillame
ot conseil · si y vint a tout leffort
quil y pooit auoir · Apres manderent le comte iehan de namur et
monsigneur guy et monsigneur
henry son frere les quelz tantost
emprendirent la guerre auecques
eulx · Puis assambla guillame de
Julers son ost et prinst auec lui
vne partie de ceulx de bruges et
sen vint a dicsmue a ypre et puis
a furnes · les quelz se rendirent tost
a lui · puis se traist vers berghes
a tentes et a pauillons · et quant
monsigneur wale parele lentendi ·
qui de par le comte dartois y estoit ·
et sceut quil auoit la enuoyer a
lencontre pour eulx rendre si fist
armer ses gens et se parti de la
ville et sen vint a cassel · Illuecques
trouua le castel tout vuit et y fist
entrer de par le roy monsignr̃ iehan
de haueskerke et monsigneur gil
lon son frere · et puis le fist garnir

Coment par Revelation divine demoustree a vng religieux devot et digne · et a vng clerc sages et soubtis que le corps du Roy charle le chauf fust reportes et mis en le eglise monsigneur saint denis de france Item coment lespit audit Roy charle le chauf issy de son corps avant son trespas / et par vng espit fu menes es tormens de purgatoire ·

En endroit volons retraire lavision que nous avons promise · vu ans apres ce que le corps charle le chauf ot eeu a verziaus en leglise saint eusebe le martir apparut par la voulente nresigneur a vng moisne de saint denis en france qui par nuit gardoit leglise aus

183

182. Bl. 208v: DER TRAUM KARLS DES KAHLEN

Der König ist in der Ecke rechts unten mit einem geheimnisvollen Wesen dargestellt. Links unten lauschen König Ludwig der Stammler (Louis le Bègue) und sein Hof der Erzählung von der gespenstischen Erscheinung Karls des Kahlen, die befahl, seine sterblichen Überreste nach Saint-Denis zu bringen.

183. Bl. 338r: GESCHICHTE DES "GUTEN KÖNIGS LUDWIG IX." WÄHREND DES SIEBENTEN KREUZZUGS 1248–1254

Oben schwimmen Ludwigs Schiffe auf dem Nil. Links eine Schlacht mit den Sarazenen. Rechts bestattet der König eigenhändig die gefallenen Krieger.

Comment phelippes de valois fu couronnes a roy de france · et comment a le requeste du comte loys li rois mist le pays de fland' en s'bicõ

En lan de grace m · ccc · xxviij · que li roialmes de france estoit aussi comme vacthes · et que les barons nestoient pas dacort de faire roy · mais toutesvoies par le pourcach de monsigneur robert dartois fu la cose tant demenee que mons' phes qui fu fieux monsigneur charle de france et quens de valois fu esleus a roy de france · mais en ce temps sestoient les flamens nouvelement revelles contre leur comte et lavoient cachiet hors de la terre de flandres non contrestant la pair qui fu faite a arkes · Maintenant fist li rois adiourner tous ses barons quilz fussent a son courõnement a reims · Le iour de la trinite fu sacres avecq la royne sa fẽme · la quelle estoit serour au duc de bourgoigne · Illuecques fu fais chevaliers le comte loys de flandres et illuec requist au roy que pour dieu il vausist avoir pite de lui car ses gens lui estoient si rebelles quilz ne le voloient obeir · Tantost fist mander ses barons qui la estoient et lor requist que p la foy que ilz leur lui devoient que tous fussent en armes as octaves de

185

184. Bl. 398r: KRÖNUNG PHILIPPS VI.

Links, im Vordergrund, werden Philipp VI. und seine Gemahlin, die Schwester des Herzogs von Burgund, 1328 in Reims gekrönt. Rechts ist die Schlacht bei Cassel gezeigt, in der die Franzosen die aufständischen Flamen schlugen.

185. Bl. 322.: BEGINN DER REGIERUNGSZEIT LUDWIGS IX

Von einem Gehilfen Marmions ausgeführte Miniatur. Links Zusammenstoß der Armee des Königs mit rebellischen Truppen der Grafen de la Marche, der Bretagne und Champagne. Mitte: Belagerung des Schlosses von Bellême; rechts Bau der vom Königs gegründeten Abtei von Royaumont.

186

187

188

186. Bl. 29v: WIE DIE KÖNIGE CHILDEBERT UND CHLOTAR DIE STADT SARAGOSSA BELAGERTEN UND WIE DER RÖMISCHE FÜRST BELISAR VON DEN FRANKEN GETÖTET UND PARTHEMIE GESTEINIGT WIRD

187. Bl. 301r: AUF WELCHE WEISE DER FRANZÖSISCHE KÖNIG PHILIPP-AUGUST DAS SCHLOß AUBEMALL EROBERTE UND ZERSTÖRTE UND KÖNIG RICHARD LÖWENHERZ VERTRIEB, DER UNERWARTET SEIN HEER ANGRIFF

188. Bl. 361r: WIE PHILIPP, SOHN LUDWIGS DES FROMMEN, IN REIMS GEKRÖNT WURDE
Oben ist der Kampf um Limburg zwischen den Herzögen von Brabant und Luxemburg gezeigt.

189. Bl. 354 v.: AUFBRUCH LUDWIGS IX.
ZUM ACHTEN KREUZZUG IM JAHRE 1270

Links unten Ludwig IX. beim Verlassen der Kirche begleitet von Priestern und dem Erzbischof. Rechts zum Aufbruch nach Tunis bereite Schiffe.

190, 191
GERVAIS DU BUS. ROMAN VON FAUVEL
Le Roman de Fauvel
Frankreich. Mitte 15. Jahrhundert

51 Bll. 230 x 160 mm (Text 165 x 60 mm). Pergament. Französisch
2 halbseitige Miniaturen in Rahmen mit der Devise: Va, Hativité m'a brulé;
am Schluß des Textes, wie Gille annimmt, die Signatur des Kopisten: Demanne
Einband: 17. Jahrhundert. Karton, mit violettem Samt bezogen
Fr.O.v.XIV,1.

Der *Roman von Fauvel* ist ein satirisch-didaktisches Poem in zwei Teilen aus dem Anfang des 14. Jahrhunderts, verfaßt von Gervais Du Bus, einem Kleriker normannischer Herkunft, königlichem Notar unter Philipp IV. dem Schönen. Der Autor geißelt die Sitten des Klerus und der zeitgenössischen Gesellschaft – den Papst, die Bettelorden und die königliche Regierung. Fauvel ist ein Phantasiewesen und verkörpert die Verlogenheit, Eitelkeit und Nichtigkeit. Der Name dieses Wesens ist aus den Anfangsbuchstaben der Wörter zusammengestellt, welche die menschlichen Laster bezeichnen: Flatterie (Schmeichelei), Avarice (Geiz), Vilenie (V = U; Habsucht), Variété (Unbeständigkeit), Envie (Neid), Lacheté (Feigheit). Der Stil der Miniaturen und die Kostüme der Personen ermöglichen eine Datierung der Illuminierung in die Mitte des 15. Jahrhunderts. Laborde vergleicht die Miniaturen mit den Werken von Jean Fouquet oder »Meister François«.

Gegenwärtig neigen die Forscher dazu, die Miniaturen der Petersburger Handschrift Meister Jouvenel des Ursins zuzuschreiben, der um die Mitte des 15. Jahrhunderts im Loiretal tätig war. J. Plummer nimmt an, daß der wahrscheinlichste Herstellungsort des Fauvel und einiger anderer, ihm in der Manier besonders nahestehender Handschriften Angers sei.

Nach den Angaben von Laborde, der die Devise des Anagramms gedeutet hat, gehörte der Codex im 15. Jahrhundert Mathieu Beauvarlet, einem Vertrauensmann Ludwigs XI., später gelangte sie in die Bibliothek Saint-Germain-des-Prés. Letzteres wird jedoch durch keine Spuren auf der Handschrift bestätigt. Dubrowsky erwarb den Codex Ende des 18. Jahrhunderts.

GELANGTE 1805 IN DIE KAISERLICHE ÖFFENTLICHE BIBLIOTHEK (1849–1861 EREMITAGE, 5.2.101)

*LITERATUR: Montfaucon 1739, Bd. 2. S. 1109, Nr. 811; Gille 1860, S. 79; Bertrand 1874, S. 184; *Jaremitsch 1914, S. 40, Abb. zwischen S. 38 und 39; Laborde 1936–1938, S. 104–106, Taf. XLIV, XLV;* Le Roman de Fauvel de Gervais Du Bus, publié d'après tous les manuscrits connus par A. Längfors. *Paris 1914–1919; Plummer J. (with the ass. of Gr. Clark):* The Last Flowering: French Painting in Manuscripts 1420–1530 from American Collections. *New York; London 1982. S. 33.*

190

190. Bl. 1r: MINIATUR ZUM ERSTEN TEIL DES ROMANS
Gezeigt sind die Vertreter sämtlicher Gesellschaftsschichten vom Bauer, Städter, Mönch und Priester bis zum Würdenträger, Bischof und Kardinal, einschließlich König und Papst. Sie alle säubern, kämmen und reiben eifrig Fauvel ab, der als »wilder« Esel (fauve fr. — wild) dargestellt ist. Seine Farbe ist ein Symbol der Eitelkeit. Durch die offene Tür werden Heubündel herangeschleppt. Auf dem Randfeld ist außer den Bändern mit der Devise noch ein Affe dargestellt — ebenfalls eine Allegorie des Lasters.

191. Bl. 20r: MINIATUR ZUM ZWEITEN TEIL
Im zweiten Teil des Romans wird vom mißglückten Versuch Fauvels berichtet, Fortuna zu heiraten. Links steht Fortuna mit ihrem ständigen Glücksrad, umringt von Damen, die die Eitelkeit der Gesellschaft personifizieren. Rechts begibt sich zu Fortuna das Ehrengeleit Fauvels. Im Hintergrund: ein Landschaftbild mit Stadt und Fluß.

De fauuel bien oy auez
Comme il est pignez et lauez
Mais pource que necessite
Sert a toute humanite
De fauuel congnoistre listoire
Et bien retenir en memoire
Car il est de tout mal figure
Et si com nous dit lescripture
Nul ne puet bien eschever vice
Sil ne congnoist auant malice
Pource vueil je encore dire
Aucune chose qui satire

20.

192, 193
THOMAS VON AQUINO. SUMME DER THEOLOGIE
Thomas Aquinas. Summa Theologiae
Frankreich (Paris?). Mitte 15. Jahrhundert

228 Bll. 300 x 205 mm (Text 180 x 120 mm). Pergament. Latein
1 Miniatur und eine Bordüre mit Blumenornament; eine Vielzahl von farbigen Initialen "D" auf goldenem Grund am Anfang der Abschnitte mit einem Halbrahmen und kleinen Goldinitialen "A" mit Blumenornament
Einband: 18. Jahrhundert (restauriert). Karton, mit dunkelbraunem Leder bezogen; Deckel und Rücken goldgeprägt; vergoldeter Schnitt; Exlibris von P.K. Suchtelen
Lat.Q.v.I,137.

Die Handschrift enthält den Text der *Prima Secundae Summa Theologiae* des Thomas von Aquino (1225/26-1274), des größten scholastischen Philosophen des Mittelalters. Das Ende des Werks (die Aufsätze 4-10) fehlt. In den Katalogen von Gille und Laborde sind Autor und Inhalt irrtümlich als Werk des Johannes Damaszenus identifiziert. Die richtige Attribution stammt von Schischmarjow.

Der gesamte Aufbau des Codex mit seiner raumsparenden, gedrängten Schrift, mit der strikten Korrelation von typischen Initialen verschiedener Bedeutung und den Kolumnentiteln ist ein Musterbeispiel für ein gut organisiertes, sachliches und dabei erlesenes französisches Buch des 15. Jahrhunderts, das womöglich in Paris, an der Universität, geschrieben worden ist. Das gemalte Wappen anstelle der Umrandung, das fälschlicherweise als das René d'Anjous bezeichnet wurde, ist in Wirklichkeit das Wappen von Mitgliedern der aragonesischen Dynastie von Neapel, insbesondere Alfonso, Sohn Ferdinand von Aragons, als Herzog von Kalabrien.

Das weitere Schicksal der Handschrift bis zum 19. Jahrhundert ist unbekannt. Gehörte zur Sammlung von Graf Suchtelen.

GELANGTE 1836 IM BESTAND DER SAMMLUNG SUCHTELEN IN DIE KAISERLICHE ÖFFENTLICHE BIBLIOTHEK (1849–1861 EREMITAGE, 5.2.24)

*LITERATUR: Gille 1860, S. 75; Laborde 1936–1938, S. 86, Taf. XXXVIII; *Schischmarjow 1927, S. 182–184.*

192

192. EXLIBRIS P. SUCHTELEN

193. Bl. 1r: TITELBLATT

In der üppigen, doch zierlichen Bordüre, die wie ein Spitzengeflecht den Text umrahmt, dominieren Blau, Rot und Gold, Farben, die typisch für die französische Illuminierung sind. In das Muster sind Erdbeeren, goldene Nüsse, Kornblumen und andere Blüten eingefügt. Im unteren Feld sehen wir das Wappen des Königs René. In der Miniatur ist ein gelehrter Dominikaner gezeigt (höchstwahrscheinlich Thomas von Aquin selbst). Er sitzt in einem mit teurem Stoff bezogenen Sessel vor einem Pult. Ihn umringen Zuhörer in Gewändern des Klerus und verschiedener Mönchsorden, von oben schwebt der Heilige Geist in Gestalt einer Taube mit Goldstrahlen herab — als Symbol der göttlichen Quelle für die vom Theologen ausgesprochenen Gedanken.

194-196
PSEUDO-SENECA (MARTIN DE BRAGA)
Formeln des tugendhaften Lebens
Cicero. Über das Alter. Über die Freundschaft
Pseudo-Sénèque. "Formulae Honestae Vitae" de Martin de Braga. Cicéron. La vieillesse. L'Amitié

Frankreich(Bourges). Drittes Viertel 15. Jahrhundert

109 Bll. 295 x 200 mm (Text 195 x 190 mm). Pergament. Französisch
3 Miniaturen zu Beginn eines jeden Traktats; eine Vielzahl von farbigen und goldenen Initialen
Einband: 16. Jahrhundert. Karton, mit hellbraunem Leder bezogen; goldgeprägtes gemustertes Mittelteil auf dem Vorder- und Hinterdeckel; auf dem Rücken 5 Bünde; vergoldeter Schnitt
Fr.F.v.III,1.

Drei aus dem Lateinischen übersetzte philosophische Traktate. Das erste wurde von Jean Courtecuisse, die beiden anderen von Laurent de Premierfait übertragen.

Wenn die Bordüren der Handschrift auf einer Kombination von Akanthusblättern, Reben und Blüten, die für die französische Illuminierung des 15. Jahrhunderts üblich sind, aufgebaut sind, so verraten die Miniaturen die Hand eines eigenständigen Künstlers von Format. Seine kalligraphische Manier zeigt Einfachheit und Logik in den Kompositionen, einen ruhigen Rhythmus der Figuren und des Faltenwurfs, eine feine graphische Durcharbeitung der architektonischen Details, eine Vorliebe für das niederländische Motiv der offenen Türen und Fenster, die den Innenraum mit der Landschaft verbinden. Laborde vermerkt die virtuose Pinselführung, die delikate Berührung des Pergaments, die Ausdruckskraft der Gesichter und findet, daß die Ausführungsmanier an den »Meister des Stundenbuchs Coetivy« anlehnt. Gegenwärtig nehmen die Forscher an, daß wir es hier mit einem Erzeugnis des »Meisters Karls von Frankreich« (Herzog von Berry, Bruder Ludwigs XI.) zu tun haben, der in den 1460er Jahren in Bourges oder in einer anderen Stadt des Loiretals tätig war. Die Handschrift, nach der dieser Meister benannt wurde und deren Gestaltung der Petersburger Handschrift nahekommt, ist das *Stundenbuch Karls von Frankreich* aus der Bibliothek Mazarin in Paris (ms. 473). Eine spätere Kopie (1470–1480) der Petersburger Handschrift wurde in der Privatsammlung Philipps aufbewahrt (verkauft 1966 auf der Auktion Sotheby's). Gille war der Meinung, daß die Handschrift für Ludwig von Frankreich, den Onkel Karls VI., ausgeführt worden war. Nach Laborde gehörte sie zum Bestand der Bibliothek Saint-Germain-des-Prés, aus der sie zu Dubrowsky gelangte. Aber die Handschrift hat keine Chiffre von Saint-Germain. Vermutlich ist sie im Auktionskatalog beim Verkauf der Sammlung von Louis-Jean Gaignat (*Catalogue des livres du cabinet de feu M. Louis-Jean Gaignat. Disposé et mis en ordre par G.F. de Bure le Jeune*. Bd. 1. Paris, 1769. S. 219, Nr. 840) beschrieben. Auf dem Vorderdeckel ist eine Bleistiftnotiz erhalten: 51497 0 75000 35.

GELANGTE 1805 IN DIE KAISERLICHE ÖFFENTLICHE BIBLIOTHEK (1849–1861 EREMITAGE, 5.2.41)

LITERATUR: Gille 1860, S. 73; Bertrand 1874, S. 93; Laborde 1936–1938, S. 66–68, Taf. XXVIII; Haselbach H.: Sénèque des IIII vertus. La »Formulae honeste vitae« de Martin de Braga (pseudo-Sénèque), traduite et glosée par Jean Courtecuisse (1403). Etude et édition critique. *Bern; Frankfurt 1975; Plummer J. (with the ass. of Gr. Clark):* The Last Flowering. French Painting in Manuscripts 1420–1530 from American Collections. *New York; London 1982. S. 47, 48; Woronowa, 1984, 2 Tfln.; Avril, Reynaud, Nr. 82, Beschr. 162-163.*

194

195

196

194. Bl. 1r: MINIATUR
ZUM ERSTEN TRAKTAT
Vor dem Gelehrten (Autor), der an einem Holzkatheder sitzt, stehen vier Damen in Turbanen, die die Tugenden symbolisieren: links — die Vernunft und Gerechtigkeit, rechts — die Mäßigkeit und Enthaltsamkeit.

195. Bl. 19r: MINIATUR
ZUM ZWEITEN TRAKTAT
Cato und die vor ihm stehenden Scipio und Lelius. Links Cicero beim Verfassen des Traktats *Über das Alter.*

196. Bl. 61r: MINIATUR
ZUM DRITTEN TRAKTAT
Lelius (links), Ennius und Scaevola (im Zentrum); Cicero verfaßt das Traktat *Über die Freundschaft* (rechts).

197-202
JEAN DE COURCY. WELTCHRONIK
Chronique de la Bouquechardière
Frankreich (Rouen). Um 1470

In zwei Bänden: 182 und 164 Bll. 430 x 310 mm (Text 290 x 200 mm). Pergament. Französisch
6 Miniaturen in Ornamentalrahmen (je drei pro Band); zahlreiche farbige Initialen mit Gold und einer kleinen vertikalen Bordüre
Einband: 16. Jahrhundert. Holzdeckel, mit grünem Samt bezogen; Monogramm auf dem Vorder- und Hinterdeckel; Verschlüsse und Eckenbeschläge aus vergoldetem Silber (Laborde ordnet die Codices ihrem Einband nach der Bibliothek der Familie Urfé zu); das Monogramm enthält die Buchstaben: O.I.A.P.F.R., wahrscheinlich der Name des Eigentümers; vergoldeter Schnitt
Fr.F.v.IV,13/1–2.

Diese Weltchronik, zusammengestellt zwischen 1416 und 1422 vom normannischen Ritter und Historiker Jean de Courcy, Seigneur de Bourg-Achard (1350–1431), besteht aus sechs Büchern: Das erste ist Griechenland, dem ersten nach der Sintflut besiedelten Land, das zweite — der Gründung Trojas und seiner Zerstörung durch die Griechen, das dritte — der Gründung anderer Staaten durch die Trojaner, das vierte — den Assyrern und ihrer Machtherrschaft, das fünfte — den Makedoniern und den Heldentaten Alexanders, das sechste — dem Aufstand des Mattathias und der Makkabäer gegen Antiochos Epiphanes von Syrien gewidmet. Der Codex erinnert inhaltlich und bildlich an die Handschrift aus der Nationalbibliothek Frankreichs (fr. 20124), die der Sammlung La Vallière entstammt und ausführlich im Auktionskatalog 1783 beschrieben ist (*Catalogue des livres de la bibliothèque de feu M. le duc de la Vallière*. Bd. 3. Paris 1873. S. 58, Nr. 4601; Supplement. S. 7, Nr. 11). O. Pächt und S. Thoss bringen die Beschreibung eines entsprechenden Exemplars dieses Werks aus der Österreichischen Nationalbibliothek Wien (Cod. N° 2543), das in der Normandie angefertigt wurde und um 1470 datiert wird (Pächt O., Thoss S.: *Die illuminierten Handschriften und Inkunabeln der Österreichischen Nationalbibliothek. Französische Schule*. Bd. 1. Wien 1974. S. 57, 58, Abb. 100–105). Die Werkstatt in Rouen hat in den 1460er–1470er Jahren eine ganze Reihe von prächtigen Handschriften großen Formats von diesem Text angefertigt. Außer den obenerwähnten sind noch fünf Codices aus der Nationalbibliothek in Paris (ms. fr. 329, 2685, 6183, 15429, 20130) und die Codices aus der Bibliothek Mazarin (ms. 1556/1557) und der Arsenalbibliothek (ms. 3689), aus Chantilly (cod.fr. 312), aus Waddeston Manor (ms. 11) und aus dem Museum Meermano-Westreenianum in Den Haag (ms. 10A17) zu nennen.

Die Miniaturen der Handschrift, die jedes Buch der Chronik illustrieren, gehören zu den besten, obwohl auch vielleicht späten Beispielen dieser illuminierten Serie. Die historischen Sujets werden als dem Künstler zeitgenössische Kampf- und höfische Szenen angesehen, viele interessante Details enthalten die Bau- und Belagerungsbilder. Der Maler ist ein vorzüglicher Zeichner aus Rouen, der als Maître de l'Echevinage de Rouen bezeichnet wird aufgrund der zahlreichen Manuskripte, die er für die Bibliothek der Magistrate der normannischen Hauptstadt illustrierte. Er besaß eine feine Beobachtungsgabe und gab lebensgetreu die Posen und Gesten der Menschen wieder. Die Gewänder, Schmucksachen, die Harnische und Rosse sind mit sicherer Hand gemalt, doch das für die Schule von Rouen im dritten Viertel des 15. Jahrhunderts typische Kolorit ist etwas eintönig und wird von einem Grauton vereint.

Im Petersburger Codex sind unten im Rahmen sämtlicher Miniaturen leere Wappenschilder zu sehen, die gleichsam das Wappen des Eigentümers aufnehmen sollten. Diese Besonderheit findet sich auch in der Wiener Handschrift.

Ende des 18. Jahrhunderts wurde die Handschrift von Dubrowsky erworben.

GELANGTE 1805 IN DIE KAISERLICHE ÖFFENTLICHE BIBLIOTHEK (1849–1861 EREMITAGE, 5.3.41)

LITERATUR: Gille 1860, S. 75; Bertrand 1874, S. 109; Laborde 1936–1938, S. 85, 86, Taf. XXXVII; B. de Chancel, Les manuscrits de la Bouquechardière de Jean de Courcy, Revue d'histoire des textes, *XVII, 1987, S. 219-290; C. Rabel,* Artistes et clientèle à la fin du Moyen Age: les manuscrits profanes du Maître de l'Echevinage de Rouen. Revue de l'Art, *84, 1989, S. 48-60.*

197. Band 1, Bl. 3r: MINIATUR ZUM ERSTEN BUCH

Oben geht Noah mit seinen Söhnen aus der Arche auf das Festland; Gründung der Stadt Argos. Unten links wird Athen gegründet, und man sieht, wie dem Bauarbeiter dabei Anweisungen erteilt werden. Unten rechts ist eine Schlacht gezeigt. Ganz oben, im Medaillon, erscheint die Neutestamentliche Dreieinigkeit.

198. Band 2, Bl. 58r: MINIATUR ZUM FÜNFTEN BUCH

Die beiden hier gezeigten Sujets entfalten sich in zwei Räumen, die zwar durch gotische Bögen verbunden, aber architektonisch unabhängig sind. Im linken Teil steht Fortuna mit ihrem Glücksrad, das Alexander von Makedonien emporhob und danach stürzte (er ist zweimal gezeigt). Im rechten Teil sieht man Eurydike, Königin von Makedonien, unter einem Baldachin thronend, umringt von Hofleuten, die ihren Schwiegersohn und ihre beiden älteren Söhne vergiften (in den Katalogen der Sammlung in Chantilly wird das Sujet als drei Stadien der Vergiftung Alexanders gedeutet).

199. Band 2, Bl. 2r: MINIATUR ZUM VIERTEN BUCH

Links sieht man Babylon, dargestellt als phantastische gotische Stadt mit Elementen moslemischer Architektur. Der Riese im Zentrum ist Nimrod. Rechts ist der Turmbau zu Babel gezeigt. Im oberen Teil entsendet Gott einen Erzengel zu den Erbauern des Turms.

200. Band 2, Bl. 123r: PLÜNDERUNG JERUSALEMS (NICHT ATHENS, WIE BEI LABORDE IRRTÜMLICH ANGEGEBEN IST) DURCH ANTIOCHOS EPIPHANES VON SYRIEN

Rechts, hinter den Stadtmauern, erhebt sich der Tempel von Jerusalem. Die Krieger schleppen die heiligen Gerätschaften aus dem Tempel und legen sie zu Füßen des Antiochos, hinter ihm sind die Zelte seines Kriegslagers zu sehen.

S. 166
201. Band 1, Bl. 138r: MINIATUR ZUM DRITTEN BUCH

Die Trojaner gründen vier Städte: Venedig, Cycambre, Karthago und Rom.

S. 167
202. Band 1, Bl. 85r: MINIATUR ZUM ZWEITEN BUCH

An den Toren Trojas empfängt König Priamos seinen Sohn Paris und die von ihm entführte Helena.

197

198

199

200

Cy devant avez
ouy la creation
de la cite de troye
et la maniere et
pour quelle cause
elle fut destruitte
et que devindrent
ceulx qui en fi
rent la demolicion. Cy nous convient
apres parler des troyens qui eschap
perent de celle fortune. Et comme
pour la cause que adonques ne estoit
que petit de peuple en la ii.e partie de
europe peuplerent ilz plusieurs con
trees estranges et y firent habitacions
Car puis le temps noe que fut le grant
deluge, ne avoit este la terre de peu
ple garnie si non es parties dont nous
avons parle. Et pour ce ainsi comme
racompte ovide de la destruction que fut
en thessalle par les haultes cretines
qui lors noyerent toute celle contree si
non le mont de panasias ou se arresta
la nef deucalion et pirra sa femme.
Lesquelz par le conseil de themis la de
esse des os de la grant mere peuple
rent la contree. Laquelle mere signifie la
terre, de quoy tout le monde est reve
nere sans lordonnance et vouloir de na
ture qui tout le siecle a en gouverne
ment. Et pour ce que il nest destruc
tion si grande que par les fruiz qui
naissent de terre et lumanite qui en
est creee ne commencque au regard na
turel que par humanite soit reedifiee
Car en la maniere que puis le temps

Comme ou pre
mier livre ay
parle du comē
cement de gre
et daucuns des
anciens fais
des gregois
pour la mati
ere que jay
emprinse ordinairemēt conduire. me
convient en cest second livre de la re
acion de troye faire mention. et de la
mortelle haine qui entre les troyens
fu. et entre les gregois. Car ainsi cōe
entendre pourrez si cruellement le gre
demenerent que finablement en fut
troye destruitte et du monde y mouru
grant partie. Si vouldray remōstrer
la pugnicion que dieu pour celui fait
aux gregois depuis envoya. Et aussi
cōme des troyens furent depuis plusrs
regnes peuplez et habitez. et comme
gens sans vraye congnoissance au
de dieu plusieurs terres conquirent
Car pour celui temps ne estoit la
saincte foy encores en lumiere. ne de
long temps apres Jusques au benoist
advenement de Jhucrist. pour la quele
chose tout le monde estoit en tenebres
et aveugle des obscuritez denfer.
Car tout ainsi que dieu par son doly
vouloir nous a ordonne la clarte du
ciel pour nous enluminer. veult il q
la lune et chune des autres planetes
selon leur naturel cours oeuvre en so
espoire est il q touteffois q coronctio

203-205
REGNAULT UND JEANNETON
Regnault et Jeanneton
Frankreich. Frühestens 1466

37 Bll. 265 x 195 mm (Text 100 x 80 mm). Papier. Französisch
74 skizzenartige Federzeichnungen (getönt)
Einband: 18. bis Anfang 19. Jahrhundert (von Dubrowsky bestellt): Karton, mit rotem Saffian bezogen; grünes Mosaik und Gold
Fr.Q.p.XIV,1.

Ein idyllisches Hirtenpoem, das im Zusammenhang mit der Hochzeit von König René d'Anjou und Jeanne de Laval (1454) verfaßt wurde. Es wird hier von der Liebe des Hirtenknaben Regnault (gemeint ist König René) und der Hirtin Jeanneton (Jeanne de Laval) berichtet. Über den Verfasser des Poems, das in Form einer bukolischen Sage geschrieben ist, gibt es keine einheitliche Meinung. Schischmarjow meinte, es stamme von einem Gefolgsmann des Herzogs von Anjou, vielleicht von Pierre de Hurion, andere schließen die Möglichkeit nicht aus, daß René selbst der Urheber des Poems gewesen ist. Spätestens 1466 kopiert, ist der Codex die einzige Abschrift des Poems. Er ist mit getönten Federzeichnungen geschmückt. Die Petersburger Handschrift gehörte zum Bestand der Bibliothek König Renés. Davon zeugen sein Wappen und das der Jeanne de Laval mit einem Subskript, das besagt, daß es die Wappen des Hirten und der Hirtin seien, von denen hier berichtet wird. Die Identität des Buchmalers ist ebenso umstritten wie die Frage nach dem Verfasser der Dichtung. Die skizzenartigen Illustrationen zeigen eine gewisse Unsicherheit. Die freie Anordnung von Text und Illustration, die lyrische Darstellung der Natur, die bukolische Poesie der Gestalten sind zweifellos interessant und lassen die Bedeutung des verschwundenen Originals ermessen. O. Pächt, der die Handschrift *Regnault und Jeanneton* mit dem *Buch der Turniere* verglich, schlußfolgerte, daß sie vom Lieblingsmaler des Königs René, dem »Meister des Herzens« (Barthelemy van Eyck), geschaffen wurde. Sterling bestreitet diese Attribution und begründet seinen Standpunkt mit dem aristokratischeren Bauerntyp in *Regnault und Jeanneton* und der Eleganz ihrer Posen und Gesten. Seiner Ansicht nach hat König René selbst das Poem verfaßt, und anhand der erwähnten charakteristischen Eigenheiten der Illustrationen entwickelte er die Hypothese, daß der König René auch selbst sein Werk mit Zeichnungen versehen habe, wobei er sich als begabter, wenn auch nicht berufsmäßiger Künstler erwies. Aus dem Filigran des Papiers ließe sich schließen, daß die Handschrift nach 1490 entstand. Die heraldischen Hinweise bezeugen eindeutig, daß sie für Jeanne de Laval und nicht René selbst angefertigt wurde.

Im 15. Jahrhundert gehörte der Codex zum Bestand der Bibliothek von König René, im 17. Jahrhundert gelangte er in die Sammlung des Kanzlers Séguier, von da aus an dessen Enkel, den Herzog de Coislin, und schließlich testamentarisch in die Bibliothek der Abtei Saint-Germain-des-Prés (1735), gelangte spätestens 1792 in die Sammlung Dubrowsky.

GELANGTE 1805 IN DIE KAISERLICHE ÖFFENTLICHE BIBLIOTHEK

LITERATUR: Cat. Séguier 1686, S. 20; Montfaucon 1739, Bd. 2. S. 1109, Nr. 789; Quatrebarbes Th. de: Oeuvres complètes de René d'Anjou. *Angers 1844, Bd. 1 (nur als Fragment veröffentlicht); Bertrand 1874, S. 176; Du Bos M.:* Le roi René. Regnault et Jeanneton. Introduction, notes et glossaire. *Paris 1923; *Schischmarjow 1927, S. 147–162; Chichmaref V.:* Notes sur quelques oeuvres attribuées au Roi René. *In: Romanie. 1929. Bd. 55. S. 214; Laborde 1936–1938, S. 82, 83, Taf. XXXIII; *Schischmarjow W.F.:* Regnault und Jeanneton (Französisches Poem des 15. Jahrhunderts). Handschrift mit Aquarellzeichnungen aus der Bibliothek von René d'Anjou. *In: Literarisches Erbgut. 1939. Bd. 33/34. S. 870–893; *Schischmarjow 1955, S. 477, 478; Pächt O.:* René d'Anjou. *In:* Jahrbuch der Kunsthistorischen Sammlungen in Wien. *1977. Bd. 73 (Neue Folge, Bd. 37). S. 47–64, 78, Abb. 53–61, 63, 68–70; Sterling Ch.:* Enguerrand Quarton. Le peintre de la "Pietà" d' Avignon. *Paris 1983. S. 181–183; A.-M. Legaré,* Reassessing women's libraries in late medieval France: the case of Jeanne de Laval. *In: Renaissance Studies, Bd. 10, 1996, S. 209-236 (insbesondere S. 212-213).*

203

203. WAPPEN
DES RENÉ D'ANJOU UND
DER JEANNE DE LAVAL

204

205

204. Bll. 31v-32r: STREIT EINES HIRTEN MIT EINER HIRTIN

Der Hirt und die Hirtin streiten darüber, wessen Liebe stärker ist, die des Mannes oder die der Frau. Der sie beobachtende Wanderer (Autor?) notiert ihre Worte. Am anderen Morgen wird der Wanderer vergeblich auf das verliebte Paar warten, das ihn gebeten hatte, den Streit zu schlichten. Er errät, daß die Frage sich von selbst gelöst hat, so daß ihm nichts anderes übrig bleibt, als seinen Weg fortzusetzen.

205. Bll. 6v-7r: SPIELENDE UND TANZENDE HIRTEN UND HIRTINNEN. KORNMAHD

206-208
DIE FÜNFZEHN EHEFREUDEN
Les Quinze Joies de mariage
Frankreich. 1485

126 Bll. 279 x 200 mm (Text 150 x 102 mm). Papier. Französisch. 16 halbseitige Miniaturen (jede mit 1 bis 7 Szenen) mit farbigen Initialen und eingefügten Monstren. Einband: 18. bzw. Anfang 19. Jahrhundert (von Dubrowsky bestellt). Karton, mit rosa Samt bezogen; geometrische Blindprägung auf Deckeln und Rücken; Vorsätze aus orangefarbenem Papier. Fr.F.p.XV,4.

Diese Satire auf das Eheleben und die weibliche Verstellungskunst ist von einem unbekannten Autor zwischen 1380 und 1410 geschrieben worden. Die Ehefreuden sind hier als leidige Kümmernisse gezeigt, die einem Menschen zuteil werden können. Die Sitten, Bräuche, die Lebensweise der Städter und des provinziellen Kleinadels sind in diesen Novellen mit präziser Sorgfalt und Detaillierung gezeigt. Es sind lediglich vier Kopien dieses Werks erhalten geblieben. Der Stil der Illuminierung der Leningrader Handschrift läßt vermuten, daß sie gegen Ende des 15. Jahrhunderts in Nordwest-Frankreich, möglicherweise in Rouen, ausgeschmückt wurde. Etwas Primitives in der Ausführung ist in vielem dadurch zu erklären, daß die Miniaturen auf Papier gemalt sind. Der Schöpfer dieser getönten Federzeichnungen, der Freude am Realistischen und witzigen Begebenheiten hatte, folgte gewissenhaft dem Text, so daß der Codex nicht nur ein literarisches, sondern auch ein bildliches Zeugnis vom damaligen Leben der Menschen vermittelt.

Im 17. Jahrhundert gehörte die Handschrift Pierre Séguier, dem Kanzler Frankreichs, 1735 gelangte sie im Bestand seiner Sammlung in die Bibliothek von Saint-Germain-des-Prés. Ende des 18. Jahrhunderts wurde sie in Paris von Dubrowsky erworben.

GELANGTE 1805 IN DIE KAISERLICHE ÖFFENTLICHE BIBLIOTHEK

LITERATUR: Séguier, Inv. des miniatures, 1686, S. 9; Montfaucon 1739, Bd. 2. S. 1113, Nr. 1041; Bertrand 1874, S. 191; Soelter O.: Beiträge zur Überlieferung der »Quinze Joyes de Mariage« mit besonderer Berücksichtigung der Handschrift von St. Petersburg. *Greifswald 1902; Laborde 1936–1938, S. 119, 120; *Schischmarjow 1955, S. 485–487; *Schischmarjow 1965, S. 40;* Les XV joies de mariage. *Hrsg. von J. Rychner. Genf; Paris 1967;* Les XV Joyes de Mariage. *Hrsg. von J. Crow. Oxford 1969.*

206

206. Bl. 76v: ZIERBUCHSTABE

207. Bl. 104r: DIE ZWÖLFTE EHEFREUDE

Rechts unten begibt sich der Gatte in den Krieg, doch die Frau will ihn nicht fortlassen, damit die Familie nicht ohne Ernährer bleibt. Weiter folgt nach diesem Sujet das linke obere Feld: Der Gatte springt vom Bett auf, weil der Hund den »Freund« der Gattin wittert, der durch das Fenster klettert. Auf dem oberen Feld, rechts, eilt die Familie zum Schloß, um sich vor dem Feind zu verstecken. Die Kriegsszene links unten ist mit keiner bestimmten Textstelle verbunden, gibt aber die Atmosphäre wieder, in der die Ereignisse stattfinden. Soelter stellt fest, daß der Inhalt der Miniaturen bisweilen umfassender als der Text der vorliegenden Kopie ist. Er nimmt an, daß der Maler entweder die Illustrationen auf den vollen Text ausrichtete oder früheren Manuskripten folgte.

208. Bl. 76v: DIE ACHTE EHEFREUDE
Die Illustration entspricht jener ironischen Erzählung von den *Freuden der Ehe*, die im Text enthalten ist. Die Darstellungen sind von der linken unteren Szene aus zu betrachten, wo der Ehemann sich über die schwere Geburt der Gattin grämt. Rechts begibt sich die Gattin in Begleitung ihres »Freundes« auf eine Pilgerfahrt, um ein Gelübde abzulegen. Der Gatte führt ihr Pferd am Zügel. Oben sind die Pilger am Ziel ihrer Reise angelangt: Links und rechts sieht man Buden, in denen Souvenirs verkauft werden.

209-212
STUNDENBUCH DER ROLIN-LÉVIS
Heures de Rolin-Lévis. à l'usage de Paris
Frankreich. Drittes Viertel 15. Jahrhundert

288 Bll. 215 x 150 mm (Text 100 x 65 mm). Pergament. Latein und Französisch
20 Miniaturen in ornamentierten Prachtrahmen; 4 historisierte Initialen mit Darstellungen der Evangelisten auf Blättern mit einem dreiseitigen Rahmen; vertikale Bordüre auf jedem Blatt; jeder Abschnitt beginnt mit einer großen Initiale in Gold und Farben; eine Vielzahl von mittleren und kleinen Initialen
Einband: 18. Jahrhundert. Karton, mit braunrotem Saffian bezogen; geprägter Goldrahmen und Muster auf dem Rücken; vergoldeter Schnitt
Rasn.Q.v.I,9.

Inhalt des Stundenbuchs: Kalender in französischer Sprache, Fragmente aus den Evangelien, das kleine Offizium, die Passions-Offizien, Offizium des Heiligen Geistes, Offizium der Maria, Bußpsalmen, Totenoffizium, Litaneien und Gebete in lateinischer Sprache. Der französische Teil beinhaltet: *Die fünfzehn Freuden Mariä* in Prosa; *Die sieben Gebete an Christus* in Prosa; *Gebet an die Gottesmutter, genannt Gebet des Theophilus*. Die Gebete Obsecro te und O Intemerata sind in der weibliche Form gehalten. Am Ende der lateinischen Gebete zu bestimmten Heiligen findet man den seltenen französischen Text eines Gebetes an die hl. Susanna, der nur noch in einer Handschrift registriert ist, welche in der Spanischen Nationalbibliothek in Madrid aufbewahrt wird (Res. 149).
Sämtliche Rubriken sind in französischer Sprache zusammengestellt. Die Litaneien an die drei Heiligen von Autun, Lazarus, Leger, Symphorien, und das Wappen der Rolins lassen annehmen, daß die Handschrift für ein Mitglied dieser einflußreichen Familie angefertigt worden war, vielleicht im Auftrag von Guillaume Rolin, dem Bruder des Kardinals Jean Rolin (Bischof von Autun) und Gatte der Marie Lévis, da auf Bl.112v und 151v die vereinten Wappen Rolin-Lévis gezeigt sind.
Die Ausführungsmanier der Miniaturen in diesem reich ausgeschmückten Stundenbuch reiht sich in den Stil der französischen Illuminierung des dritten Viertels des 15. Jahrhunderts ein, hat jedoch auch eine gewisse Eigenart. Der Künstler bevorzugt oblonge Miniaturenformate, die mit den gelängten Figuren und kleinen Köpfen sowie mit dem Rhythmus der schön herabfallenden Gewandfalten harmonieren. Die Gesichter zeigen eher Charakter als Anmut, die architektonischen Motive sind sorgfältig ausgearbeitet und haben eine etwas trockene, doch klare Zeichnung. Delikat wurde in die farbige Palette Gold eingefügt.
Diese schöne Handschrift läßt sich mit dem Schaffen des Meisters von Jean Rolin II (1993 belegt von Nicole Reynaud) in Zusammenhang bringen. Der Künstler ist einer der führenden Pariser Buchmaler in den Jahren 1450-1460. Seine Bezeichnung verdankt er Kardinal Jean Rolin, für den er eine Anzahl für die Kathedrale von Autun bestimmte Gebetbücher anfertigte.
Das für die Familie Rolin-Lévis ausgeführte Manuskript gehörte eine Zeitlang im 15. Jahrhundert und Anfang des 16. Jahrhunderts den Bourbonen. Auf Blatt 248v steht die Inschrift *votre fylle M. de Bourbon*. Das im Stundenbuch aufgezeichnete Gebet an die hl. Susanne, diesen Namen trug die Tochter der Anna Beaujeu, die Herzogin von Bourbon und Gattin des Konnetabels Bourbon, dessen Güter 1527 eingezogen wurden, erlaubt, den Codex mit den Bourbonen in Zusammenhang zu bringen. Das Stundenbuch gehörte wahrscheinlich der Familie Urfé. Eine Unterschrift finden wir auf Blatt 18v: *ma mere pries pour votre fils Urfé* [meine Mutter, beten Sie für Ihren Sohn Urfé]. Es ist bekannt, daß fast die ganze Bibliothek der Familie Urfé, denen übrigens ein beträchtlicher Teil der Besitztümer der Bourbonen nach den Konfiskation 1527 zufiel, später vom Herzog de La Valliére erworben wurde, der seine Handschriften noch zu Lebzeiten recht ausgiebig verkaufte (im Auktionskatalog seiner Sammlung, der nach dem Tode des Herzogs 1783 zusammengestellt wurde, fehlt diese Handschrift).

GELANGTE 1925 AUS DER SAMMLUNG JUSSUPOW IN DIE ÖFFENTLICHE BIBLIOTHEK

*LITERATUR: *Dobiasch-Roshdestwenskaja 1927, S. 4;* *Kurzbericht über die Handschriftenabteilung für 1914–1938. *Leningrad 1940. S. 242;* Le Livre au siècle des Rolin. *Ausstellungskatalog vom 8. Juni bis 28. September 1985. Autun 1985. S. 54, 1; *Woronowa T.:* Unbekannte Denkmäler der französischen Kunst des 15. Jahrhunderts in der Sammlung der Öffentlichen Bibliothek in Leningrad. In: Erforschung von Schriftdenkmälern in der Archivsammlung der Abteilung für Handschriften und seltene Bücher. *Leningrad 1988. S. 179–192; Avril, Reynaud, S. 42-43, Nr. 11.*

S. 174
209. Bl. 57v: KREUZIGUNG
Unten, in der Bordüre, das Wappen der Familie Rolin: Der Pfau im linken Bordürenfeld ist oft auf Miniaturen des christologischen Zyklus zu finden. Er symbolisiert die Unsterblichkeit und die Auferstehung.

S. 175
210. Bl. 91v: DIE FLUCHT NACH ÄGYPTEN

S. 176
211. Bl. 140v: MADONNA MIT KIND UND SINGENDEN ENGELN IM TEMPEL

S. 177
212. Bl. 222v: DIE AUFERWECKUNG DES LAZARUS

213-216
JEAN D'ORRONVILLE, GENANNT CABARET
LEBENSBESCHREIBUNG LUDWIGS VON BOURBON
Jean d'Orronville dit Cabaret. Chronique de Louis de Bourbon

Frankreich. Letztes Viertel 15. Jahrhundert

176 Bll. 265 x 180 mm (Text 160 x 115 mm). Pergament. Französisch
14 Miniaturen; zahlreiche farbige Initialen und Bordüren
Einband: 18. Jahrhundert (von Dubrowsky bestellt). Karton, mit rosa Samt bezogen; auf den Einbanddeckeln Dublüren aus Goldbrokat; vergoldeter Schnitt
Fr.Q.v.IV,2.

Die Lebensbeschreibung des Herzogs Ludwig von Bourbon (1337–1410) wurde 1429 nach Berichten seines Kampfgefährten Jean de Châteaumorand von Jean d'Orronville, dem Sekretär des Herzogs, aufgeschrieben. Das Leben des Herzogs, mütterlicherseits Onkel des Königs, Regent Frankreichs gemeinsam mit dem Herzog von Burgund zur Zeit Karls VI., ist erfüllt von Schlachten und Kriegszügen. Deshalb enthält die Chronik von d'Orronville (genannt Cabaret) wertvolles Material zur Geschichte Frankreichs aus der Zeit des Hundertjährigen Krieges.

Der Stil der Miniaturen und die Gestaltung der Randfelder sind typisch für die Illuminierung von Tours und Bourges im letzten Viertel des 15. Jahrhunderts, als in ihr noch der Einfluß der Kunst des Jean Fouquet spürbar war, und zwar seine Grundsätze der »historischen Schlachtenillustration« mit einer verallgemeinerten Behandlung der Kriegermassen vor einem friedlichen Landschaftshintergrund, die Einführung von italienisierten architektonischen Motiven (Säulen) in den Dekor, die Anwendung von Goldschraffen. Durrieu erwähnt im Zusammenhang mit diesen Eigenheiten den Namen des Jean Colombe, eines führenden Meisters von Bourges, doch gibt es keine festen Anhaltspunkte für eine derartige Attribution. Von seinen Arbeiten unterscheidet sich auch das vom Illuminator der *Chronik* angewendete Kolorit mit seinem Trend zu lila Farbtönen.

Der Codex wurde für Anna Beaujeu, Herzogin von Bourbon, Tochter Ludwigs XI., Schwester und Regentin des minderjährigen Karl VIII., angefertigt. Er gehörte zur Bibliothek der Herzöge von Bourbon in Moulins, die 1523 von Franz I. konfisziert wurde. Die Nummer 2193, die auf dem Codex erhalten geblieben ist, bezieht sich, wie Gille vermutet, auf die Bibliothek Colberts und ist im Inventar Montfaucons ausgelassen (siehe: Montfaucon 1739, Bd. 1. S. 955). Die Handschrift wurde Ende des 18. Jahrhunderts (spätestens 1792) von Dubrowsky erworben.

GELANGTE 1805 IN DIE KAISERLICHE ÖFFENTLICHE BIBLIOTHEK (1849–1861 EREMITAGE, 5.2.46)

LITERATUR: Gille 1860, S. 78, 79; Bertrand 1874, S. 138, 139; Laborde 1936–1938, S. 134–137, Taf. LV; Delisle 1868–1881, Bd. 1. S. 171; La Chronique du bon duc Loys de Bourbon. *Hrsg. von A.-M. Chazaud. Paris 1976; Inventaire des Livres qui sont en la librairie du chasteau de Molins. In:* Les enseignements d'Anne de France duchesse de Bourbonnois et d'Auvergne à sa fille Susanne de Bourbon. *Hrsg. von A.-M. Chazaud. Moulins 1878. S. 241, Nr. 127; *Nikolajew 1904, S. 116–119; *Jaremitsch 1914, S. 41, Abb. zwischen S. 38 und 39.*

213. Bl. 79v: BELAGERUNG EINER FESTUNG

Die Miniatur illustriert den Bericht, wie das Heer unter der Anführung Ludwigs von Bourbon die Festung von Verneille durch Unterminierung erobert hat. Der Maler zeigt auf einem steilen Hügel die Festung, die von den Belagerern umringt wird. Unter ihnen hebt sich ein Reiter — der Herzog von Bourbon — auf weißem Roß und mit einem Feldherrnstab in der Hand hervor. Bei aller Eigenständigkeit ist der Randfeldschmuck typisch für die französische Illuminierung aus dem Ende des 15. Jahrhunderts. Hier sieht man das traditionelle französische Gestaltungsprinzip, das Pflanzenornament mit eingefügten Drolerien in Verbindung mit einem antikisierten »modernen« Motiv, der Säule. Auf den Säulenkapitellen sind verschiedene Tiere und Phantasiewesen zu sehen, während die Basis sich auf allen Illustrationen auf einen heraldischen Bären mit einem Halsband stützt.

214. Bl. 85r

Diese Miniatur eröffnet einen Text, in dem berichtet wird, wie 1382 der König von Frankreich und seine königlichen Onkel, die Herzöge von Burgund und Bourbon, das Heer in l'Ecluse (Stadt Sluys in Holland) sammelten, um gegen die englische Armee zu ziehen. Die Engländer gingen hier an Land, um Stadt und Festung zu erobern, erlitten aber eine Niederlage und wurden zum Rückzug gezwungen. Auf der Miniatur sehen wir die Festung und die englische Flotte; auf dem Band, das sich um die Säule in der Bordüre schlingt, — die Devise der Bourbonen: *Espérance* (Hoffnung).

215. Bl. 92r: DIE SCHLACHT BEI ROOSEBEKE

Auf einer der besten Miniaturen der Handschrift ist die bekannte Schlacht bei Roosebeke (Rosbecque) dargestellt, in der die französischen Truppen 1382 den Flamen eine vernichtende Niederlage beigebracht haben. Im Schlachtgetümmel blitzen die goldenen Lanzen der Reiter. Besonders ausdrucksvoll ist der stürmische Zusammenprall der Reitertruppen. Das grüne Gras ist blutüberströmt, unter dem Helm des gefallenen Ritters (der im Kampf umgekommene Anführer der Flamen, Philippe Artevelde?) quellen goldene Haarsträhnen hervor. Das düstere Kolorit, in dem Lila dominiert, steigert das dramatische Gefühl des wütigen Zusammenpralls der Menschen, die von friedlicher Natur umgeben sind.

216. Bl. 109v: SCHLACHT IN DER REGION BORDEAUX

Illustration zur Erzählung davon, wie das Heer unter der Führung des Herzogs von Bourbon durch das Bordelais nach Frankreich zurückkehrte und dabei mit den Engländern zusammenstieß. Besonders interessant ist auf dieser Miniatur die Stadtansicht im Hintergrund.

213

214

215

216

217-224

STUNDENBUCH LUDWIGS VON ORLÉANS

Livre d'heures dit de Louis d'Orléans (Horae ad Usum Romanum)

Frankreich (Bourges, Toulouse). Um 1490

112 Bll. 215 x 148 mm (Text 127 x 68 mm). Pergament. Latein
90 Miniaturen mit reich verzierten Bordüren; eine Vielzahl von kleinen farbigen Initialen; rote Rubriken. Einband: 18. Jahrhundert. Karton, mit dunkellila Samt bezogen
Lat.Q.v.I,126.

Das Stundenbuch enthält einen augustinischen Kalender mit der Angabe des Jahres 1490; das Offizium der Maria und der Heiligen Dreieinigkeit, Bußpsalmen, Gebete, Fragmente aus den Evangelien, Die sieben Gebete an Christus. Die Erwähnung des hl. Ludwigs, das Königswappen, das Autogramm Ludwigs von Orléans, des künftigen Königs Ludwig XII. lassen annehmen, daß ihm das Stundenbuch eine Zeitlang gehörte, doch war er mit Sicherheit nicht der Auftraggeber: das Bildnis auf Blatt 11v ist ihm in keinster Weise ähnlich. Dargestellt ist wahrscheinlich die Person, deren Emblem der in Flammen stehende Baum und deren Wahlspruch A Prieer me lie ist. Es handelt sich wahrscheinlich um einen Toulouser Bürger, darauf läßt die Randausschmückung schließen, die teilweise das Werk eines Toulouser Buchmalers ist, der 1492 an dem Gebetbuch von Jean de Foix, Bischof von Comminges (Paris, Nationalbibliothek, Lak 16827) mitarbeitete. Unbekannt ist, warum er die Ausmalung des Manuskripts in Bourges in einer Jean Colombe nahestehenden Werkstatt vornahm.
Die Malerei dieser relativ kleinen Handschrift zeichnet sich durch eine für Stundenbücher rare Entwicklung des illustrativen Programms und die üppigen Bordüren aus. Besonders reichhaltig ist die Serie der biblischen Sujets.
Die Bordüre beruht auf einem Pflanzenornament. Oft sind die Bordüren in Kompartimente unterteilt. In die Bordüren sind Grotesken, Vögel, Tiere und verschiedene Mottos eingefügt. Durrieu und Laborde haben im Zusammenhang mit der Handschrift sowohl Bourdichon als auch Colombe, Besançon und Montluçon genannt. Wie A. Sterligow meint, ist das Stundenbuch im Atelier von Jean Colombe in Bourges ausgeschmückt worden und bildet eine der größten Spätarbeiten zu Lebzeiten des Meisters. Schaefer unterstützt diese Attribution, stellt aber Colombe seinen Sohn Philibert (Jacquelin Raoul de Montluçon) zur Seite und einen Künstler, der den Notnamen Coularti erhielt.
Der Codex gehörte Ludwig XII. Das weitere Schicksal der Handschrift ist bis zum 17. Jahrhundert ungeklärt. Später befand sie sich in der Sammlung Séguier (ein Vermerk in der Handschrift bestätigt das) und gelangte mit dessen Sammlung 1735 nach Saint-Germain-des-Prés, wurde später von Dubrowsky erworben.

GELANGTE 1805 IN DIE KAISERLICHE ÖFFENTLICHE BIBLIOTHEK (1849–1861 EREMITAGE, 5.2.87)

LITERATUR: Séguier, Inv. des miniatures, 1686, S. 12; Gille 1860, Bd. 2. S. 66; Delisle 1886–1891, Bd. 1, S. 121, Anm. 4, 2, S. 56; Laborde 1936–1938, S. 122–126, Taf. L; Das Stundenbuch Ludwigs von Orléans (facs). Kommentar von Andrej Sterligow. Leipzig 1980; Schaefer C.: Le Livre d'Heures de Louis d'Orléans. In: Gazette des Beaux-Arts. 1928. Dezember. S. 240, 241; Avril, Reynaud, S. 400.

217

219

220

221

S. 180
217. Bl. 12r: MARIÄ VERKÜNDIDUNG
Die Umrahmung der Miniatur aus gotischen und italienisierenden Motiven sowie Tabernakeln, in denen Prophetenfiguren stehen, war bei den französischen Malern, die den Traditionen Fouquets folgten, sehr beliebt. Zu den Anhängern dieser Traditionen gehörte auch Jean Colombe.

S. 181
218. Bl. 11v: DIE ERSCHAFFUNG EVAS
Diese Miniatur eröffnet die Serie der »biblischen« Illustrationen des Stundenbuchs. Das Hauptsujet ist in einen imitierten Holzrahmen gesetzt. Der Betrachter schaut gleichsam durch ein Fenster. Diese Empfindung ruft das auf dem Rahmen liegende offene Buch hervor, vor dem Ludwig von Orléans, der Besitzer des Stundenbuchs, im Gebet gezeigt ist. Hinter der Mauer des himmlischen Jerusalems ist der Paradiesgarten mit einer Fontäne als Quelle von vier Flüssen zu sehen. Gottvater erschafft Eva im Beisein eines Engelchors.

219. Bl. 18v: DIE HEIMSUCHUNG
Die Unterteilung der Bordüre in Kompartimente ist in der französischen Buchmalerei in den 1480er–1490er Jahren zu finden.

220. Bl. 19r: DIE OPFERUNG ISAAKS
Das Kolorit dieses Blattes, auf dem das dominierende Gold die Miniatur und Bordüre in ein einheitliches Ensemble vereint, ist typisch für die Illustrationen der "biblischen" Serie.

221. Bl. 25r: DIE GEBURT CHRISTI
Diese Miniatur ist eine der besten Kompositionen im Stundenbuch. Im unteren Teil der Miniatur sind Propheten, im Hintergrund musizierende Engel gezeigt. Bemerkenswert ist die hinter der Krippe zu sehende Winterlandschaft. Möglicherweise ist der Gedanke, diese Landschaft darzustellen, unter dem Eindruck der bekannten Winterlandschaft der Limburgs aus dem berühmten Prunk-Stundenbuch *Les Très Riches Heures du Duc de Berry* entstanden, dessen Ausmalung Colombe zu Ende geführt hat.

222

223

224

222. Bl. 40v: DIE KRÖNUNG DER GOTTESMUTTER
Solch ein ikonographisches Schema wurde von Colombe in seinen Hauptwerken angewandt, dem *Prunk-Stundenbuch des Herzogs von Berry* und dem Stundenbuch Louis de Lavals. Der Thron, auf dem Maria und Christus sitzen, ist eine Phantasie zu den Themen der italienischen Renaissance.

223. Bl. 69v: DIE BEGEGNUNG CHRISTI MIT MARTHA UND MARIA
Diese Miniatur leitet eine Gruppe von Illustrationen ein, die der Geschichte des Lazarus gewidmet ist. Der Hintergrund der Miniatur ist das beste Landschaftsbild in dieser Handschrift. Es erinnert an die Ansichten im Loiretal, die von Jean Fouquet geschaffen worden sind. Ein besonderes Raumgefühl rufen die lichtgetränkte Luft mit einem leichten Dunstschleier, der Wechsel der Bildebenen bis hin zum blau schimmernden Wald und die über das Land gleitenden Wolkenschatten hervor. Die Bordüre mit dem Pflanzenornament und den grünen Baumstämmen ist typisch für die Gestaltung des zweiten Teils der Handschrift.

224. Bl. 79v: BEGRÄBNISPROZESSION
Gezeigt ist eine Stadtlandschaft. Der Maler schafft mittels einer etwas abgedämpften Farbskala aus grauen und violetten Tönen und einem knappen Einsatz von Gold ein glaubwürdiges Stadtbild mit einer Vielzahl von realistischen Details: Fachwerkhäuser, Spitzen und Türme über ihren steilen Dächern, Läden im Erdgeschoß, wo Stoffe und Kopfputz feilgeboten werden.

225-227
GEBETBUCH
Missale

Frankreich. 1490

451 Bll. 375 x 275 mm (Text 234 x 152 mm). Pergament. Latein
3 Miniaturen; 17 große historisierte Initialen mit Bordüren, eine Vielzahl von kleinen und großen farbigen Initialen auf goldenem Grund mit Blumen, grotesken Figürchen und Phantasietieren
Einband: 15. Jahrhundert. Holzdeckel, mit Leder bezogen; zwei Metallschließen;
Spuren von fünf vergoldeten Zapfen auf den Deckeln; Eckstücke fehlen
Erm.lat.19.

Vollständiger Text eines Missale: "Pariser" Kalender, Auszüge aus dem Alten Testament, den Evangelien und Botschaften, die für das Lesen beim Gottesdienst vorgesehen sind, einige Hymnen mit Noten. Für Gille handelt es sich hier um eines der schönsten, in Europa erhaltenen französischen Missalien.

Der Stil der Illuminierung — die luftige Landschaft, die sorgfältige Zeichnung, der virtuos eingesetzte Goldassist, die helle Palette und Bordüren verschiedenen Typs — ist charakteristisch für die Ateliers von Paris und Bourges sowie des Loiretals in den letzten zwei Dezennien des 15. Jahrhunderts. Allein die eckigen Figuren und die etwas primitiven Gesichtszüge erlauben es nicht, diese Illuminierung mit Malern vom Niveau eines Colombe und Bourdichon in Verbindung zu bringen.

Die Monogramme in Dekor veranlaßten Gille zu der Meinung, die Handschrift sei für eine Dame aus der Umgebung der Anne de Bretagne angefertigt worden, die den Frauenorden der Cordelières (Franziskanerinnen) gestiftet hat. Das weitere Schicksal der Handschrift ist ungeklärt. Zu Beginn des 19. Jahrhunderts gehörte sie dem Grafen F. Potocki (auf dem Vorsatz ist sein Exlibris erhalten geblieben) und wurde 1860 für die Eremitage-Bibliothek erworben und dort unter der Chiffre 5.3.60 aufbewahrt.

GELANGTE 1861 IN DIE KAISERLICHE ÖFFENTLICHE BIBLIOTHEK

LITERATUR: Gille 1860, S. 58–60; Laborde 1936–1938, S. 171–173, Taf. LXXIV.

225

225. Bl. 235r: EINE SEITE MIT EINER HISTORISIERTEN INITIALE, WO DIE AUFERSTEHUNG AUS DEM GRABE MIT EINEM FÜR DIE LOIRE-SCHULE TYPISCHEN LANDSCHAFTSBILD GEZEIGT IST

Eine feierliche Schmuckseite mit sehr großen Noten, blauen Versalien und einer prächtigen Bordüre mit einem Monstrum im rechten Feld. Unten weisen zwei Engel auf die Lettern J und M (Jesus, Maria), die ein "Liebesband" verbindet, das Zeichen des Frauenordens der Cordelières. Die gleichen Monogramme gibt es auf den Blättern 38r und 302r. In vielen historisierten Initialen sind Benediktinerinnen dargestellt.

226,227. Bll. 222v-223r: KREUZIGUNG MIT MARIA, JOHANNES UND DEN HL. FRAUEN (LINKS). JÜNGSTES GERICHT (RECHTS)

Dieses Doppelblatt ist der Höhepunkt in der Illuminierung des Missale. Laborde verglich diese großen Illustrationen mit Altarbildern, doch sie sind wie Miniaturen vergrößerten Formats behandelt. Die Landschaft in der Kreuzigung mit den Schlössern auf den Hügeln in der blauen Ferne ist im Geist der Loire-Schule ausgeführt. Im Jüngsten Gericht ist Christus »in der Glorie« als Richter, von Engeln umringt, dargestellt. Links von ihm ist die Gottesmutter mit einer Gruppe von heiligen Frauen (im Vordergrund die hl. Katharina), rechts von ihm sind die Apostel (im Vordergrund Johannes und Petrus) zu sehen. In der Bordüre dieses Blattes, die in Kompartimente unterteilt ist, steht das Motto: Ave Maria gratia plena. Die Bordüre des linken Blattes ist in einer anderen Manier interpretiert. Sie zeigt ein luftigeres vegetabilisches Ornament. Ein interessantes Detail ist das Kreuz im unteren Feld. Solch eine Kombination von Bordüren unterschiedlichen Typs in ein und derselben Handschrift war für die französische Buchmalerei Ende der 1480er und in den 1490er Jahren charakteristisch.

INRI

228, 229
CHRONIK VON AMBOISE
Chronique d'Amboise
Frankreich. Ende 15. Jahrhundert

36 Bll. 298 x 200 mm (Text 180 x 100 mm). Pergament. Französisch
1 Miniatur und Wappen; farbige Initialen auf goldenem Grund
Einband: 18. oder Anfang 19. Jahrhundert (von Dubrowsky bestellt). Karton, mit grünem Samt bezogen; Rahmen mit Blindprägung, Dublüren aus Goldbrokat; Vorsätze an einer Seite aus grau-violett gestreifter Seide; Goldschnitt. Fr.F.v.IV,7

Vermutlich ist diese Handschrift die einzige Kopie der Chronik, die die Geschichte von Amboise seit Julius Caesar bis Chlodwig enthält. Der Text ist unveröffentlicht. Der Autor der Chronik (vielleicht Pierre Sala?) hat sie speziell für den König bestimmt und der Idee den Ausdruck gegeben, daß alle, die Amboise beherrschten und an seiner Erbauung teilgenommen haben, zu großen Monarchen und Kaisern wurden und mit Erfolg die Festigung Frankreichs förderten.

Der Maler erwies sich als vorzüglicher Porträtist, der mit fast grotesker Schärfe die Charakterzüge sämtlicher Personen wiedergegeben hat. Der König ist zweifellos Karl VIII., nicht aber Ludwig XII., wie Laborde meinte (vgl. z.B. das Bildnis Karls in der Handschrift der Nationalbibliothek von Paris, ms. lat. 1190). Virtuos sind die Gewänder, der Goldbrokat und die Pelzverbrämung gemalt. Schloß Amboise, das sich auf dem gegenüberliegenden Loireufer erhebt, ist ebenfalls eine getreue Wiedergabe. Trotz der formalen Ähnlichkeit mit der Malweise von Bourdichon — großes Format, Imitation eines Holzrahmens — liegt kein Grund vor, die Miniatur mit dessen Schule in Verbindung zu bringen, wie es Laborde macht. F. Avril glaubt gibt der, daß diese Arbeit aus der Werkstatt von Jean Perréal stammt.

Im 17. Jahrhundert gehörte der Codex dem Kanzler Séguier, 1735 kam er nach Saint-Germain-des-Prés, von dort Ende des 18. Jahrhunderts zu Dubrowsky.

GELANGTE 1805 IN DIE KAISERLICHE ÖFFENTLICHE BIBLIOTHEK (1849–1861 EREMITAGE, 5.3.37)

*LITERATUR: Cat. Séguier 1686, S. 15; Montfaucon 1739, Bd. 2. S. 1073, Nr. 301; Gille 1860, S. 84, 85; Bertrand 1874, S. 108; Laborde 1936–1938, S. 131, 132, Taf. LIII; *Schischmarjow 1965, S. 37, 89, 90.*

228

228. Bl. 3r: DAS WAPPEN FRANKREICHS
Das Wappen halten ein Legist und ein Krieger.

S. 188
229. Bl. 2v: DER CODEX WIRD DEM KÖNIG ÜBERREICHT
Der kniende Autor überreicht sein Werk Karl VIII., der von Höflingen begleitet wird (einer von ihnen ist der Falkner). Im Hintergrund ist der Loirefluß, ein Teil des Schlosses von Amboise und dessen Vorstadt mit Kirche zu sehen.

230-232
PLUTARCH.
BETRACHTUNGEN ÜBER DIE EHESCHLIESSUNG VON POLLION UND EURYDIKE

Plutarque. Discours sur le mariage de Pollion et d'Eurydice

Frankreich. Wende zum 16. Jahrhundert

46 Bll. 245 x 165 mm (Text 165 x 100 mm). Pergament. Französisch
12 Miniaturen; farbige Initialen
Einband: 17. Jahrhundert. Karton, mit hellbraunem Leder bezogen; zwei Goldränder; auf dem Rücken ein Ornament; Goldschnitt
Fr.Q.v.III,3.

Jean Laudet übersetzte das Werk des Plutarch 1499 anläßlich der Vermählung Ludwigs XII. mit Anne de Bretagne, der Witwe Karls VIII. Die elf Malereien dieses Manuskripts weisen eine Verwandtschaft mit dem Schaffen Jean Pichores auf, dem äußerst produktiven Pariser Buchmaler, der eine große Anzahl von Prestige-Handschriften für den Hof zur Zeit Ludwigs XII. ausführte und auch für den Kardinal von Amboise und Louise de Vouvre arbeitete. Laborde nennt die Miniaturen elegant und schön angeordnet, bemängelt aber die Ausdruckslosigkeit der Gesichter. Wir haben es hier mit einem erstklassigen Beispiel der französischen Buchmalerei am Übergang vom 15. zum 16. Jh. zu tun, in dem sich der Dekor durch die Vereinigung gotischer und italienisierender Motive auszeichnet, durch Bemühen um die Hervorhebung des Erzählten, großes Format und eine Schönheit, die zwar an der Grenze zur Oberflächlichkeit ist.

Die Abbildung des Wappens von Frankreich und dem der Bretagne (Bl. 46) beweist, daß die Handschrift für Anne de Bretagne bestimmt war. Im 17. Jh. befand sie sich in der Sammlung Séguier, 1735 kam sie nach Saint-Germain-des-Prés. Dubrowsky erwarb sie vor 1792.

GELANGTE 1805 IN DIE KAISERLICHE ÖFFENTLICHE BIBLIOTHEK
(1849-1861 IN DER EREMITAGE, 5.2.43)

*LITERATUR: Cat. Séguier 1686, S. 9; Montfaucon 1739, Bd. 2. S. 1113, Nr. 1034; Gille 1860, S. 85; Bertrand 1874, S. 96; *Jaremitsch 1914, S. 41; Laborde S. 132-133, Tfl. LIV; D. Aulotte,* Etudes sur l'influence de Plutarque au seizième siècle. *In:* Bibliothèque d'Humanisme et Renaissance: Travaux et documents. *Bd. 21. Genf 1959. S. 606–612; *Schischmarjow 1965, S. 42, 84.*

230

230. Bl. 46: WAPPEN FRANKREICHS UND DER BRETAGNE

S. 190
231. Bl. 1v: FRONTISPIZ
In allegorischer Form wird die Grundidee des Werks illustriert: der Götterbote Merkur verkündet, daß die auf Liebe gegründete Ehe (Venusfigur im Zentrum) von Grazien begleitet sein (die drei Damen links) und in fester Gesinnung abgeschlossen werden muß (die Dame rechts). Besonders schön ist die Venus, die das inhaltliche und kompositorische Zentrum der Miniatur bildet. Ihr bekränztes Köpfchen umschwirren kleine weiße Täubchen, sie stützt sich auf eine Harfe. Ihr ganzes Gewand besteht aus einem Medaillon an einer Kette und aus einem durchsichtigen Gewebe, mit dem sie sich beschämt bedeckt. Die Umrahmung der Miniatur ist eine freie Phantasie zum Thema eines Portikus, im Interieur kommt zu den antikisierenden Motiven noch eine spätgotische Holzschnitzerei hinzu.

S. 191
232. Bl. 21v: VOM SITTLICHEN NUTZEN DES SPIEGELS, DER TUGEND WIE AUCH LASTER ZURÜCKSTRAHLT
Der weise Autor zeigt auf den Spiegel und warnt die Kinder vor Lastern und Sünden, die ihre »so schönen Gesichter« entstellen werden. Über dem Kamin hängt ein königliches Wappen, im Hintergrund ordnet eine zierliche tugendhafte Dame vor einem Spiegel ihr Haar, das unter der schwarzen bretonischen Haube hervorguckt (ein von Anne de Bretagne eingeführter Kopfputz).

GRACES
VENVS
MERCVRE

233-242
MATTHAEUS PLATEARIUS
DAS BUCH VON DEN HEILKRÄUTERN UND HEILMITTELN
Matthaeus Platearius. Le Livre des simples médecines
Frankreich. Wende zum 16. Jahrhundert

164 Bll. 355 x 260 mm (Text 240 x 175 mm). Pergament. Französisch
9 ganzseitige, 2 viertelseitige Miniaturen, 109 Abb. am Ende der Handschrift; am Anfang des Indexes ein ornamentierter Rahmen; vor dem Prolog eine ornamentierte Initiale mit vertikaler Bordüre; vor dem Beginn des Grundtextes ein ornamentierter Rahmen und eine farbige Initiale; eine Vielzahl von kleinen, blauen und roten Initialen mit Gold und Silber
Einband: 16. Jahrhundert. Karton, mit grünem Saffian bezogen; auf dem Vorder- und Rückendeckel Rahmen und Mittelstück goldgeprägt; gemusterter Rücken; Goldschnitt
Fr.F.v.VI,1.

Das Werk ist die französische Übersetzung eines der bekanntesten Kräuterbücher des Mittelalters, dessen Verfasser Matthaeus Platearius ist. Diese Übersetzung fand besonders im 15. Jahrhundert weite Verbreitung. Das erklärt sich in erster Linie daraus, daß das Kräuterbuch nicht nur von Ärzten, sondern auch von Chirurgen, Apothekern und Wunderheilern benutzt wurde, d.h. von denjenigen, die kein Latein kannten und denen es als Handbuch diente. Jede Heilpflanze und jedes Heilmittel war im Kräuterbuch mit Angabe ihrer pharmakologischen Eigenschaften genau beschrieben. In der Pariser Nationalbibliothek werden 15 Exemplare der französischen Übersetzung aus dem 15. Jahrhundert aufbewahrt, darunter ist eines (ms. 12322) eine Kopie der Petersburger Handschrift.

Der Codex zeichnet sich durch seine reiche Gestaltung von hoher Qualität aus. Laborde meint, daß er von Robinet Testard illuminiert worden ist, der 1487 als Kammerdiener und Maler des Grafen Karl von Angoulême erwähnt wird. Es ist eine seiner späten Arbeiten, da seine Frühwerke in die 1470er Jahre datiert sind. Die Grundlage für die Illuminierung bildet der Miniaturenzyklus eines früheren Platearius der Petersburger Sammlung (Fr. F. v. VI, II, siehe Beschreibung Nr. 162), doch die Blattgestaltung ist anders, die Illustrationen, die in dem Exemplar des Charles du Maine in dem Text verstreut sind, sind hier größtenteils am Ende des Textes auf Albumseiten gruppiert und bilden eine echte Kräuterbibel. Die Konstruktion der thematischen Illustrationen ist komplexer und bezieht neue Personenkreise — besonders symptomatisch: Frauen — ein. Die leeren Pergamentstellen enthalten nun einen landschaftlichen Hintergrund mit Wolkenhimmel und Schlössern in der Ferne. Die Darstellungen sind in dünne Goldrahmen gefaßt. Oft werden Goldschraffen eingesetzt. In die Tafeln sind unterhaltsame Motive eingefügt. Die Insekten und Amphibien sind mit erstaunlicher Meisterschaft gemalt. Dieses reich geschmückte Exemplar ist für eine vornehme Dame angefertigt worden, wie Laborde meint, für Louise von Savoyen, die Gemahlin des Charles d' Angoulême und Mutter Franz I.

F. Avril nimmt an, daß das Wappen der Orléans-Angoulême am Anfang der Handschrift (unten im Rahmen) durch ein anderes übermalt wurde, das offensichtlich dem Leibarzt Kaiser Karls V. gehörte, der später der Besitzer der Handschrift wurde: Auf den Blättern 1r, 68r und 108r sind die Autogramme Karls V. erhalten geblieben. Im 17. Jahrhundert gehörte der Codex zum Bestand der Bibliothek des Kanzlers Séguier. Er gelangte 1735 mit seiner Sammlung nach Saint-Germain-des-Prés und wurde von Dubrowsky in Frankreich spätestens 1792 erworben.

GELANGTE 1805 IN DIE KAISERLICHE ÖFFENTLICHE BIBLIOTHEK (1849–1861 EREMITAGE, 42.5.3)

*LITERATUR: Séguier 1686, S. 19; Montfaucon 1739, Bd. 2. S. 1099, Nr. 397; Gille 1860, S. 98; Bertrand 1874, S. 173; Delisle 1868–1881, Bd. 2, S. 57, Nr. 1817; *Nikolajew 1904, S. 104, 108, 114, 120; Laborde 1936–1938, S. 162–164, Taf. LXIX;* La médecine médievale à travers les manuscrits de la Bibliothèque Nationale: Catalogue de l'Exposition. *Paris 1982. S. 77; Imbault-Huart M.J.: La médecine au Moyen Age. Paris 1983. S. 146; Plummer J. (with the ass. of Gr. Clark):* The Last Flowering. French Painting in Manuscripts 1420–1530 from American Collections. *New York; Platearius,* Le Livre des simples médecines *(ed. by F. Avril), London, 1982, S. 46-47.*

233. Bl. 1v: DER AUTOR BEI DER ABFASSUNG SEINES WERKES

Das große Format der Miniatur, die feine graphische Durcharbeitung der gotisierenden architektonischen Formen, das Interesse am Interieur (in den anderen Räumen sieht man einen brennenden Kamin und eine Truhe mit aufgehäuften Büchern) und Goldschraffen sind typisch für die französische Illuminierung vom Ende des 15. Jahrhunderts.

234. Bl. 2r: ERSTES TEXTBLATT DER HANDSCHRIFT

Der Text ist von einer Bordüre mit einem Blumenornament umrahmt. Im Ornament erscheint eine Dame mit blauen, hinter dem Rücken zusammengelegten Flügeln. Sie hält einen Pfeil und liebkost ein Hündchen. Auf dem unteren Rand ist ein übermaltes Wappen zusehen. Erhalten geblieben sind eine Krone über dem Wappen und Bänder mit Aufschriften, die den Inhalt erklären: »Buch der Gräser und aller Bäume, der Mineralien und der Metalle, der Steine«.

235. Bl. 72v: ALOE-ZWEIGE WERDEN MIT FISCH- UND SCHMETTERLINGSNETZEN AUS EINEM FLUß IM »OBEREN BABYLON« GESAMMELT

Im Vergleich zur früheren Handschrift wird die Anzahl der handelnden Personen größer, es erscheint auch eine Frau mit einem modernen Turban.

S. 194

236. Bl. 95v: GOLDGEWINNUNG

Der Maler gibt nicht nur wahrheitsgetreu die Bewegungen wieder, sondern auch den Gesichtsausdruck.

S. 194

237. Bl. 109r: ALOE UND ZWEI SELLERIEARTEN

Dieses Blatt eröffnet den Abschnitt, der die Abbildung der Pflanzen enthält, deshalb ist es mit einem zierlichen Akanthus-Ornament gerahmt, in das verschiedene Vögel und Grotesken gesetzt sind.

233

234

S. 194
238. Bl. 159v: GEWINNUNG VON BALSAM
Die einfache Miniatur des Prototyps ist hier in eine pastorale Genreszene verwandelt. Der Mann ist ein Ritter mit Schwert und Goldsporen, die Dame trägt ein städtisches Kleid.

S. 194
239. Bl. 160r: JUNGES MÄDCHEN MIT EINHORN
Dieses Blatt zeigt das beliebteste Motiv der mittelalterlichen Kunst. Man sieht hier eine Distel, die bei den Miniaturisten beliebt war und symbolische Bedeutung hatte. Im Hintergrund steht ein Biber, dessen Drüsensekret (Bibergeil) in der Medizin sehr geschätzt wurde, und ferner ein Rosenstrauch mit Bedegar (Bedegar — durch den Stich der Rosengallwespe an Kletterrosen entstehende Galle), der gegen Mückenstiche hilft.

S. 195
240. Bl. 140r: GEWINNUNG VON ALOE, GOLD, ALAUN UND ANTIMON
Eine Miniatur, welche die Gewinnungsarten von Heilmitteln summiert. Der Aufbau der Szenen lehnt sich an die Miniaturen der Handschrift an, wiederholt sie aber nicht.

S. 196
241. Bl. 115v: ROSE UND WEISSWURZ (SIGILLUM SALOMONIS)
Der Künstler fügt oft sehr naturalistische Darstellungen von Schmetterlingen, Heuschrecken, Fröschen u.a. ein.

S. 197
242. Bl. 163r: NATURPRODUKTE
Gezeigt sind Naturalien, die die Basis vieler Heilmittel bilden: Muskatnuß, Harz, Moschus, Schwamm, Lasurit, Perlen, Essig usw. Unten ein Schmelzofen zur Glasherstellung.

235

236

237

238

239

Anthera
Rosaru species, partesq
Cynarii in re medica usus
est) vide Musam.
Polygonatum
Dioscoridi. Sigil
lum Salamonis.
Scala celi. Frax
nella hodie

Mastic
La pierre de lazur
Beurre

243
STREIT DREIER DAMEN
L'Altercation des trois dames
Frankreich (Rouen?). Wende zum 16. Jahrhundert

39 Bll. 267 x 177 mm (Text 165 x 80 mm). Pergament. Französisch
1 Miniatur am Anfang des Codex; goldene Initialen auf blauem und rotem Grund
Einband: Zeitgleich der Handschrift. Holzdeckel, mit braunem Samt bezogen; Durchstiche und Spuren von zwei Schließen, Goldschnitt.
Fr.F.v.XIV,11.

Die einzige und noch unveröffentlichte Kopie eines allegorischen, sittlich-didaktischen Traktats in Versen über Genuß, Nutzen und Eleganz. Es wird angenommen, daß sein Verfasser der französische Dichter des 15. Jahrhunderts Octavien de Saint-Gelais ist. Ein Teil des Textes am Schluß ist verlorengegangen.
Laborde meinte, die Miniatur am Anfang der Handschrift gehöre der Pariser Schule aus der Zeit Ludwigs XII. Die Datierung dürfte stimmen, doch die Vereinigung graphischer Eleganz und einer gewissen Manieriertheit mit einer reich mit »italienischen« ornamentalen Motiven gesättigten Bordüre (Putti, Füllhorn, Perlen, Kandelaber) verleitet zur Annahme, daß wir es mit der Arbeit von zwei Meistern aus Rouen zu tun haben, die um 1500 an der Ausschmückung von Büchern des Kardinals George d'Amboise, Erzbischof von Rouen, arbeiteten und deren Namenuns dank der Ausgabenlisten des Schlosses von Gaillon überliefert sind: es handelt sich um Robert Boyvin, den Schöpfer der Malereien, und Jean Serpin, der die Initiale und die Umrandungen schuf, deren sehr italienisierende Ornamentik teilweise auf die Illuminierung neapolitanischer Handschriften im Besitz von d'Amboise zurückgeht. Bei der Devise: si à ton désir force ist nicht ausgeschlossen, daß es sich um die des Auftraggebers handelt. Im 17. Jahrhundert erwarb Séguier die Handschrift, 1735 gelangte sie im Bestand seiner Sammlung nach Saint-Germain-des-Prés. Ende des 18. Jahrhunderts wurde Dubrowsky ihr Besitzer.

GELANGTE 1805 IN DIE KAISERLICHE ÖFFENTLICHE BIBLIOTHEK (1849–1861 EREMITAGE, 5.3.49)

*BIBLIOGRAPHIE : Montfaucon 1739, Bd. 2. S. 1109, Nr. 790; Gille 1860, S. 81, 82; Delisle 1868–1881, Bd. 2. S. 58; Bertrand 1874, S. 172; Laborde 1936–1938, S. 137, 138, Taf. LVI; *Schischmarjow 1965, S. 105, 106; I. Delaunay;* Le manuscrit enluminé à Rouen au temps du Cardinal Georges d'Amboise: oeuvre de Robert Boyvin et de Jean Serpin dans Annales de Normandie, *45. Jahrgang, Nr. 3, S. 211-244 (siehe insbes. 214-15, 220 und 233).*

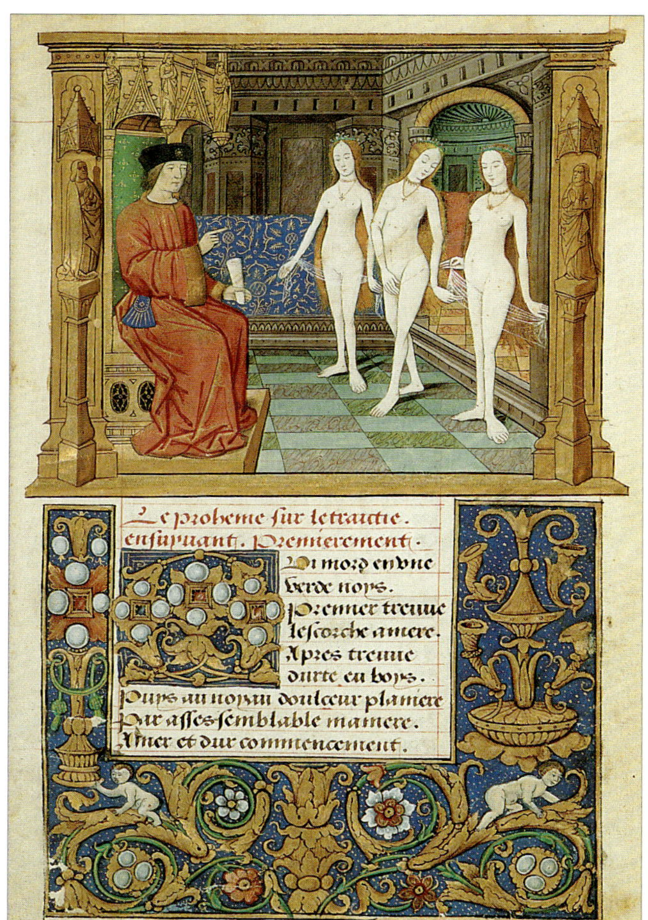

243

243. Bl. 1r: MINIATUR, DIE DAS TRAKTAT ERÖFFNET
Die Miniatur illustriert den eigentlichen Inhalt der Handschrift. Der auf einem Thron sitzende Autor analysiert die relativen Vorzüge von Genuß, Nutzen und Eleganz, die durch drei entblößte Frauen verkörpert sind.

244
FRANCESCO PETRARCA. DIE TRIUMPHE
François Pétrarque. Les Triomphes
Frankreich (Rouen). Um 1500

328 Bll. 312 x 205 mm (Text 230 x 130 mm). Pergament. Französisch
13 Miniaturen; große und kleine Initialen auf rotem und blauem Grund
Einband: 16. Jahrhundert. Holzdeckel, mit gemustertem rosa Samt bezogen; Metallschließen
Fr.F.v.XV,4.

Die Triumphe sind ein Poem von der Überlegenheit des Geistigen über das Irdische. Es ist das letzte Werk Petrarcas. Seine allegorischen Sujets wurden von vielen Künstlern des 15. Jahrhunderts sowohl in Italien wie auch in Frankreich für Fresken, Gobelins, Skulpturen, Fayencen und insbesondere Miniaturen genutzt. Ende des 15. Jahrhunderts übersetzte Simon Borgoin (Bourgouyne), Kammerherr Ludwigs XII., *Die Triumphe* in französische Verse. Damals entstand auch eine Prosa-Variante dieser Übersetzung. Die St. Petersburger Handschrift enthält die französische Prosa-Variante der drei letzten *Triumphe:* des Ruhms (Renommée), der Zeit (Temps), der Göttlichkeit (Divinité). Es gibt mehrere Exemplare der *Triumphe*, die am Hofe Ludwigs XII. und der Anna von Bretagne sehr beliebt waren und von Meistern aus Rouen, Paris und der Loire-Schule illustriert wurden. Einige Miniaturen der Petersburger Abschrift (z.B. Bl.2v) sind den Handschriften aus der Österreichischen Nationalbibliothek in Wien (ms. 2581/2581) und Paris (ms.fr.12424) sehr nahe.

Um die Wende zum 16. Jahrhundert gehörte der Codex offenbar dem französischen König Ludwig XII., der außerdem ein bedeutend üppiger illustriertes Exemplar von Petrarcas Werk besaß (Manuskript 594 der Pariser Nationalbibliothek, sein Autogramm ist auf Bl.3r erhalten); im 17. Jahrhundert befand sich der Codex im Besitz des Kanzlers Séguier, 1735 gelangte er nach Saint-Germain-des-Prés. Ende des 18. Jahrhunderts erwarb Dubrowsky ihn.

GELANGTE 1805 IN DIE KAISERLICHE ÖFFENTLICHE BIBLIOTHEK (1849–1861 EREMITAGE, 5.3.63)

*LITERATUR: Séguier, Inv. des miniatures, 1686, S. 20; Montfaucon 1739, Bd. 2. S. 1108, Nr. 743; Gille 1860, S. 91; Bertrand 1874, S. 190; Delisle 1868–1881, Bd. 1. S. 124; Laborde 1936–1938, S. 140; *Schischmarjow 1965, S. 85; Bernadskaja E.V.:* Manoscritti del Petrarca nelle Biblioteche di Leningrado. *In:* Italia medioevale e umanistica. *1974, Bd. 22. S. 550–552; *Bernadskaja 1984–1985, S. 201, 202.*

244

244. Bl. 242v: ILLUSTRATION ZUM TRIUMPH DES RUHMS

Dargestellt ist die Begegnung Alexanders von Makedonien mit dem Philosophen Kalisthenos, Schüler des Aristoteles. Er wirft dem Eroberer vor, persische Sitten übernommen zu haben.

245-251
BOTSCHAFTEN IN VERSEN FÜR ANNA VON BRETAGNE UND LUDWIG XII

Epistres en vers françois dédiées à Anne de Bretagne et Louis XII

Frankreich. Anfang 16. Jahrhundert

112 Bll. 295 x 195 mm (Text 165 x 110 mm). Pergament. Französisch und Latein
11 ganzseitige Miniaturen in Goldrahmen, blau koloriert; goldene große und kleine Initialen auf dunkelrotem Grund
Einband: 18. Jahrhundert (von Dubrowsky bestellt). Karton, mit rosa Samt bezogen; Dublüren und Vorsätze aus Goldbrokat; Goldschnitt.
Fr.F.v.XIV,8.

Der Codex enthält 9 Briefbotschaften in Versen, die während der italienischen Kriegszüge Ludwigs XII. im Auftrag Anne de Bretagnes von Dichtern ihres Hofes verfaßt wurden. Fausto Andrelini (1471–1518), der Lieblingsdichter Ludwigs XII., hat die erste, dritte und fünfte Botschaft in lateinischer Sprache verfaßt. Sie wurden von Macé de Villebresme, dem Kammerherrn des Königs, ins Französische übersetzt (der lateinische Text ist am Rande angeführt). Die erste Botschaft enthält die Bitte der Königin an Ludwig, nach dem Sieg über die Venezianer heimzukehren, die dritte gibt dem Bedauern über die Revolten der Venezianer Ausdruck, in der fünften beklagt die Königin das undankbare Verhalten des Papstes Julius II. Die zweite, sechste und neunte Botschaft verfaßte der Dichter Jean Dauton (oder d'Auton), Abt von Sainte Croix d'Angle (1466–1527), Poet und Historograph des Königs. In der zweiten Botschaft wenden sich die drei Stände an Ludwig und bieten ihm friedliche Zeiten an. Die sechste Botschaft ist fiktiv im Namen des trojanischen Hektor aus den Elysäischen Gefilden der griechischen Mythologie geschrieben; die neunte ist eine elegische Botschaft der Streitbaren Kirche (Eglise militante). Jean Dauton hat auch die vierte Botschaft aus dem Lateinischen ins Französische übersetzt, die von Jehan Francisque Suard (von Bergamo) verfaßt wurde. Sie enthält die Einladung an Anna, sich nach Italien zu begeben. Die siebente Botschaft, verfaßt von dem bedeutenden Dichter Jean Lemaire (de Belges) (1473 — um 1525), enthält die Antwort Ludwigs XII. an Hektor, die achte, die Botschaft des Kriegsgottes Mars, verfaßte M. de Mailly.

Die Illuminierung der Handschrift wurde im 19. Jahrhundert Jehan Perréal zugeschrieben, der zu jener Zeit als größter französischer Künstler um die Wende zum 16. Jahrhundert galt (La Ferrière, Gille, Bancel). Als erster nannte de Mauld La Clavière den Künstler Bourdichon, ihn unterstützten Mac Gibbon und Lauer, und obwohl bei Laborde noch Perréal erwähnt wird, kann man heute mit ziemlicher Sicherheit als Urheber Bourdichon nennen, den Hofmaler Karls VIII., Ludwigs XII. und der Anna von Bretagne. Für Bourdichon ist eine virtuose Technik, ein großes Bildformat, das sich an die Tafelmalerei anlehnt, eine ausgewogene Komposition sowie die Fähigkeit, in seinen gekrönten Modellen das Porträthafte zu idealisieren, typisch. Alle diese Züge kommen glanzvoll in den Miniaturen der Petersburger Handschrift, einer der vorzüglichsten Arbeiten Jean Bourdichons, zum Ausdruck.

Die Handschrift gehörte zweifellos zum Bestand der Bibliothek Ludwigs XII. und der Anna von Bretagne. Im 17. Jahrhundert war ihr Besitzer der Kanzler Séguier. Der Codex gelangte 1735 nach Saint-Germain-des-Prés zusammen mit der Kollektion seines Erben, des Herzogs Coislin. Ende des 18. Jahrhunderts erwarb sie Dubrowsky.

GELANGTE 1805 IN DIE KAISERLICHE ÖFFENTLICHE BIBLIOTHEK (1849–1861 EREMITAGE, 5.3.46)

LITERATUR: Cat. Séguier 1686, S. 15; Montfaucon 1739, Bd. 2. S. 1072, Nr. 195; Gille 1860, S. 93–96; Bertrand 1874, S. 172; La Ferrière H. de.: Deux années de mission à Saint Pétersbourg. *Paris 1867. S. 3; Bancel E.-M.:* Jehan Perréal dit Jehan de Paris. *Paris 1885. S. 135, 136; Maulde La Clavière R.-A.-M. de:* Jehan Parréal dit Jehan de Paris. *Paris 1896. S. 98–100; Laborde 1936–1938, S. 147–149, Taf. LX, LXI–LXII; Mac Gibbon D.:* Jean Bourdichon, a Court Painter of the 15th Century. *Glasgow 1933. S. 113–115; *Schischmarjow 1965, S. 38, 39, 90–98 (6. Briefbotschaft; Woronowa, 1984; Avril, Reynaud.).*

245. Bl. 20v: ILLUSTRATION ZUR ZWEITEN BOTSCHAFT
Die allegorischen Figuren des Heldenmuts (Prouesse) und des Edelmuts (Noblesse), unter denen Krieger und fromme Frauen zu sehen sind, illustrieren, wie sich die Stände (in diesem Fall die beiden oberen Stände) an Ludwig wenden.

NOBLESSE
PROVESSE

246

247

248

246. Bl. 1v: ILLUSTRATION ZUR ERSTEN BOTSCHAFT
Anne de Bretagne bittet Ludwig, nach Frankreich zurückzukehren. Die Darstellung Annas mit einem Tuch in der Hand und tränengeröteten Augen gilt als eines der besten Bildnisse der Königin. Das Hündchen ihr zu Füßen symbolisiert die eheliche Treue, im Alkoven über ihrem Kopf hängt ein Diptychon mit der Madonna und dem Jesusknaben. Die Hofdamen tragen den für den Hof der Königin üblichen bretonischen Kopfputz.

247. Bl. 31v: ILLUSTRATION ZUR ZWEITEN BOTSCHAFT
Den Text diktiert dem Knaben ein Vertreter des dritten Standes ("Labeur"), ein Ackerbauer. Ein für jene Zeit seltenes Beispiel für ein ländliches Genrebild, das auf idyllische Weise interpretiert ist.

248. Bl. 40v: ILLUSTRATION ZU DRITTEN BOTSCHAFT
In Gegenwart der Hofdamen überreicht die Königin Anne dem Boten einen Brief für den Gatten. Die Fenster sind mit Königswappen geschmückt.

249. Bl. 51v: ILLUSTRATION ZUR VIERTEN BOTSCHAFT
Ludwig lädt seine Gemahlin nach Italien ein. Den kriegerischen Heldenmut des Königs symbolisieren die Ritterharnische und Schwerter. An der Tür wartet auf ihn sein Kampfroß. Das Porträt des Königs weist weniger reale Züge auf als das der Königin Anna.

S. 204
250. Bl. 58v: ILLUSTRATION ZUR FÜNFTEN BOTSCHAFT
In der Tür stehen Boten, die auf den Empfang der Botschaft warten.

S. 205
251. Bl. 81v: ILLUSTRATION ZUR SIEBENTEN BOTSCHAFT
Ludwig XII. sitzt auf einem Thron, der mit lilienbesticktem Stoff bezogen ist. Er diktiert eine Botschaft, die die Antwort des Königs an den Trojanischen Hektor enthält. Im Vordergrund steht ein Bote mit den Gesichtszügen des Borromäus, der darauf wartet, den Brief in die Elysäischen Gefilde zu bringen.

BOREAS

252-257
BUCH VOM TRIUMPH DER MACHT UND DER VORSICHT
Livre du Triomphe de la force et de la prudence
Frankreich. Erstes Viertel 16. Jahrhundert (nach 1522)

184 Bll. 410 x 290 mm (Text 300 x 175 mm). Pergament. Französisch
19 ganzseitige Miniaturen; 20 farbige Initialen vor goldenem Grund
Einband: 16. Jahrhundert. Karton, mit braunem Leder bezogen, darüber lila Samt; auf dem Vorder- und Hinterdeckel Eckstücke aus Bronze; Spuren von Durchstichen und zwei Schließen; auf dem Rücken 8 Bünde; Goldschnitt.
Fr.F.v.XV,1.

Das unveröffentlichte allegorische Werk besteht aus zwei Traktaten: *Von der Macht* und *Von der Vorsicht*. M. Holban meint, es sei eine im Auftrag von François du Moulin de Rochefort ausgeführte freie Überarbeitung des *Lobs der Torheit*; er hatte 1517 Erasmus von Rotterdam nach Frankreich eingeladen. Diese Übersetzung stammt von Jean Thenaud. Ihr Gegenstück ist ein zweiter Band, *Triumph der Gerechtigkeit und der Mäßigung* (Paris, Nationalbibliothek, F144). Der Autor tritt hier als Pilger (le pélerin) oder Forscher (l'explorateur) auf, der sich in das Land der Allegorie begibt und Zeuge des Triumphs der vier Tugenden wird, von denen die ersten zwei — Vorsicht und Macht — Louise von Savoyen und ihren Sohn Franz I., die übrigen zwei — Gerechtigkeit und Mäßigkeit — die Königin Claude de France und Margarete von Angoulême, die Schwester des Königs, verkörpern. Das humanistische Werk des Erasmus verwandelte sich in den französischen Hofkreisen in einen moralisierenden Roman voller Wunder und Allegorien.
Es existieren zwei weitere Kopien dieses Werkes, die in der Französischen Nationalbibliothek (ms .fr. 443) und in der Bibliothek des Arsenals von Paris aufbewahrt werden, doch hebt sich der Petersburger Codex, der für Louise von Savoyen angefertigt worden war, durch seine Gestaltungsweise hervor. Seine Illustratoren waren bemüht, den komplexen symbolischen Inhalt wiederzugeben, deshalb sind die großformatigen Miniaturen so von realen Personen, Allegorien und verschiedenen sujetbedingten Situationen gefüllt. An der Illuminierung arbeiteten zwei Meister, von denen besonders der Autor der Illustrationen zum zweiten Teil des Traktats über die Vorsicht von Interesse ist. Die eigenartige Ausführungsmanier dieser kolorierten Grisaillen erinnert an die Arbeiten der Italiener am Hofe Franz I. Es ist nicht ausgeschlossen, daß sie von einem italienischen Künstler stammen. Die temperamentvoll gemalten Tiere und Drachen sind möglicherweise unter dem Eindruck der Zeichnungen Leonardo da Vincis und seiner Schüler entstanden.
Im 17. Jahrhundert gehörte die Handschrift Séguier, 1735 gelangte sie in die Bibliothek Saint-Germain-des-Prés. Dubrowsky erwarb den Codex in Frankreich spätestens 1792.

GELANGTE 1805 IN DIE KAISERLICHE ÖFFENTLICHE BIBLIOTHEK (1849–1861 EREMITAGE, 5.3.50)

LITERATUR: Séguier 1686, S. 21; Montfaucon 1739, Bd. 2. S. 1108, Nr. 726; Gille 1860, S. 92; Bertrand 1874, S. 189; Laborde 1936–1938, S. 153, 154, Taf. LXIV; Holban M.: Un témoignage inconnu sur le rayonnement érasmien dans l'entourage immédiat de François I. *Bukarest 1955; A.-M. Lecoq, François Ier imaginaire, Paris, 1987, S. 101-112, 282-301, 468, Abb. 43-47, 118-127.*

252. Bl. 9r: ILLUSTRATION ZUM ZWEITEN KAPITEL DES TRAKTATS ÜBER DIE VORSICHT

Auf der Brücke, die in einen Garten führt, ist die Urania zu sehen. Im unteren Teil der Miniatur steht auf einer Säule Pythagoras. Er hält lateinische Texte in den Händen, ihm nähert sich Louise von Savoyen mit ihrem Gefolge.

S. 208

253. Bl.1r: FRONTISPIZ

Louise von Savoyen empfängt im Kreise ihrer Damen den in eine Mönchskutte gekleideten Autor (offensichtlich Jean Thenaud, man weiß, daß er Mönch war, ein Vertrauter des Rochefort), der ihr die Handschrift überreicht. Über ihrem Thron ist ihr Wappen zu sehen, bestehend aus dem von Orléans-Angoulême und von Savoyen.

S. 208

254. Bl. 32r: ILLUSTRATION ZUM SIEBENTEN KAPITEL DES TRAKTATS ÜBER DIE VORSICHT, AUSGEFÜHRT VOM ZWEITEN MEISTER

S. 208

255. Bl. 162v: ILLUSTRATION ZUM ACHTEN KAPITEL DES TRAKTATS VON DER MACHT

Die Handlung beginnt rechts unten, entfaltet sich spiralartig nach oben und findet ihren Abschluß am oberen Rand der Miniatur. Franz I. im blauen Gewand mit goldenen Lilien wird von der Beständigkeit empfangen. Die Krieger des Monarchen tragen Standarten der Kreuzfahrer.

S. 208

256. Bl. 179v: ILLUSTRATION ZUM ZEHNTEN KAPITEL DES TRAKTATS VON DER MACHT

S. 209

257. Bl.28v: ILLUSTRATION ZUM SECHSTEN KAPITEL DES TRAKTATS ÜBER DIE VORSICHT

VRANIE
HAC·ITVR·AD ASTRA·
HAC·ITER·HELISEV·
AT·LEVA·MAIOR·EXCERCET·PENAS·
ET·AD·IMPIA·TARTARA·MITTIT·
PITAGORAS

253

254

255

256

258
REDEN DES CICERO
IN DER ÜBERSETZUNG VON ETIENNE LE BLANC
Discours de Cicéron, traduits par Etienne Le Blanc
Frankreich. Zwischen 1531 und 1538

101 Bll. 325 x 215 mm (Text 210 x 130 mm). Pergament. Französisch
1 Frontispiz-Miniatur; goldene und farbige Initialen; goldene und blaue Rubriken
Einband: 16. Jahrhundert. Holzdeckel, mit rotem Samt bezogen; silberbestickte Rahmen und Wappen der Montmorency; Silberverschlüsse; Goldschnitt
Fr.F.v.XV,3.

Die Handschrift enthält eine Widmung an Anne Montmorency, Marschall von Frankreich, und zwei Traktate: über die Herkunft der Römer und über die römische Verwaltung von Romulus bis Julius Cäsar und die Übersetzung folgender Reden Ciceros: An das römische Volk zugunsten der Wahl des Pompeius, an Cäsar zur Verteidigung des Marcus Marcellus, eines römischen Bürgers, der zur Partei des Pompeius gehörte (»Pro Marcello«), zur Verteidigung des Quintus Ligerius, eines römischen Bürgers, der gegen Cäsar auftrat, und an die Richter anläßlich des Mordes an Publius Clodius durch Titus Annius Milo. Die Übersetzung schuf Etienne Le Blanc, Greffier am Rechnungshof und ab 1527 Hauptkontrolleur des Sparvermögens.

Die klare Schrift des Codex, die strenge Gliederung des Textes und seine Korrelation zum Randtext zeugen vom Einsatz der Drucktechnik, doch die Frontispiz-Miniatur dagegen ist eines der letzten Meisterstücke der Buchilluminierung. Der Künstler hat die pompöse feierliche Szene, den Glanz des kostbaren Geschirrs, der Goldstickerei, der teuren Stoffe und Schmuckstücke durch eine erlesene Farbskala vereinigt. Die Illustration verwandelt sich in ein festliches Gruppenporträt, das zweifellos in die Blütezeit der französischen Renaissance gehört. Den im Renaissance-Stil gehaltenen architektonisch-ornamentalen Rahmen der Miniatur könnte der vorzügliche Zeichner und Verleger Geoffroy Tory (um 1480 – um 1533) geschaffen haben, doch war eine solche Umrahmung zu jener Zeit zur Genüge verbreitet. Es besteht allerdings kein Zweifel darüber, daß die Petersburger Miniatur derselbe Künstler hergestellt hat, der die Werke des Diodoros Siculus mit einem Frontispiz geschmückt hat, auf dem Franz I. dem Übersetzer Macault beim Vorlesen zuhört (Museum Condé in Chantilly ms.fr. 1672).

Die Handschrift wurde für den Marschall Frankreichs Anne de Montmorency (den späteren Konnetabel) angefertigt. Sein Wappen ist unten im Rahmen der Miniatur zu sehen. Eine Zeitlang gehörte die Handschrift Daniel Degouillons Vinot, Priester der Diözese Orléans. Davon zeugt sein Exlibris auf Blatt 4r: *Ex libris Danielis Degouillons Vinot, presbyteri Aurelianensis.* Ende des 18. Jahrhunderts wurde die Handschrift von Dubrowsky erworben.

GELANGTE 1805 IN DIE KAISERLICHE ÖFFENTLICHE BIBLIOTHEK (1849–1861 EREMITAGE, 5.3.62)

LITERATUR: Gille 1860, S. 90, 91; Bertrand 1874, S. 189, 190; Delisle L.: Traductions d'auteurs grecs et latins offertes à François et Anne de Montmorency par Etienne Le Blanc et Antoine Macault. *In: Journal des savants. 1900. August — September. S. 476–492; *Jaremitsch 1914, S. 41; Laborde 1936–1938, S. 161–162, Taf. LXVIII; Blum A., Lauer Ph.:* La Miniature française aux XVe et XVIe siècles. *Paris; Brüssel 1930. S. 100, Taf. 90; Meurgey J.:* Les principaux manuscrits à peintures du Musée Condé à Chantilly. *Paris 1930. S. 1981; *Dobiasch-Roshdestwenskaja, Lublinskaja,* Les miniatures françaises,*1939, S. 861–869;* Livres du connétable. La bibliothèque d'Anne de Montmorency. *Ausstellung. Schloß von Ecouen, 1991, Nr. 2 (Katalog von T. Crépin-Leblond).*

258. Bl. 3v: FRONTISPIZ
Anne de Montmorency ist die frontal gezeigte Hauptperson. Er trägt die Kette des St. Michael-Ordens und hält eine lange goldene Gerte, Zeichen seiner Marschallwürde. Ein bärtiger Mann in Hofkleidung nähert sich ihm, leicht das Knie beugend. Es ist nicht sicher, daß es sich um den Übersetzer Etienne Le Blanc handelt, der trotz seiner hohen Ämter im königlichen Verwaltungswesen nicht zum Hof gehörte. Verschiedene Personen in Hofkleidung rahmen die Hauptpersonen ein und sind Zeuge der bewundernswert in den Raum eingefügten Szene.

259
STATUT DES ST. MICHAEL-ORDENS
Statut de l'ordre de Saint-Michel
Frankreich. 16. Jahrhundert

43 Bll. 260 x 180 mm (Text 185 x 110 mm). Pergament. Französisch
1 Miniatur am Anfang der Handschrift; farbige Initialen mit Gold
Einband: 16. Jahrhundert. Karton, mit dunklem Leder bezogen;
goldgeprägter Rahmen und Mittelstück; auf dem Rücken Bünde; Goldschnitt
Fr.Q.v.II,2.

Auf Befehl Ludwigs XI. vom 1. August 1469 wurde der St. Michael-Orden gegründet, der die höchste, dem König nahestehende Aristokratie in sich vereinte. Beim Eintritt in den Orden mußte jedes neue Mitglied zwei Exemplare des Statuts anfertigen, eines für sich und eines für den König. Die Exemplare sollten eine Miniatur schmücken, die den König und die ersten Ordensritter darstellte. Die Petersburger Handschrift ist eines der üblichen, für ein neues Mitglied bestimmten Statut-Exemplare mit der imitierten königlichen Unterschrift Ludwigs auf Blatt 44r. Ihr Herstellungsdatum (1476) ist bei Laborde irrtümlich angegeben, denn der Stil der Miniatur, die Kleidung des Königs und der Ritter verweisen bereits auf das 16. Jahrhundert. In den etwas karikierten Gesichtern, den Proportionen der kurzbeinigen Figuren, die fest auf dem Fliesenboden stehen, ist eine Anlehnung an die Kunst des Nordens zu spüren. Durrieu, der Anfang unseres Jahrhunderts die Miniatur gesehen hatte, bezog sie auf die Werkstatt des Etienne Colleault, einem Pariser Künstler, der 1523 und 1528 für François I. eine Reihe der für Neumitglieder des Ordens bestimmte Statuten schuf.

Auf der Rückseite des Vorderdeckels findet sich die Inschrift A *Roland Hacteus*. Es ist nicht ausgeschlossen, daß es der Name des ersten Besitzers ist. Im 17. Jahrhundert gehörte die Handschrift Louis de Machon, dem Kanoniker von Toul, der sie dem Kanzler Séguier schenkte. Über Herzog Coislin, den Enkel des Kanzlers Séguier, gelangte der Codex 1735 nach Saint-Germain-des-Prés und Ende des 18. Jahrhunderts zu Dubrowsky.

GELANGTE 1805 IN DIE KAISERLICHE ÖFFENTLICHE BIBLIOTHEK (1849–1861 EREMITAGE, 5.2.40)

LITERATUR: Montfaucon 1739, Bd. 2. S. 1029, Nr. 219; Gille 1860, S. 82, 83; Bertrand 1874, S. 77; Laborde 1936–1938, S. 107, 108, Taf. XLVI.

259. Bl. 9r.: DER THRONENDE KÖNIG LUDWIG XI. IM KREIS DER RITTER DES ST. MICHAEL-ORDENS

Loys par la grace de dieu Roy
de france Scauoir faisons a
tous presens et aduenir Que
pour la tresparfaicte et singu
lieux amour que auons au noble ordre
Ex Museo Petri Dubrowsky

260-281
MATFRES ERMENGAUS DE BÉZIERS
Liebesbrevier (Kurzes Traktat über die Liebe)
Lo Breviari d'Amor

Katalonien (Lérida). Erste Hälfte 14. Jahrhundert

252 Bll. 350 x 245 mm (Text 225 x 170 mm). Pergament. Provenzalisch
9 ganzseitige und 17 halbseitige Miniaturen; 142 Miniaturen (70 x 60 mm); 31 historisierte Initialen; zahlreiche farbige Initialen mit Grotesken; 2 Rahmen mit Medaillons
Einband: 18. bzw. Anfang 19. Jahrhundert (von Dubrowsky bestellt).
Karton, mit rosa Samt bezogen; Blindprägung; Dublüren aus Goldbrokat;
Vorsätze aus grünem Saffian mit goldgeprägtem Rahmen
Prov.F.v.XIV,1

Matfres Ermengaus de Béziers (gest. nach 1322) war ein provenzalischer Troubadour. Obwohl sein Poem recht weite Verbreitung fand (besonders im 14. Jahrhundert, aus dem uns 12 Abschriften erreicht haben), ist sein Lebensweg wenig bekannt. Sein Poem schuf er als Kleriker in den Jahren 1288–1292. Kurz vor seinem Tod trat er in den Franziskaner-Orden ein.

Dem Haupttext des Codex sind zwei lyrische, von Matfres verfaßte Gedichte (Kanzone und Sirventes) mit musikalischer Notation vorangeschickt. In sämtlichen uns bekannten Abschriften des Poems fehlen diese Gedichte. Dabei sei bemerkt, daß der Text der Petersburger Handschrift, der bei der Herausgabe des Poems unberücksichtigt blieb, am vollständigsten ist. Die Grundidee des Poems, die sämtliche Teile vereint, liegt darin, daß die Welt eine Emanation der Liebe ist, die sehr vielseitig sein kann, wie z.B. die Liebe zu Gott, zu seinem Nächsten, zu den irdischen Gütern und schließlich zur Frau.

Die zahlreichen Illustrationen, in die oft ein Text eingefügt ist, bilden selbst ein wahres Traktat, das mittels der bildenden Kunst geschaffen wird. Sie spiegeln sämtliche Grundthemen des Breviers — kosmogonische Vorstellungen, von denen die Rede im ersten Teil ist, theologische Probleme, biblische Sujets aus dem zweiten Abschnitt, die Liebe zur Dame und die sie begleitenden Versuchungen, worüber im letzten Teil des Poems berichtet wird. Die Fülle von interessanten Realien, insbesondere des Alltags, der Kleidung und der Gerätschaften, lassen diese Miniaturen zu einem wertvollen Zeugnis für das Leben jener Zeit werden. Überraschend ist die vielfältige maltechnische Ausführung der Illustrationen, die Anordnung der Kolumnen, die Korrelation zwischen den Miniaturen und dem Text.

Doch trotz all dieser Vielfalt trägt die Illuminierung der Handschrift Züge, die der westeuropäischen Miniatur der ersten Hälfte des 14. Jahrhunderts gemeinsam sind: Randleisten aus dünnen Weinreben oder Efeuranken mit einzelnen Blättchen und Drolerien, verschiedenartig gemusterte Gründe, sich zierlich bewegende Gestalten, ihre Gewandfalten, ihr gelocktes Haar, ihre mit leichten Federstrichen wiedergegebenen Gesichtszüge. Die Eigenheiten von Kolorit und Zeichnung verbinden den Codex mit der Kunst Südfrankreichs, vornehmlich der Provence, und Kataloniens, deren Kultur — Schrifttum und bildende Kunst — seit dem 12. Jahrhundert viel Gemeinsames hatte. O.A. Dobiasch-Roshdestwenskaja machte den Versuch, die Illuminierung der katalonischen Schule zuzuschreiben. Der Kolophon weist zwar eindeutig die Stadt Lérida in Spanien als Entstehungsort der Kopie für einen Bürger jener Stadt aus. Angefertigt hat sie ein aus England stammender Avignoner Schreiber (*Johannes de Avigniona, nationis Inglicorum, scripsit hunc librum in civitate Ilerdensi*). F. Avril geht indes aufgrund des Stils der Malerei und Besonderheiten von Zeichnung und Farbe davon aus, daß der Künstler aus Toulouse stammte, einem der betriebsamsten Buchmalerei-Zentren Südfrankreichs gegen Ende des 13. Jh.

Uns haben mehrere Abschriften des *Breviers* aus dem 14. und 15. Jahrhundert erreicht, die einen fast identischen Bestand der Miniaturen und ihrer Ikonographie aufweisen. Sie gehen zweifellos auf das Ausgangsexemplar aus dem Ende des 13. Jahrhunderts zurück, für dessen Ausschmückung Matfres selbst Hinweise gegeben hat. K. Laske-Fix, der diese Codices nach ihrem Illustrierungscharakter lokalisierte, reihte die Petersburger Handschrift nicht in die katalonische, sondern in die provenzalische Gruppe ein.

Unter den erhalten gebliebenen Abschriften des Breviers gehört das Petersburger Exemplar zu den frühesten, die bereits nach zwei bis drei Dezennien nach dem ersten, dem Autorenexemplar (um 1320) entstanden sind. An Illuminierungen von solchem Ausmaß arbeiteten zweifellos mehrere Maler, wobei einige von ihnen eine Vorliebe für helle Ockertöne zeigten (Miniaturserien zu den Monaten, Evangelienszenen). Das Problem der endgültigen Lokalisierung der Handschrift und die Festlegung der einzelnen Meister, die sie illuminierten, ist noch nicht geklärt. Dabei ist zu beachten, daß sich im 14. Jahrhundert die katalonische Miniatur stark unter dem Einfluß von Avignon entwickelt hat.

Im 17. Jahrhundert gehörte die Handschrift dem Kanzler Séguier. 1735 gelangte sie nach Saint-Germain-des-Prés. Ende des 18. Jahrhunderts erwarb sie Dubrowsky.

GELANGTE 1805 IN DIE KAISERLICHE ÖFFENTLICHE BIBLIOTHEK
(1849–1861 Eremitage, 5.3.66)

LITERATUR: Cat. Séguier 1686, S. 14; Montfaucon 1739, Bd. 2. S. 1108, Nr. 757; Gille 1860, S. 52, 53; Le Breviari d'Amor de Matfrés Ermengaus suivi de sa lettre à sa sœur, *publié par la Société Archéologique, Scientifique et Litteraire à Béziers. In: Introduction et glossaire par Gabriel Azais. 1869–1881, Bd. 2; Laborde 1936–1938, S. 20–25, Taf. XIII–XV; *Dobiasch-Roshdestwenskaja O., Lublinskaja A.:* Über eine spanische Handschrift. *In: Kultur Spaniens. Moskau 1940. S. 267–296; Laske-Fix K.:* Der Bilderzyklus des Breviari d'Amor. *München/Zürich 1973. S. 189, Nr. 31.*

260

261

262

260. Bl. 41v: VENUS

Diese Miniatur gehört zur Serie von Miniaturen, in denen die Planeten als allegorische Figuren dargestellt werden. Diese gehen auf die antike Mythologie zurück. Die aus dem Meeresschaum geborene Venus ist hier mit naiver Unbefangenheit gezeigt.

261. Bl. 1r: KANZONE (*DREGZ DE NATURA*) MIT NOTEN UND SIRVENTES, VERFAßT VON MATFRÉS

Auf den Efeuranken sind ein Hund, der einen Hasen verfolgt, ein Vogel und ein Bogenschütze dargestellt. In den Medaillons spielen Monstren auf Musikinstrumenten. Unten rettet eine Dame ein vom Jäger verwundetes Reh, in den zwei daneben stehenden Medaillons kämpfen zwei Ritter mit den heraldischen Zeichen der Lilie und des Löwen miteinander.

262. Bl. 6v: ANFANG DES TEXTES ZUM *LIEBES-BREVIER*

Oben unterhält sich »Matfres Ermengaus de Béziers, Doktor der Rechte und Diener der Liebe«, wie er sich nannte, mit dem Liebespaar (rechtes Paar mit Lilie) und den Troubadouren (Paar im Zentrum, mit Buch). Sie befragen ihn nach der Natur und der Herkunft der Liebe. Das Einfügen eines Texts in die Miniatur ist kennzeichnend für das Buch, mit dessen Hilfe Matfrés belehrt. Unten ist neben einem Löwen und einem Monstrum die Verkündigungsszene gezeigt.

263. Bl. 11v: DER LIEBESBAUM

Diese Miniatur, deren Varianten in allen Exemplaren des Breviers zu finden sind, ist eine Art Inhaltsverzeichnis des Traktats. Der Baum der Natur, des ganzen Weltalls, wird als Emanation der Liebe gedeutet. Die große zentrale Figur ist die Allegorie des amors generals. Die Figuren, Kreise und Blätter mit erläuternden Aufschriften bezeichnen die verschiedenen Arten der Liebe, ihre Blüten und Früchte die Tugenden und Laster. Der Teufel symbolisiert die Gefahr, vom rechten Weg abzuschweifen, die Figuren mit den Schwertern und Äxten, die versuchen, die Baumtriebe abzuhauen, bedeuten die der Liebe drohende Lästersucht, Unzüchtigkeit, Geiz usw. Außer der Liebe zu Gott, auf die oben die Taube als Symbol des Heiligen Geistes hinweist, nimmt im System des Matfres den wichtigsten Platz die Elternliebe ein, deren Frucht die Kinder sind.

263

264

265

264. Bl. 16r: DIE HL. DREIEINIGKEIT

Illustration zum Abschnitt über Gott als Schöpfer der Natur und Quelle der Liebe.

265. Bl. 36r: TIERKREISZEICHEN (WAAGE, SKORPION, SCHÜTZE)

Diese und die folgende Miniatur sind Illustrationen zum Abschnitt Kosmographie. Hier haben wir ein gutes Beispiel für den künstlerischen Aufbau einer Schmuckseite mit einer Fülle von Miniaturen und Initialen mit in das Randfeld hinausragenden Ranken und Drolerien.

266. Bl. 56v: ILLUSTRATION ZUM ABSCHNITT ÜBER DIE JAHRESZEITEN

Dargestellt sind hier der April als Blütezeit der Natur, der Mai mit der Darstellung der Falkenbeize und der Juni mit einem Bauern bei der Grasmahd. In der eigenartigen Form der langen Sichel sieht Dobiasch-Roshdestwenskaja die Widerspiegelung der »lebendigen spanischen Wirklichkeit«.

Le cinques mes es
nompnatz mais
E quar es temps
plazens e gais
Quar son verdeian li pradels
Ez adoncz canton li aucel
En boscatges et en verdiers
Per quom adoncz mot volontiers
Se van de fora deportar
E caz adoncz s'en trameton d'amar
Tota sentens creatura
Per so mais en la penchura
Es penhs a lei de cavalier
El pon portan son esparvier
E trobaretz el mes de mai
xxx iorns complitz et i mais
Sei iorn han horas setzenas
E las nuegz no mais vuechenas

Le mes de iunh es le sezé
E per so quar en aquel mes
Le soleilhs per sa gran ca
A la terra sostrai l'umor. lor.
Per la qual occazio li prat
Son a seccezas abandonat
E communamens segador.
Per so penho li penhedor
Iunh a maneira de vila.
Segan prat ab lo dalh en la ma
El mes de iunh no trobaretz
Mas xxx dias luna vetz
Horas trobaretz xviii.
En lo iorn e vi en la nueg.

Iulhs es nompnatz le setes
E trobaretz en aquel mes
Quel soleilhs redobla calor.
Quar si co dizon li auctor.
Adoncz intra en sa maizo.
So es el signe dich leo
Don pla gran calor que fai.
Que la terra l'umor sostrai
Son communamen tug li blat
En aquel mes a sasonat
Secc e madur e cullhidor
Per que penho li penhedor
Aquest de iulh portan.

Estoria de las vij obras de misericordia.
lo bons home dona manjar e beure als paubres
lo bons home visita lo encarcerat
lo bons home alegra los paubres
lo bons homs vest lo paubre nut

268

269

270

267. Bl. 80v: DIE SIEBEN BARMHERZIGEN TATEN, DIE GOTT GEFÄLLIG SIND

Dargestellt sind Szenen der brüderlichen Belehrung, der Speisung der Hungrigen, der Obdachgewährung, der Bekleidung der Nackten, der Pflege der Kranken, des Besuchs von Gefangenen, der Bestattung der Toten. Das achte Sujet ist die Belohnung des Barmherzigen: seine Seele gelangt ins Paradies. Ein Zeichen der Vorsehung Gottes ist die im oberen Teil der einzelnen Szenen erscheinende segnende Hand. Solche rubrizierten Miniaturen, die aus einzelnen Teilhistorien bestehen, demonstrieren die außerordentlichen narrativen Fähigkeiten des Malers.

268. Bl. 59r: DIE ZEITALTER DER WELT

Dieses Thema war in der mittelalterlichen historischen Symbolik sehr beliebt. Eingeführt wurde es im Westen durch Isidor von Sevilla. Es sind (entgegen dem Uhrzeigersinn) die Etappen des Hexaömerons (Sechstagewerks) der Weltgeschichte gezeigt: von Adam bis Noah, von Noah bis Abraham, von Abraham bis Mose, von Mose bis Salomo, von Salomo bis Jesus Christus, von Christi Geburt bis auf den heutigen Tag. Ein interessantes Detail ist der Tempelturm, der über den Rahmen hinausragt.

269. Bl. 67v: GOTT BEZICHTIGT ADAM UND EVA DES SÜNDENFALLS

Illustration zum Abschnitt Geschichte des Menschengeschlechts.

270. Bl. 37r: WEG DER SONNE DURCH DIE TIERKREISZEICHEN

Die Miniatur illustriert die Vorstellungen jener Zeit über das Universum. Der ins Zentrum eingefügte Text wird als Bestandteil der ornamentalen Gesamtkomposition empfunden, in der Dobiasch-Roshdestwenskaja einen Anklang an die orientalischen Teppiche sieht.

271

272

271. Bl. 74r: GOTT GIBT MOSE DIE GESETZESTAFELN. DIE JUDÄER BETEN DAS GOLDENE KALB AN
Illustration zum Abschnitt über Gottesliebe und Die Menschen erhalten das Gesetz Gottes. Mit Geschick werden hier zwei Miniaturen aus benachbarten Kolumnen mit Hilfe der Gesetzestafeln sowohl inhaltlich als auch kompositorisch vereint.

272. Bl. 91v: DIE WEISSAGUNG HESEKIELS VON DER UNBEFLECKTEN EMPFÄNGNIS
Illustration zum Abschnitt aus dem Marienleben und von den Weissagungen. Der Prophet zeigt die Porta clausa.

273. Bl. 126r: DIE ZWEITE WIEDERKUNFT DES HERRN. DAS JÜNGSTE GERICHT
Illustration zum Abschnitt von der Unterwelt.

cxxj
Resurrectio dels bos
resurrectio dels mals

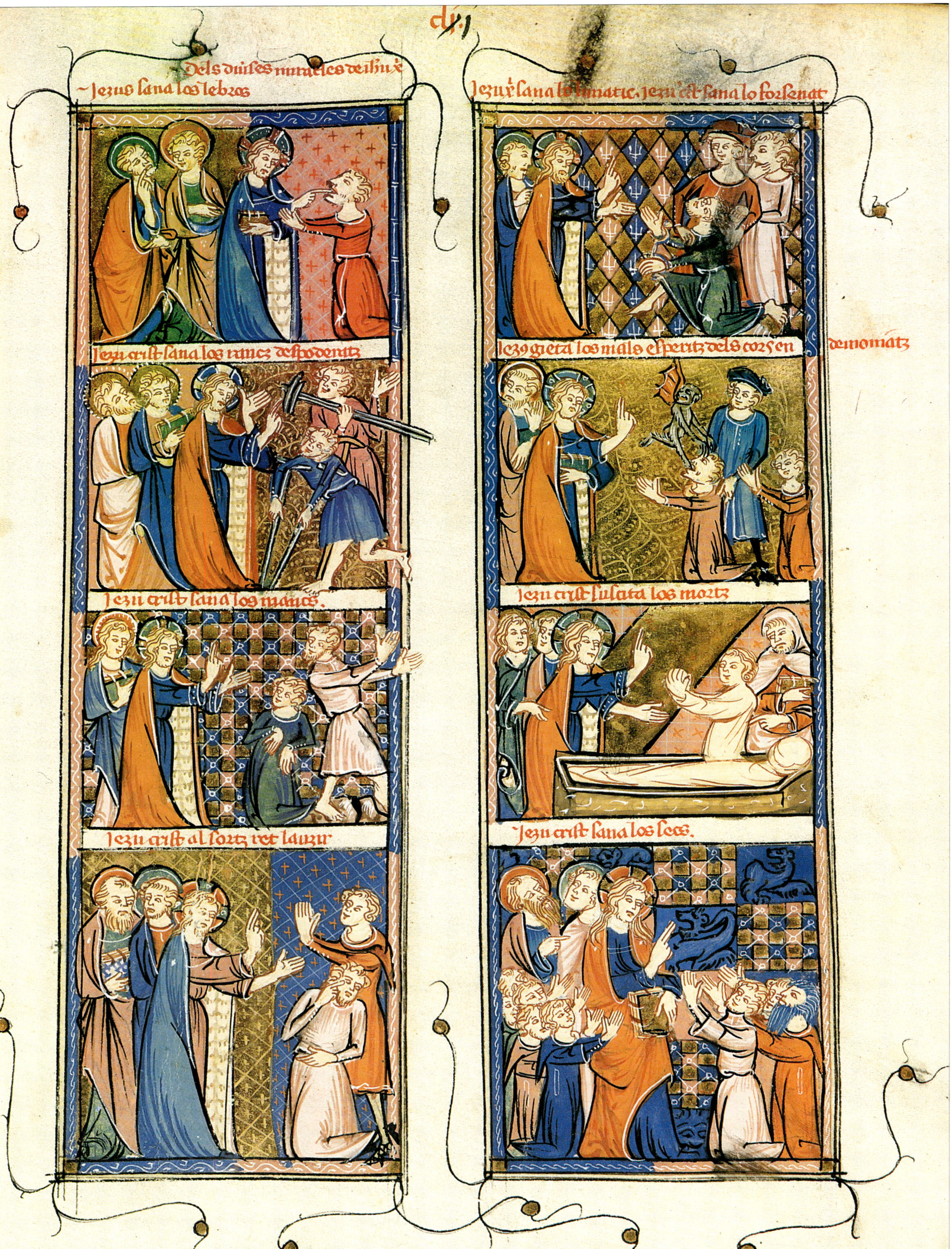

Dels diuises miracles de ihu x
Jezus sana los lebros
Jezu crist sana los rancs despoderitz
Jezu crist sana los mancs.
Jezu crist al sortz ret lauzir
Jezu x sana lo lunatic, Jezu crist sana lo forsenat
Jezus gieta los mals esperitz dels cors endemoniatz
Jezu crist suscita los mortz
Jezu crist sana los secs.

275

276

277

278

274, 275. Bll. 165v, 166r:
DIE WUNDERBAREN HEILUNGEN DURCH JESUS CHRISTUS

Heilung eines Fieberkranken, eines Aussätzigen, eines Mondsüchtigen, eines Gelähmten, eines Stummen, eines Lahmen, eines Krummseitigen, eines Taubstummen, eines Wahnsinnigen, eines Besessenen, Auferweckung von Toten, Heilung von Blinden und von blutarmen Frauen.

276. Bl. 95r: DIE VERIRRUNGEN DER JUDÄER, DIE IHRE EIGENEN PROPHETEN VERLEUGNETEN

Ein Blatt aus der Gruppe ungewöhnlicher Miniaturen, in denen der Maler und der Kopist dem Text entsprechend eine anschauliche Gegenüberstellung des wahren Glaubens (Darstellung der Propheten) und des falschen Glaubens (Judäer, denen der Teufel verwehrt, die alttestamentlichen Weissagungen zu verstehen, die hier mit goldenen hebräischen Lettern geschrieben sind) geben.

277. Bl. 162v: DIE FLUCHT NACH ÄGYPTEN

Illustration aus der umfangreichen Serie zum Abschnitt über die Nächstenliebe. In diesem Teil des Werks wird der Idee Ausdruck gegeben, daß die wichtigste Blume auf dem Baum der Liebe der Glaube ist. Die evangelischen Sujets illustrieren die zwölf Dogmen der Glaubenslehre.

278. Bl. 203v: "SEID FRUCHTBAR UND MEHRET EUCH!"

Mit dieser Miniatur, die den bekannten biblischen Text illustriert, beginnt der dritte und letzte Abschnitt des Breviers — das Traktat von der Liebe zu den Damen, wie sie von den Troubadouren besungen wurde.

279

280

279. Bl. 247r: TUGENDEN UND LASTER
Illustration zum Abschnitt über den Baum der Erkenntnis. Diese letzte Miniatur ist das Fazit für einen wahrhaft Verliebten, wobei jeder Tugend ein Laster gegenübergestellt ist: Mildtätigkeit — Geiz, Demut — Hochmut, Mäßigkeit — Geschwätzigkeit, Wohlerzogenheit — Lästersucht, Geduld — Eilfertigkeit, ritterliche Liebeskunst — Plumpheit. Diese Tugend- und Laster-Paare gehen auf die im Mittelalter populäre *Psychomachia* von Prudentius zurück.

280, 281. Bll. 205v, 206r: DIE GEFAHREN DER LIEBE
Eine der ausdrucksvollsten Miniatur-Serien, in denen der Künstler vor dem Leser einen ganzen gemalten Roman ausbreitet. Die Teufel, Ungeheuer mit grünen Flügeln, mißbrauchen die nicht eben besten Eigenschaften der menschlichen Natur: die sinnliche Liebe, die Putzsucht der Damen und der Kavaliere, ihre Eitelkeit und Prahlerei, Schlemmerei und Trunksucht, Turnierkämpfe um die Damen, Schlachten, Tänze, unbesonnene Verehrung der Frauen. Und schließlich, in der letzten Szene, liegt der sich allen Lastern Ergebende auf dem Totenbett, und ein Teufel zieht an einer Kette die sündige Seele an sich.

le diables fai los aymadors far couits e bohans per amor de lurs donas.
le diables fay biordar los aymadors p amor de lur donas.
le diables fay los aymadors seguir tau las rodonas e caminar per amor de lur donas.
lo diables fay dansar los aymadors ab lur donas. lo qual diables mena lur dansa.
le diables fay aço far so dona ab l aymador.
mor l aymador e l diable porta l arma.

282, 283
BEDA DER EHRWÜRDIGE
Englische Kirchengeschichte
Beda Venerabilis
Historia Ecclesiastica Gentis Anglorum

Northumbrien (Wearmouth/Jarrow). 746

162 Bll. 270 x 190 mm (Text 230 x 160 mm). Pergament. Latein (Bl. 107r Caedmon-Hymne in Angelsächsisch). 2 farbige Initialen; kleine Initialen mit einem ornamentalen Muster in Feder oder rot gehöht. Einband: 17. Jahrhundert. Karton, mit dunkelbraunem Leder bezogen. Auf dem Vorder- und Hinterdeckel das goldgeprägte Harlay-Wappen; auf dem Rücken das goldgeprägte Harlay-Monogramm. Lat.Q.v.I,18

Die Englische Kirchengeschichte ist ein einzigartiger Codex, der zu den Raritäten der Bibliothek gehört. Beda, gen. "der Ehrwürdige" (um 673–735), Mönch des northumbrischen Klosters Jarrow, ist der erste englische Geschichtsschreiber. Sein Werk ist das bedeutendste Schriftdenkmal zur Geschichte Englands im 6.–8. Jahrhundert. Das Petersburger Manuskript ist die zweitälteste Abschrift des Codex. Der Bericht beginnt mit der Eroberung Britanniens durch Cäsar und erstreckt sich bis zum Jahr 731. Beda benutzte Klosterannalen und Dokumente, die heute verlorengegangen sind, und der größte Teil der historischen Fakten dieser Periode ist nur dank seinem Werk bekannt. Für die Geschichte des englischen Schrifttums und der englischen Literatur ist eine der frühesten Niederschriften der Hymne Caedmons, des ersten angelsächsischen Dichters des 7. Jahrhunderts, von großer Bedeutung.

Die Petersburger Kopie ist 746 geschrieben worden. Die Datierung basiert auf späteren Ergänzungen zum Originaltext, und zwar im *Skriptorium* eines der beiden benachbarten Klöster (St. Patri in Wearmouth und St. Pauli in Jarrow). Dort sind die Werke Bedas, die sich nach seinem Tode einer großen Nachfrage erfreuten, kopiert worden. Trotz ihrer simplen Gestaltung nimmt die Handschrift einen hochrangigen Platz in der Geschichte der Miniatur ein. Sie ist ein typisches Beispiel für die northumbrische Schule, in der der Einfluß der Mittelmeerkunst auf die insulare Miniatur zu verfolgen ist. Die Initiale auf Blatt 26v ist das früheste Beispiel für eine historisierte Initiale in der europäischen Buchillumination.

Im 17. Jahrhundert befand sich die Handschrift in der Sammlung Harlay (Achille III. de Harlay, Graf de Beaumont, 1639–1712?) in Frankreich; sie gelangte 1755 im Bestand der Harlay-Sammlung in die Abtei Saint-Germain-des-Prés und wurde nach 1791 von Dubrowsky erworben.

GELANGTE 1805 IN DIE KAISERLICHE ÖFFENTLICHE BIBLIOTHEK

LITERATUR: Gillert 1880, 1881, Bd. 5. S. 260; Staerk 1910, Bd. 1. S. 52, 53, Taf. XIV; Bd. 2, Taf. L; Zimmermann 1916, S. 145, 309, 310, Taf. 332a; The Leningrad Bede: An Eighth Century Manuscript of the Venerable Bede's Historia Ecclesiastica Gentis Anglorum in the Public Library, Leningrad (Complete-facsimile). Hrsg. von O. Arngart. Kopenhagen 1952; Lowe E.A.: A Key to Bede's Scriptorium: Some Observation on the Leningrad Manuscript of the Historia Ecclesiastica Gentis Anglorum. In: Scriptorium. *1958. Bd. 12. Nr. 2, Taf. 182–190; Taf. 17, 19, 20, 21, 21c; Schapiro M.: The Decoration of the Leningrad Manuscript of Bede. In: Ibid. S. 191–207, Taf. 23a, b; Dom D.: Meyvaert Bede and Gregory the Great. In: Jarrow Lecture. 1964. S. 3, 4; *Dobiasch-Roshdestwenskaja 1965, S. 53–57; Codices latini antiquiores. Hrsg. von E.A. Lowe. Oxford 1966. Teil 11. S. 12, Nr.1621; N.R. Ker, Catalogue of Manuscripts Containing Anglo-Saxon, Oxford, 1957, Nr. 122; Beda Venerabilis.* Historia Ecclesiastica Gentis Anglorum. *Hrsg. von B. Colgrave et R. Mynors. Oxford 1969; Alexander J.J.G.:* Insular Manuscripts 6th to 9th Centuries. *Bd. 1. London 1978, S. 47, 48, Nr. 19, Abb. 83, 84; *Lateinische Handschriften, 5.-12. Jh. 1983, S. 19, Nr. 31.*

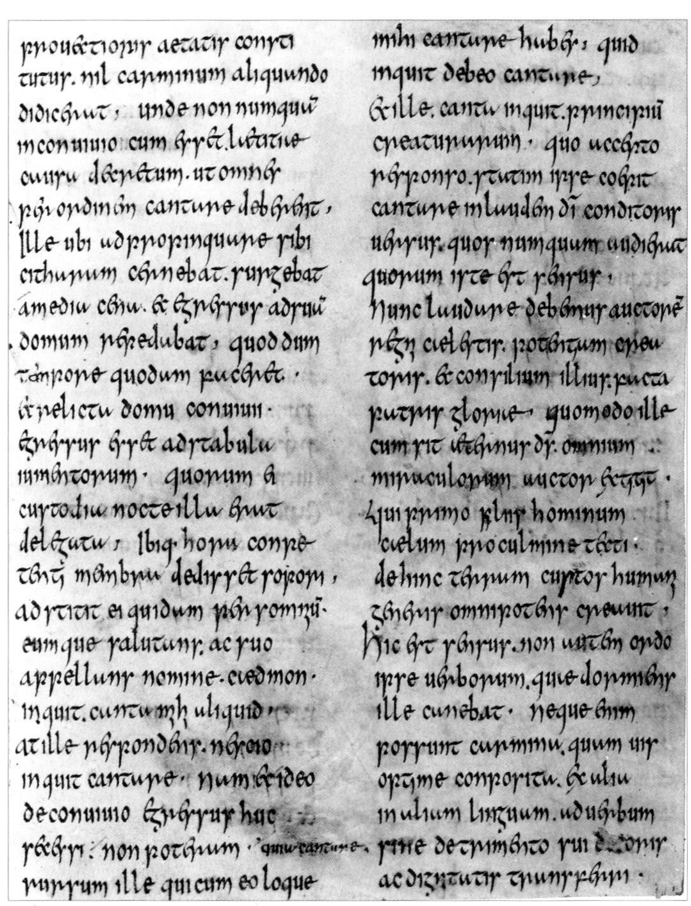

282

missis litteris sit hortatus ad fidem.

XI Ut coniugem ipsius per epistulam salutis illius sedulam agere curam monuerit.

XII Ut Eduini per visionem quondam sibi exuli ostensam sit ad credendum provocatus.

XIII Quale consilium idem cum primatibus suis de percipienda fide Christi habuerit, et ut pontifex eius suas aras profanaverit.

XIIII Ut idem Eduini cum sua gente fidelis sit factus, et ubi Paulinus baptizaverit.

XV Ut provincia Orientalium Anglorum fidem Christi susceperit.

XVI Ut Paulinus in provincia Lindissi praedicaverit, et de qualitate regni Eduini.

XVII Ut idem ab Honorio papa exhortatorias litteras acceperit, qui etiam Paulino pallium miserit.

XVIII Ut Honorius, qui Iusto in episcopatum Doruuernensis ecclesiae successit, ab eodem papa Honorio pallium et litteras acceperit.

XVIIII Ut primo idem Honorius et post Iohannes litteras genti Scottorum pro pascha simul et pro Pelagiana heresi miserint.

XX Ut occiso Eduine Paulinus Cantiam rediens Hrofensis ecclesiae praesulatum susceperit.

EXPLIC(IUNT) CAPIT(ULA) LIB(RI) SECUNDI

INCIPIT IPSE LIB(ER) SEC(UNDUS) HISTORIAE
ECCLESIASTICAE GENTIS ANGLORUM
LEGE FELICITER

HIS temporibus, id est anno dominicae incarnationis DCV, beatus papa Gregorius, postquam sedem Romanae et apostolicae ecclesiae XIII annos menses VI et dies decem gloriosissime rexit, defunctus est, atque ad aeternam regni caelestis sedem translatus. De quo nos convenit, quia nostram, id est Anglorum, gentem de potestate Satanae ad fidem Christi sua industria convertit, latiorem in nostra historia ecclesiastica facere sermonem. Quem recte nostrum appellare possumus et debemus apostolum, quia, cum primum in toto orbe gereret pontificatum, et conversis iamdudum ad fidem veritatis esset praelatus ecclesiis, nostram gentem eatenus idolis mancipatam Christi fecit ecclesiam. Ita ut apostolicum illum

284-286
TETRAEVANGELIUM
Tetraevangelium

Northumbrien (?). Ende 8. Jahrhundert

215 Bll. 345 x 245 mm (Text 260 x 190 mm). Pergament. Latein
(Bll. 213r und 214r haben Runeninschriften)
12 farbige Arkaden umrahmen die Kanontafeln; 4 Titelblätter zu Beginn eines jeden Evangeliums; eine große farbige Initiale am Anfang der Einleitungsbriefe des Hieronymus; kleine farbige Initialen, einige ornamentiert
Einband: 16. Jahrhundert. Karton, mit dunkelrotem Leder bezogen; der Vorderdeckel fehlt; der Rücken goldgeprägt.
Lat. F. v. I, 8.

Die Handschrift enthält die Matthäus-, Markus-, Lukas- und Johannesevangelien, mit den Einleitungsbriefen des hl. Hieronymus, 12 Kanontafeln vor dem Text und ein Inhaltsverzeichnis am Ende.
Die Illuminierung der Handschrift ist ein gutes Beispiel für die insulare Buchmalerei. Der Meister stützte sich auf die künstlerischen Entdeckungen, die erstmalig bei der Gestaltung des berühmten *Lindisfarne-Evangeliars* (Wende zum 8. Jahrhundert) gemacht wurden. Die Kanontafeln sind als reich ornamentierte Arkaden gestaltet, und die Initialen mitsamt den ersten Worten des Textes (incipit) verwandeln sich in wahre Titelblätter. Was den Herstellungsort anbetrifft, so geht die Meinung der Fachleute auseinander. Zimmermann und Nordenfalk schreiben die Buchmalerei der südenglischen Schule zu, während die Mehrzahl der Gelehrten (Kendrick, Micheli, Priwalowa und Brown) der Ansicht sind, daß sie im Norden, in Northumbrien entstanden sind. Lowe deutet zwar auf einige gemeinsame Züge mit den Handschriften aus Kent hin, findet aber dennoch, daß der Text in Northumbrien geschrieben wurde. Gerade das Zusammenwirken der vorherrschend nördlichen Züge mit den südlichen erlaubt, die Handschrift mit ziemlicher Sicherheit in das Ende des 8. Jahrhunderts zu datieren. An der Gestaltung der Handschrift arbeiteten offensichtlich mehrere Meister des gleichen Kreises.
Der Hauptilluminator schmückte die Kanontafeln und führte die Initialkompositionen auf den Blättern 1r, 18r und teilweise auf Blatt 177r aus. Bl. 78 und Bl. 119 stammen von einem zweiten Künstler, der Text Bl. 177 von einem dritten. Wann die Handschrift nach Frankreich gelangte, ist nicht festgestellt. Eine Zeitlang wurde sie im Kloster Saint-Maur-des-Fossés in Paris aufbewahrt. 1716 wurde der Codex von der Abtei Saint-Germain-des-Prés erworben und kam von dort in die Sammlung Dubrowsky.

GELANGTE 1805 IN DIE KAISERLICHE ÖFFENTLICHE BIBLIOTHEK

LITERATUR: Montfaucon 1739, Bd. 2, S. 1057, 1142, Nr. 35; Gillert 1880, 1881, Bd. 5, S. 247; Fac-similes of the Miniatures and Ornaments of Anglo-Saxon and Irish Manuscripts executed by J.O. Westwood. *London 1868. S. 52, 53, Taf. XXV; Staerk 1910, Bd. 1. S. 25, 26; Bd. 2, Taf. XXI–XXIII; Zimmermann 1916, S. 24, 35, 126, 143–145, 304, 305, Taf. 321–326, 329a; Kendrick T.D.:* Anglo-Saxon Art *to A.D. 900. London 1938. S. 148, Taf. LIX; Micheli G.L.:* L'enluminure du haut Moyen Age et les influences irlandaises. *Brüssel 1939. S. 28–30, 32, 34, 49, 62, 139, Taf. 13, 50, 77; *Priwalowa J.L.:* Die irische mittelalterliche illuminierte Handschrift in der Sammlung der Leningrader Öffentlichen Saltykow-Stschedrin-Bibliothek. *In:* Das Mittelalter. *1962, Lief. 21. S. 201–211; *Dobiasch-Roshdestwenskaja 1965, S. 77–81; Codices latini antiquiores. Hrsg. von E.A. Lowe. Oxford 1966. Teil 11. S. 7, Nr. 1605; Brown T.J.:* Northumbria and the Book of Kells. *Anglo-Saxon England. 1. 1972. S. 234, 235; Alexander J.J.G.:* Insular Manuscripts 6th to 9th Centuries. *Bd. 1. London 1978, S. 64, Nr. 39, Abb. front.; *Lateinische Handschriften 1983, S. 17, Nr. 23.*

S. 226
282. Bl. 107: HYMNE CAEDMONS
(IN ANGELSÄCHSISCHER SPRACHE)

S. 227
283. Bl. 26v: INITIALEN ZUM
ZWEITEN BUCH

Die Gestalt mit einem Nimbus, einem Kreuz in der rechten und einem Buch in der linken Hand ist allem Anschein nach Papst Gregor der Große, dessen Lebensbeschreibung das gesamte erste Kapitel des zweiten Buches gewidmet ist. Die spätere Inschrift auf dem Nimbus, die darauf hinweist, daß hier der hl. Augustin dargestellt ist (er wurde 596 im Auftrag des Papstes nach England entsandt), ist ein Irrtum. Kreuz und Evangeliar waren zu jener Zeit Attribute des Papsts, wie die Beschreibung des Bildnisses von Gregor zeigt, das von ihm selbst in Auftrag gegeben und im Kloster St. Andrea zu Rom aufbewahrt wurde. Im Kontrapost der Figur, in der Behandlung des Gesichts, besonders im Nasenumriß klingt die klassische Kunst nach, während die Gewandfalten und die Buchstabenornamentik typische Züge der insularen Buchmalerei aufweisen.

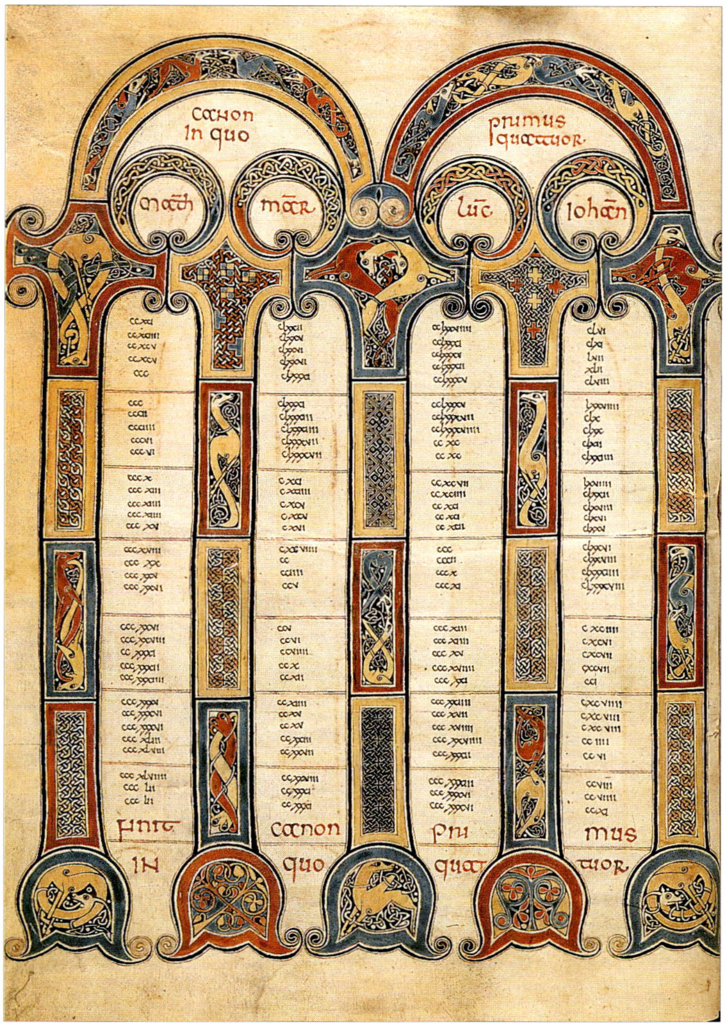

284

285

286

284. Bl. 12v: ZWEITES BLATT DER KANONTAFEL
Die Säulen scheinen aus selbständigen Elementen zusammengestellt zu sein. Die Basen sind wie Kapitelle geformt, und die Paneele zeigen in bestimmter Folge abwechselnd abstrakte und zoomorphe Ornamente (vorwiegend schlangenartige Vögel). Solch ein Rahmentyp ist aus den northumbrischen Handschriften aus dem Beginn des 8. Jahrhunderts bekannt. Dieser rationelle, flächenhafte Charakter ist typisch für die nördliche feierliche Komposition. Andererseits sehen die Forscher vorwiegend in den Säulenfüßen mit den heraldischen "Tieren" südliche Züge.

285. Bl. 78r: INITIALBLATT ZUM MARKUS-EVANGELIUM (*INITIUM EVANGELII*)
Der zweite Illuminator ist ein Meister der kompakten Komposition, in der das grelle, bunte Mosaik des Textes mit dem delikaten Punktornament der Umrahmung scharf kontrastiert.

286. Bl. 177r: INITIALBLATT ZUM JOHANNESEVANGELIUM (*IN PRINCIPIO*)
Die Buchstaben und der ornamentale Rahmen stehen dem Stil des Hauptilluminators sehr nahe, während die zehn Textzeilen des Blattes vermutlich von einem dritten Künstler geschrieben sind.

287-293
BESTIARIUM

England. Ende 12. Jahrhundert

91 Bll. 200 x 145 mm (Text 140 x 90 mm). Pergament. Latein
114 Miniaturen in rechteckigen goldenen und farbigen Rahmen
und Medaillons; eine historisierte Initiale;
kleine farbige Initialen
Einband: 17. Jahrhundert. Pergament
Lat.Q.v.V,1.

Dieses anonyme mittelalterliche Traktat hat belehrenden und symbolischen Charakter. Bestiarien entstanden im 12. Jahrhundert. Ihre Texte basierten auf hellenistischen religiös-allegorischen Traktaten über Tiere wie *Physiologus* (2.–3. Jahrhundert) und der *Etymologiae*, einem Werk des Isidor von Sevilla (7. Jahrhundert). Bestiarien beschreiben reale und sagenhafte Wesen, ihr Aussehen und ihre Gewohnheiten, die Herkunft ihrer Namen sowie ihre symbolische Bedeutung. Die Bestiarien gehörten zu den beliebtesten Büchern im mittelalterlichen Europa. Neben den anonymen Handschriften entstanden verschiedene Varianten in lateinischer Sprache und in den Nationalsprachen, in Prosa und in Versen, die von angesehenen Philosophen, Theologen und Dichtern verfaßt waren.

Das Petersburger Manuskript gehört zum Übergangstyp vom »Physiologus« zu den Traktaten des 13. Jahrhunderts. Der einleitende Teil besteht aus Fragmenten der Bibeltexte über die Schaffung der Welt, Auszügen aus dem Werk Isidors von Sevilla über Namengebung der Tiere und Klassifikation der Tierwelt und einer anonymen Predigt. Danach folgt der eigentliche Text des Bestiariums über wilde Tiere, Vieh, Kleintiere, Vögel, Fische und Schlangen.

Das Manuskript illustrierten verschiedene Meister. Die ersten vier zeigen einen ganz spezifischen Ausführungsstil, doch ist die gesamte Illuminierung typisch für die englische Kunst der letzten Dezennien des 12. Jahrhunderts. Davon zeugt die Ikonographie der Miniaturen und ihr Farbschema mit vorherrschendem Gold, Rot, intensivem Grün und Gelb. Die Bestiarien aus der Morgan-Bibliothek in New York (Ms. 81) und aus der Britischen Bibliothek (Royal Ms. 12. C. XIX) sind typologisch und stilistisch die naheliegenden Analoga zur Petersburger Handschrift. Sie ermöglichen eine Datierung der Petersburger Handschrift in die Jahre 1180–1190.

Die Forscher nehmen an, daß der wahrscheinlichste Herstellungsort dieser Gruppe von Handschriften Lincolnshire war, obwohl sich eine Reihe von stilistischen Zügen an den Kunstkreis von York anlehnt. Die lapidaren Silhouetten, das intensive Kolorit und die energische Zeichnung der Miniaturen aus dem Bestiar der Russischen Nationalbibliothek machen es zu einem hervorragenden Beispiel der spätromanischen Kunst Englands. Die Ausgang des 12. Jahrhunderts entstandene Handschrift muß sich im 15. bis 16. Jahrhundert in Frankreich befunden haben, wovon die französischen Inschriften dieser Zeit am Rand und auf den Miniaturen zeugen. Die lateinische Inschrift auf dem letzten Blatt *Hic liber attinet ad Franciscum de La Morliere* spricht davon, daß sie eine Zeitlang zur Bibliothek Morliere gehört hat. Im 17. Jahrhundert befand sie sich im Besitz des Kanzlers Pierre Séguier und gelangte 1735 im Bestand seiner Sammlung in die Bibliothek von Saint-Germain-des-Prés. Dort wurde sie Ausgang des 18. Jahrhunderts von Dubrowsky erworben.

GELANGTE 1805 IN DIE KAISERLICHE ÖFFENTLICHE BIBLIOTHEK (1849–1861 EREMITAGE, 5.2.35)

*LITERATUR: Cat. Séguier 1686, S. 18; Montfaucon 1739, Bd. 2. S. 1114, Nr. 116; Gille 1860, S. 39; *Nikolajew 1904, S. 90, 91, 93; *Jaremitsch 1914, S. 38, Abb. zwischen S. 34 und 35; *Garelin N.:* Zwei handgeschriebene Bestiare der Russischen Öffentlichen Bibliothek. *In:* Sammelband der Russischen Öffentlichen Bibliothek, *Bd. 2. Petrograd 1924. S. 248–276; Konstantinowa A.:* Ein englisches Bestiar des 17. Jahrhunderts in der Staatsbibliothek zu Leningrad. *Berlin 1929; Boase T.S.R.: English Art, 1100–1216. In:* The Oxford History of English Art. *Bd. 3. Oxford 1935. S. 295; Laborde 1936–1938, S. 9; Culloch F.Mc.:* Medieval Latin and French Bestiaries. *Chapel Hill (North Carolina) 1960. S. 34, 74; Morgan N.:* Early Gothic Manuscripts. *1: 1190–1250.* A Survey of Manuscripts Illuminated in British Isles. *Bd. 4. London 1982. S. 56, 57, Nr. 11; *Lateinische Handschriften 1983, S. 58, Nr. 254; *Muratowa, Ein Bestiar aus dem Mittelalter, Moskau 1984 (Faksimileausgabe).*

287

287. Bl. 18r: SIRENEN

Zwei Sirenen halten Fische, ein Symbol der See, die dritte Sirene hält eine Flöte. Die Miniatur illustriert die Beschreibung der singenden und spielenden Sirenen durch Isidor. Der Künstler hat sehr geschickt die detaillierte symmetrische Komposition in einen rechteckigen Rahmen gesetzt.

288. Bl. 5r: ADAM GIBT DEN TIEREN IHRE NAMEN

Die Miniatur illustriert die Szene der Namensgebung der Tiere und Vögel, wie sie von Isidor von Sevilla in den *Etymologiae* beschrieben ist. Die Ikonographie ist traditionell und basiert auf der Genesis, nur daß anstelle Gottes hier die Figur von Adam erscheint. Der Künstler stellt die Tiere fast farblos dar. Womöglich wollte er damit ihre Ersterschaffung und ihre Namenlosigkeit hervorheben.

289

290

291

292

289. Bl. 36r: TIGER
Die Miniatur illustriert die legendären Vorstellungen vom Tier, die auf die Antike zurückgehen. Sie wurden sowohl von Isidor als auch in verschiedenen prosaischen und poetischen mittelalterlichen *Bestiarien* verwendet. Der Reiter, der das Tigerjunge geraubt hat, wirft der ihn verfolgenden Tigerin einen Spiegel hin. Sie wird durch das Spiegelbild getäuscht und läßt von der Verfolgung ab.

290. Bl. 85v: EIDECHSE. SALAMANDER
Die stilisierte Darstellung einer Eidechse ist kunstgerecht in ein Medaillon gemalt. Das Sujet der zweiten, ornamental-heraldischen Miniatur unterstreicht die Giftigkeit des Salamanders: Die von ihm vergifteten Akanthusfrüchte sind tödlich für den Menschen.

291. Bl. 50r: STORCH
Der Storch wird oft mit einem Frosch oder einer Schlange im Schnabel dargestellt. Der Storch des Petersburger Bestiars gehört zu den besten Darstellungen dieses Vogels in der mittelalterlichen Kunst.

292. Bl. 69r: DER PROPHET AMOS
Ein für die *Bestiarien* seltenes Sujet aus dem Buch des Propheten Amos im Alten Testament (Amos 7, 14–15): Es wird von einem Schafzüchter aus Thekoa berichtet, der Maulbeeren züchtete, und den der Herr von der Herde nahm und dem Volk Israel weissagen ließ.

293. Bl. 71r: WALFISCH (PANZERSCHILDKRÖTE)
Die Miniatur gibt die phantastischen mittelalterlichen Vorstellungen vom Walfisch wieder, einem Meeresungeheuer, das in seiner Farbe einer Sandinsel ähnelt. Er wird von irregeführten Seeleuten angelaufen, die dadurch der Gefahr des Untergangs im Meeresschlund ausgesetzt werden. Deshalb erscheint der Wal oft als Symbol des Teufels. Das Schiff, das an einen Wikingerkahn erinnert, und die Bewegungen der Schiffer, die die Segel hissen, sind vom Künstler mit viel Geschick dargestellt worden.

294
DIE HEILIGE SCHRIFT MIT EINLEITUNGSBRIEFEN
Biblia Sacra cum prologis

Schwaben (Weissenau bei Ravensburg). Zweite Hälfte 12. Jahrhundert

168 Bll. 465 x 330 mm (Text 350 x 240 mm). Pergament. Latein
15 große farbige Initialen mit Pflanzen- und Tierornament,
eine mit menschlichen Figuren; kleine rote Initialen
Einband: Zeitgleich der Handschrift. Holzdeckel mit Leder bezogen; Blindprägung;
am Rücken Kaptalband und Heftbünde
Erm.lat.5/2

Enthält folgende Bücher: Jeremia, Apocalypsis, Epistulae catholicae, Actus Apostolorum, Libri Regum, Paralipomenon, Esdras, Nehemias.
Die Manuskriptgestaltung ist typisch für die monumentalen romanischen Klosterbibeln in Schwaben.
Nach Angaben von P. Gille wurden die Handschriften aus dem Kloster Weissenau zur Zeit Alexanders I. (1801 — 1825) für die Zarenbibliothek erworben.

GELANGTE 1861 IM BESTAND DER EREMITAGENSAMMLUNG (4.2.1) IN DIE KAISERLICHE ÖFFENTLICHE BIBLIOTHEK

LITERATUR: Lehmann P.: Verschollene und wiedergefundene Reste der Klosterbibliothek von Weissenau. *In:* Zentralblatt für Bibliothekswesen. *1932. Januar — Februar. S. 4, 5; * Lateinische Handschriften des 5.-12. Jahrhunderts, 1983, S. 54, Nr. 224.*

294

295-299
BIBEL
Altes Testament. Prophetenbücher
BIBLIA
Vetus Testamentum. Libri prophetarum

Schwaben (Weingarten). Um 1220.

203 Bll. 479 x 335 mm (Text 335 x 205 mm). Pergament. Latein
Jedes Buch und jedes Vorwort sind mit großen goldverzierten Initialen geschmückt, in die verschiedene Tiere und Vögel (Adler, Pfau, Affe, Löwe) gesetzt sind.
Die Darstellung Christi ist dem Prophetenbuch Hosea vorangeschickt.
Insgesamt enthält die Handschrift 1 Miniatur, 4 historisierte Initialen, 12 große und 11 kleine Initialen.
Einband: 16. Jahrhundert. Holzdeckel, mit angefärbtem Leder bezogen; blindgeprägtes geometrisches Ornament; 2 Metallschließen; auf den Deckeln Durchstichspuren verlorengegangener Mittelbeschläge; auf dem Buchrücken Heftbünde
Lat.F.v.I,133.

Inhalt: Bücher der Propheten Hesekiel, Daniel, Hosea, Joel, Amos, Obadja, Jona, Micha und Vorreden des hl. Hieronymus. Die Handschrift entstand in der schwäbischen Benediktiner-Abtei Weingarten zur Zeit des Abtes Berthold (1200-1232). H. Swarzenski hat dem dort tätig gewesenen Künstler eine fundamentale Forschungsarbeit gewidmet. Er nennt ihn nach seinem Hauptwerk, dem Missale, das in der Pierpont Morgan-Library in New York (Ms.710) aufbewahrt wird, »Meister des Berthold-Missale«, und ist der Meinung, daß die Bibel zwischen 1200 und 1215 angefertigt worden ist. Im Katalog der StuttgarterAusstellung wird sie um 1220 datiert. Die Bibel, genauer gesagt die Prophetenbücher, sind in dem von Berthold zusammengestellten Inventar erwähnt. Beim Binden im 16. Jahrhundert wurde die Bibel offensichtlich in zwei Bände geteilt (der zweite Band befindet sich jetzt in der Public Library Bibliothek von New York, Spencer Collection, Ms. 1). Das Schaffen dieses Meisters war von den angelsächsischen und flämischen Prachtexemplaren der Evangeliare des 11. Jahrhunderts beeinflußt, die der Abtei von Gräfin Judith von Flandern (1032-1094) geschenkt worden waren. Seine Kunst gilt als Gipfelpunkt des sogenannten vollplastischen Hochreliefstils in der deutschen Miniatur. Sie gibt eine gute Vorstellung von der Entwicklung der Techniken und Tendenzen von Miniatur, Goldschmiedekunst und Skulptur, die in den Gebieten der Maas, des Rheins und Lothringens im 12. Jahrhundert florierten, aber auch gemeinsame Züge mit den Erzeugnissen der berühmten Klosterskriptorien von Fulda und Saint-Omer zeigen. Die meisterhafte Kunst führt zu höchster Vollkommenheit der Zeichnung, die leuchtenden, kostbaren Farben, die emotionalen Prophetengestalten machen die Erzeugnisse des »Meisters des Berthold-Missale« zu einer der Höchstleistungen in der Kunst der romanischen Miniatur.

GELANGTE 1885 IN DIE KAISERLICHE ÖFFENTLICHE BIBLIOTHEK ALS GESCHENK DER ERBEN DES SENATORS A.W. WENEWITINOW

LITERATUR: *Bericht der Kaiserlichen Öffentlichen Bibliothek für das Jahr *1885. St. Petersburg 1888. S. 67, 68; Swarzenski H.:* The Berthold Missal. *The Pierpont Morgan Library Ms 710 and* the Scriptorium of Weingarten Abbey. *New York 1943. S. 102, 103, Taf. L—LIV*

295

294. Bl. 74v: INITIALE ZUM ZWEITEN BUCH DER KÖNIGE

Die ornamentale Behandlung der Initiale ist typisch für die romanische Miniatur. Vor farbigem Grund schlängelt sich eine weiße Ranke mit bunten Akanthusblättern. Sehr realistisch sind die Bewegungen des Greises und des Jünglings, die sich an den Stengeln festhalten. Das Einflechten solcher Motive in die Initialen wird mit der Beeinflussung der schwäbischen Miniatur durch die angelsächsische und die maasländische Miniatur verbunden. Auf die insulare Tradition geht auch die allmähliche Verkleinerung der Buchstaben (*diminuendo*) zurück.

295. Bl. 150v: DER PROPHET HOSEA

Der Hintergrund der Initiale ist von einem farbigen Muster aus Akanthusblättern ausgefüllt. Das frontale Bild des Propheten, der sitzend, mit einem Buch und einem Stylus in den Händen dargestellt ist, wirkt besonders streng und hieratisch. Die Forscher stellten fest, daß sich der Meister stilistisch auch von der byzantinischen Kunst inspirieren ließ.

296

297

298

296. Bl. 1v: INITIALE ZUM BUCH DES PROPHETEN HESEKIEL

Die virtuose Verflechtung der Spiralen, der Einsatz von Gold, Silber und tiefem Blau sind mit den besten Beispielen der lothringischen Emails und der maasländischen Golderzeugnisse vergleichbar. Das Einfügen von Menschenfigürchen und Monstren in die ornamentale Komposition ist mit der in den Gebieten an der Ärmelkanalküste, in England und an der Maas eigenen Manier verbunden. Die Seite als Ganzes mit ihrer großen, klaren Schrift, dem silbernen Text auf grünem Band unter einer prächtigen Initiale und mit einer Rubrik ist ein vorzügliches Beispiel für das Monumentale und Feierliche, das für die romanische Buchkunst typisch ist.

297. Bl. 102r: INITIALE DES PROLOGS ZUM BUCH DES PROPHETEN DANIEL

Der goldene Hintergrund, die Gewandstreifen und der Bucheinband ähneln einem ziselierten Juweliererzeugnis. Das fein in Feder gezeichnete Haar und die Durchmodellierung des Gesichts harmonieren mit dem klassischen Aufbau der Figur und den Gewandfalten.

298. Bl. 150v: INITIALE ZUM BUCH DES PROPHETEN HOSEA

In der Initiale ist der Lettrinengrund mit einem vielfarbigen Motiv aus Akanthusblättern gefüllt.

299. Bl. 105r: INITIALE ZUM BUCH DES PROPHETEN DANIEL. DANIEL IN DER LÖWENGRUBE

Die Initiale mit ihrer zoomorphen Interpretation und den weißen drei Punkten auf dem Hintergrund zeigt Anklänge an die Tradition der insularen Kunst. Eine sitzende Figur erscheint in der Darstellung im 12. und 13. Jahrhundert und ist am häufigsten ebenfalls in England anzutreffen. Aber solch ein Ausmaß von Gefühlsanspannung und seelischer Aufwallung, solch ausgeprägt plastische Formen können nach Meinung von H. Swarzenski nur mit der Skulptur, wie zum Beispiel den Prophetenfiguren aus Bamberg, verglichen werden.

scribam gratum
aliquid uobis uo
bis. uniue ecclesie
dignum posteris.
Presentium quip
pe iudiciis non
satis moueor: q(ui)
in utramq(ue) par
tem aut amore
labuntur aut
ódio.

INCIP(IT) DANIEL PROPHETA.

·FR·II·

NNO TERCIO
REGNI IOACHIM
regis iuda uenit
nabuchodono
sor rex babylo
nis in hierusalē.
et obsedit eam.
Et tradidit d(omi)n(u)s
in manus ei(us) ioa
chim regem iu
de. et partem
uasorum dom(us)
dei. et asportauit
ea in terram senna
ar in domum
dei sui. et uasa in

300-311
KUNRAT VON AMMENHAUSEN
Das Schachzabelbuch
Deutsche Schweiz (Stein am Rhein) Ende 14. Jahrhundert

123 Bll. 290 x 210 mm (Text 220 x 145 mm). Pergament. Neuhochdeutsch
13 Miniaturen; große farbige Initialen mit goldenem, blauem und rotem Ornament; kleine rote Initialen mit blauem Ornament; Rubriken
Einband: 18. Jahrhundert. Karton, mit rotem Saffian bezogen; Goldprägung auf Rahmen und Rücken; Dublüren aus blauer Moiré-Seide
Deutsch.F.v.XIV, 1.

Konrad (Kunrat) von Ammenhausen war Mönch, danach Leutpriester der Benediktinerabtei Stein am Rhein. Um 1337 vollendete er eine gereimte Übersetzung ins Deutsche eines in Prosa (um 1290) geschriebenen didaktischen Traktats des französischen Theologen Jacobus de Cessole (Cessolis). Im Traktat wurden Sitten- und Verhaltensregeln dargelegt, die in der mittelalterlichen Gesellschaft für verschiedene Stände maßgeblich waren. Ihre Verkörperung fanden die Stände in den Schachfiguren, die sich gemäß ihren Rechten und ihrer sozialen Stellung, d.h. auf dem Schachbrett des Lebens, zu bewegen haben. Nach Meinung F. Vetters, des Verlegers des *Schachzabelbuchs*, der die 24 erhalten gebliebenen Abschriften benutzt hat, ist das Petersburger Exemplar das früheste. Das zeitlich folgende Exemplar wird in der Nationalbibliothek von Paris aufbewahrt.

Dem Text entsprechend sind in den Illustrationen sämtliche Figuren einer Schachpartie abgebildet, d.h. Vertreter der Hauptgruppen der sozialen Hierarchie — vom König bis zum Bauern und Handwerker. Die ausgiebig mit Alltagsdetails illustrierten Miniaturen ergeben eine wertvolle historische Quelle. Besonders interessant ist die Schachfigur Bauer (Städter und Landleute). Bemerkenswert sind die den Illustrationen vorangeschickten, mit roter Tinte geschriebenen Anweisungen für den Maler. Der Glanz des Goldes, das leuchtende Rot, Grün, Weiß und das satte Blau schaffen eine freudige Farbskala.

Die ornamentalen, mit dem Stift bearbeiteten Gründe, die Landschaftsmotive, die Gewandfalten, der Gesichtstyp und seine Durchmodellierung, eine gewisse Eckigkeit der Figuren, ihre vergrößerten Proportionen sprechen davon, daß die Buchmalerei gegen Ende des 14 Jahrhunderts illuminiert worden ist, und zwar entweder am gleichen Ort, an dem die Handschrift kopiert wurde, oder am Mittelrhein. Im 17. Jahrhundert gehörte der Codex dem Kanzler Séguier, 1735 gelangte er nach Saint-Germain-des-Prés. Nach Angaben von F. Adelung gelangte die Handschrift an Dubrowsky aus der Sammlung des Herzogs de La Valliére. Das erklärt wahrscheinlich, daß auf der Handschrift die alten Chiffren von Séguier und St. Germain nicht erhalten sind.

GELANGTE 1805 IN DIE ÖFFENTLICHE BIBLIOTHEK (1849—1861 EREMITAGE, 5.3.38)

LITERATUR: Cat. Séguier 1686, S. 12; Montfaucon 1739, Bd. 2. S. 1108. Nr. 752; Adelung F.: Nachricht von einer Handschrift des altdeutschen Gedichts: von dem Schachzabelspiel. In: Der Neue Deutsche Merkur. *Weimar 180 Nr. 3. S. 30—74; Gille 1860, S. 57; Delisle 1868—1881, Bd. 2. S. 58;* Das Schachzabelbuch Kunrats von Ammenhausen. *Hrsg. von F. Vetter. Frauenfeld 1892; Laborde 1936—1938, S. 39, 40, Taf. XXII.*

300

300. Bl. 38r: SPRINGER

»Der ritter sol sitzen uf enne roß das sol sin v'decket mit enne isenin v'deckede Er sol au haben eine gantze harnasch. Un sol sin em wol bereit gewoffent ma so er tem beste kan. Mit hube pantz'brustblech armgewant kettm hentschuhe. Und beingewant Eine helm und eine schilt in seire rehten hant ein sper zu sinre lincken sitz em ein swert Ein platten mit kettene. Und ws dar zu gehört. Un zwe guldin sporn un sol ouch sin gezug mit golde wol vs bereit sin«.

301

302

303

304

305

306

307

S. 239

301. Bl. 13v: KÖNIG

In der Anleitung für den Maler heißt es: "Der kunig sol sitzen uf enne guldin sessel in enne guldin throne uf sime houbte ein guldin krone in der rehten hant ein zepter in d'lincke hant ein guldin appfel. Sint gewant sol sin von Purpur und ander gezierde sol er haben als enne kunige zu gehört".

S. 239

302. Bl. 19v: KÖNIGIN

"Die kunigin sol sitzen uf enne guldin sessel in eins kuniges guldin throne. Und sol au tragen ein vech vel. Und dar zu ws ein kunigi gezieren".

S. 239

303. Bl. 28r: LÄUFER

"Der alte sol sin geschaffen als ein richter und sol sitzen uf enne rihṭstul und sol hah vor im ligen ein uf getan buch und dar zu ws ennem erbern rihter zu höret".

S. 239

304. Bl. 51: »VON DEM ROCH« (TURM)

"Das roch sol han alle ding als der ritter. Und dar zu mer wan es eine lantvogt betütet so sol er han ein vech vel vu eine kulhut und sin hut sour sin mit vehem gefütert. Und sol han in siner rehte hant ein kolben do des kuniges zeichan sin si".

308

309

310

305. Bl. 71r: BAUER
"D'and' vende sol sin ein smid. Und ein zimberman. Und ein murer in siner rehte hant sol er ein hamer han in der lincken eine barte als ein zimberman un und' sine gürtel ein kelle" (Der Maler hat sich eindeutig geirrt, denn die Figur hält in ihrer Linken einen Hammer und in ihrer Rechten ein Beil).

306. Bl. 63r: BAUER
"Der erste vende sol sin ein buman. Und ein rebeman. Und sol han in siner rehte hant ein howe un in der lincke ein gerte un ein rebemesser under sine gurtel".

307. Bl. 109r: BAUER
"Dirre ahteste vende sol sin ein (unleserlich) schelm mit krusem hare und sol han in der rehten hende ein wenige pfennige und in der lincken drie wurffel und an sinem gurtel Eine briefe buhsse".

308. Bl. 100v: BAUER
"Der sehste vende sol sin geschaffen als ein wart. und sol han in der lincke hant ein kennelin. Und sol in sollicher wise stan daß er mit der rehte hant lade die geste".

309. Bl. 94r: BAUER
"Der fünfte vende sol sin geschaffen als ein artzat. Und sol sitze uf einem sessel und sol han in d'rehte hant ein buch. Un in d'lincke hant eine buhsse mit lattewerge. Und an sine gurtel sol er han hange menig'hande scher' vseulin".

310. Bl. 73r: BAUER
"Der dirte vende sol han in siner rehten hant ein schere. In der lirchen hant ein lang messer. In sine gurtel ein schribe gezüg. Ob sinem rehten oren ein veder stecken".

311. Bl. 84r: BAUER
"Der vierde vende sol han ein woge in der rehten hant. Und in d'lincke ein elen mes un an sime gürtel ein seckel vol pfennige".

311

312-315
GEBETBUCH. PREDIGTEN
Liber precum. Orationes
Deutschland (Köln). Mitte 15. Jahrhundert

280 Bll. 130 x 95 mm (Text 87 x 55 mm). Pergament. Latein
41 Miniaturen; 1 historisierte, 1 große Initiale vor goldenem Grund mit einem Prachtrahmen; 42 blau-rote Initialen mit Filigranornament; im zweiten Teil des Codex 1 große Initiale, sonst kleinere farbige Initialen
Einband: 16. Jahrhundert. Holzdeckel, mit braunem Leder bezogen; gemusterte Blindprägung auf Rücken und Deckeln; Spuren zweier Metallschließen; Goldschnitt; die Handschrift liegt in einer Kartonkassette (19. Jh.), die mit schwarzem Leder bezogen und mit hellblauem Samt ausgeschlagen ist; um das Kreuz eine Goldprägung
Lat.O.v.I, 206.

Der Codex besteht aus zwei selbständigen Handschriften, die im 16. Jahrhundert einen gemeinsamen Einband erhielten. Der Anfang fehlt. Der erste Teil (Bll.1r—106r) enthält ein Fragment aus den beiden ersten Kapiteln aus *Die Nachfolge Christi* des Thomas von Kempen und Gebete. Jedes Gebet beginnt mit einer großen Initiale. Vor dem Text der Gebete sind, womöglich beim Vereinigen der Handschriften, Blätter mit Miniaturen eingesetzt worden, die das Leben Jesu Christi illustrieren. Am Ende des Gebetbuches sind Litaneien angeführt, die die Namen von Heiligen, die sowohl in Deutschland als auch in den Niederlanden verehrt wurden, wie Kilian, Gertrud, Bonifatius, Lambert u.a. enthalten, sowie die von Bonaventuras zusammengestellte Tabelle. Der zweite Teil, der unterschiedlich gestaltet ist, enthält eine Sammlung von Predigten und Gebeten in Prosa und in Versen der Heiligen Anselm, Gregor, Bernhard, Hieronymus, Thomas, Ambrosius, Hans Gerson u.a. Am Ende des Codex gibt es eine Inschrift in holländischer Sprache.

GELANGTE 1929 IN DIE ÖFFENTLICHE BIBIOTHEK AUS DEM PAWLOWSKER SCHLOSS

LITERATUR: * *Kurzbericht der Handschriftenabteilung für die Jahre 1914-1938.* Leningrad 1940. S. 244.

312

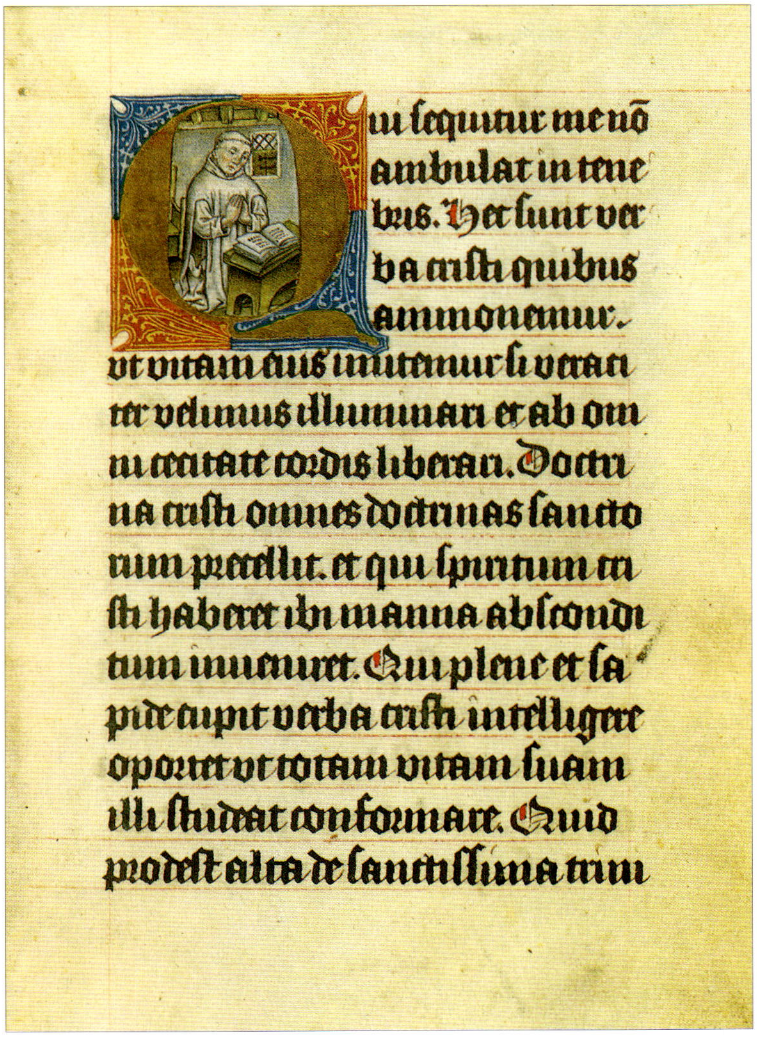

313

314

315

312. Bl. 6r: INITIALE DES GEBETS O GLORIOSA VIRGO MARIA

Die gemalte Umrahmung dieses Blattes besticht durch die Reichhaltigkeit und Lebhaftigkeit, mit der die blauen, grünen, violetten und roten Blätter gestaltet sind, auf die Goldranken und Vögel in Grisaillemanier eingefügt sind. Anläßlich einer Neubindung wurde das Blatt rechts oben beschnitten.
Die Miniatur der Verkündigung (Bl. 5 v.) auf der linken Seite unterscheidet sich stilmäßig von dieser verfeinerten Illustrationsart und stammt höchstwahrscheinlich von einem anderen Manuskript (wie auch die Illustrationen zum Leben Christi). Initiale und Umrahmung sind charakteristisch für die Kölner Buchmalerei um 1450.

313. Bl. 3r: HISTORISIERTE INITIALE AM ANFANG DES TEXTES DES THOMAS VON KEMPEN (*QUI SEQUITUR ME NON AMBULAT IN TENEBRIS*)

Im Initialengrund ein Mönch in Karthäuserkutte in seiner Zelle, ein Buch lesend. Feine, zart rosa gehöhte Grisaille.

314. Bl. 17v: FLUCHT NACH ÄGYPTEN

Links oben unter dem Portikus fällt das eine Lanze haltende Götzenbild von seiner Säule und zerbricht in Stücke.
Anders als bei der Initiale auf Bl. 6 sind die das Leben Christi schildernden Miniaturen in einer lichten Tonpalette gehalten.

315. Bl. 49v: DORNENKRÖNUNG

316

IBN SINA (AVICENNA)
Kanon. (Drittes Buch)
Canon. Liber Tertius
Italien. 1343

176 Bll. 420 x 260 mm (Text 280 x 160 mm). Pergament. Latein
20 farbige mit Gold ornamentierte große Initialen, eine davon historisiert; zahlreiche rot-blaue, große und kleine ornamentierte Initialen; die Reklamanten am Ende der Heftbögen sind mit feinen Federzeichnungen umrahmt. Einband: Offensichtlich zeitgleich mit der Handschrift (14. Jahrhundert). Holzdeckel, mit himbeerfarbenem Leder bezogen; auf den Einbanddeckeln Durchstiche von quadratförmigen Eckbeschlägen und Mittelstücken; an den Deckelkanten Metallstifte; Spuren von zwei Schließen; auf dem Rücken 7 Bünde
Lat.F.v.VI,1.

Das klassische Lehrbuch der Medizin, ein Kanon der Heilkunde in fünf Bänden, von Ibn-Sina (980–1037), in lateinischer Transkription als Avicenna bekannt, wurde in die lateinische Sprache von Gerard aus Cremona (1114–1187) in Toledo übersetzt. Avicenna, der die Theorie Galiens aufnahm, hat die griechische und arabische Medizin synthesiert und systematisiert, so daß im Laufe von fünf Jahrhunderten dieses Werk zum Grundsatz der europäischen Medizin wurde.
Die Petersburger Handschrift ist 1343 von Gualtero aus Heubo kopiert worden (auf Bl. 4v: Hunc tercium scripsi ego Gualterus de Heubo (?). M.CCCXLIII; am Ende des Codex auf Bl. 176: Me scripsit Gualterus de Heubo). Auf der Innenseite des Vorderdeckels steht die Inschrift des Eigentümers: Yste liber est doctoris Jacobi Vachsiis (?).
Der Typ und Inhalt des Werks, der monumentale Malstil sowie die Verzierung der Randfelder mit großem Ornament und kleinen goldenen Sonnen lassen vermuten, daß der Codex in Bologna angefertigt worden ist.
Die Herkunft der Handschrift ist nicht festgestellt.

GELANGTE IN DER ERSTEN HÄLFTE DES 19. JAHRHUNDERTS IN DIE KAISERLICHE ÖFFENTLICHE BIBLIOTHEK (LAUT EINTRAGUNG IN DER INVENTARLISTE)

*LITERATUR: *Golenistschew-Kutusow 1972, S. 173 (reproduziert).*

316

316. Bl. 5r: INITIALE, MIT DER DAS DRITTE BUCH DES KANONS BEGINNT
I.N. Golenistschew-Kutusow meinte, daß hier ein Universitätsprofessor dargestellt ist, der ein Gefäß demonstriert, und ein ihm zuhörender Schüler. Eher ist es aber Avicenna selbst, während die kleine Mönchsfigur unten der Übersetzer des Traktats sein könnte.

317-328
BENOÎT DE SAINTE-MAURE
Roman über den Trojanischen Krieg
Le Roman de la guerre de Troie
Italien (Bologna?). Zweite Hälfte 14. Jahrhundert

168 Bll. 415 x 280 mm (Text 240 x 165 mm). Pergament. Französisch. 329 Seiten sind, beginnend mit Bl. 5r, mit Miniaturen geschmückt, in der Regel im unteren Feld, häufig aber ins obere Blattfeld übergehend. Bei einer Reihe von Blättern gibt es Miniaturen in der Mitte der Seite und ihrem oberen Teil. Historisierte oder ornamentale Initialen beginnen jeden Abschnitt des Poems. Jede Seite hat eine farbige, goldverzierte Randeinfassung in Form eines Pflanzenornaments. Einband: Ende 18. bis Anfang 19. Jahrhundert (von Dubrowsky bestellt). Karton, mit fliederfarbenem Samt bezogen; geometrische Blindprägung; vergoldeter Schnitt. Fr.F.v.XIV,3.

Ein französischer Ritterroman des Benediktiner-Mönchs Benoît de Sainte-Maure (Sainte-More) (12. Jahrhundert), der in der Normandie beim englischen König Heinrich II. Plantagenet im Dienst stand. Der volle Text, geschrieben gegen 1160–1170, besteht aus 30 000 Versen, die Petersburger Kopie enthält 28 400. Als Quelle für den Roman dienten dem Verfasser die Werke von Darius aus Phrygien und Diktys aus Kreta, welche die *Ilias* Homers nacherzählt und durch verschiedene antike Legenden ergänzt hatten (geschrieben vermutlich im 1. Jahrhundert; uns haben lateinische Übersetzungen aus dem 4.–6. Jahrhundert erreicht). *Der Roman über den Trojanischen Krieg* ist eines der vier grundlegenden literarischen Denkmäler des französischen höfischen Romans.

Dieses Werk erfreute sich einer großen Beliebtheit im mittelalterlichen Europa (heute sind 17 Kopien aus dem 13.–14. Jahrhundert bekannt). Die früheste illustrierte Handschrift des Romans, die uns erreicht hat, wurde 1264 in Frankreich hergestellt. Die Illustrationszyklen zum Werk Benoîts erfuhren eine Entwicklung im 14. Jahrhundert in Italien, wo es für die Hofkreise Neapels und der Lombardei kopiert wurde. Die offensichtlich um die Jahrhundertmitte in Bologna angefertigten Exemplare aus der Nationalbibliothek in Wien (Nr. 2571) und Paris (Nr. 782) stehen in der Zusammenstellung der Miniaturen dem Petersburger Codex am nächsten. Allein was die Qualität der Illuminierung und die schöpferische Eigenständigkeit ihrer Meister anbetrifft, so geben die Kunstforscher der Petersburger Handschrift einstimmig den Vorzug. F. Saxl schrieb, daß »die künstlerische und historische Bedeutung der Handschrift kaum zu überschätzen sei«, daß »der Maler das Epos von Benoît de Sainte Maure gleichsam als Schüler Dantes erfaßt habe«, und nannte sie »ein vortreffliches Dokument, das von einer neuen Konzeption der Menschenwürde zeugt, die vor sechs Jahrhunderten in diesem Werk ihren Ausdruck gefunden habe«.

Hinsichtlich des Ortes und der Entstehungszeit des Codex geht die Meinung der Forscher auseinander: Norditalien, 1320er Jahre (Laborde); die Schule von Simone Martini (Beer); Siena (Dobiasch-Roshdestvenskaja); Mittelitalien, 1340er Jahre (Saxl); Bologna mit dem Einfluß Sienas (Saxl, Pankofsky); Bologna, Ende des 14. Jahrhunderts (Buchtal). Im Stil der schönsten Miniaturen der Handschrift, in ihrer Monumentalität, im großen Ornament auf den Randfeldern empfindet man den Einfluß der Fresko-Zyklen, die Behandlung der architektonischen Motive geht auf Giotto zurück — alles das sind Züge, die für die Schule Bolognas kennzeichnend sind, deren Meister seit der Mitte des 14. Jahrhunderts oft Aufträge der aristokratischen Höfe Nord- und Süditaliens ausführten. An der Ausschmückung einer so großen Handschrift arbeitete selbstverständlich eine ganze Gruppe von Meistern. Dabei fertigten die Hauptmeister, wie es oft geschah, die Miniaturen im ersten Teil an, weiter wird die Malweise gröber, die Farbe stumpfer, die Zeichnung härter, obwohl auch diesen Illustrationen Findigkeit und Ausdruckskraft nicht abgesprochen werden können. In Episoden ähnlichen Inhalts, besonders in Kampfszenen, macht sich eine durchaus verständliche eintönige Interpretation spürbar. In den Miniaturen jedoch, die dem Hauptmeister (oder den Hauptmeistern?) gehörten, wirken die ruhigen Rhythmen der friesartigen Kompositionen, die vollendete und fließende Modellierung und die reiche Farbskala sehr anziehend, wobei die Kontraste zwischen dem Gold, dem satten Blau und leuchtenden Rot durch zartgrüne, fliederfarbene und graubraune Töne abgedämpft werden.

Die Darstellungen sind von Inschriften der Kopisten begleitet, welche auf die Sujets und die Hauptpersonen hinweisen. Sie waren für die Künstler gedacht, können aber auch als Erläuterungen für die Leser dienen (in einer Reihe von Blättern wurden diese Inschriften bei späteren Bindearbeiten beschnitten). Das ist bei solchen reich illustrierten italienischen Codices eine gewöhnliche Erscheinung. Das hier angewandte Illuminierungssystem wurde in Italien erarbeitet und fand dort im Laufe des ganzen 14. Jahrhunderts weite Verbreitung, sei es in Bologna, wo der Konnex zu den Fresken deutlich empfunden wird, oder Mailand, wo der Einfluß der französischen Grisaille zu spüren ist, oder Neapel, wo die Begeisterung für die französische Ritterkultur mit der Begeisterung für Petrarca und Boccaccio einherging. Überall blieb das Illustrationsschema der Ritterromane (und bisweilen auch der »Geschichten«) das gleiche. Der Maler benutzte alle unteren Blattfelder. Hier entwickelte sich eine ausführliche narrative Darstellung, wobei (wie im Film) eine Episode der anderen folgt. Zwischen den Textkolumnen und am Rande gehen von den Miniaturen architektonische Formen aus, die sich bisweilen in bizarre mittelalterliche »Wolkenkratzer« verwandeln. Die sie bewohnenden Menschenfigürchen spielen auf Musikinstrumenten, füttern Vögel, schauen einfach neugierig in die Welt und sind gleichsam Zeugen historischer Ereignisse. Inhaltlich bevorzugten die Künstler Themen der Liebe und ihre tragischen Peripetien, Szenen der Etikette aus dem höfischen Leben, Begegnungen, Empfänge usw., insbesondere aber Sujets über Land- und Seeschlachten, denn das Thema Krieg hatte vor dem Thema Frieden eine Vorrangstellung. Das war eine im Mittelalter übliche, vom Leben selbst vordiktierte Erscheinung. Da die Meister das historische Geschehen in ihr Zeitgewand kleideten (antikisierende Motive waren hier selten), wurden die Miniaturen des Romans über den Trojanischen Krieg zu einem äußerst wertvollen Dokument. Sie machen uns mit dem Leben Italiens im 14. Jahrhundert bekannt. Sie geben uns eine Vorstellung von der Architektur, vom Mobiliar, von der Kleidung, den Sitten und von der Etikette, vom Waffengebrauch und von den Rüstungen, vom Schiffbau und von der Schiffahrt.

Das ursprüngliche Schicksal der Handschrift ist nicht festgestellt. Gille und Laborde nahmen an, daß der Codex im 17. Jahrhundert Séguier und folglich zum Bestand der Saint-Germain-Bibliothek gehört habe. Es sind aber am Codex keinerlei Spuren alter Chiffren von Séguier und Saint-Germain-des-Prés zu entdecken. Auf der Innenseite des Vorderdeckels sieht man eine späte Bleistifteintragung (18. Jahrhundert): »51 497 0 30000-35«. Ein ähnliches Notat ist auf dem Codex Fr.F.v.III. 3: 51 496 0 7500-35, was wahrscheinlich Nummer und Preis aus irgendeinem Auktionskatalog bedeutet. Ende des 18. Jahrhunderts wurde der Codex von Dubrowsky erstanden.

GELANGTE 1805 IN DIE KAISERLICHE ÖFFENTLICHE BIBLIOTHEK (1849–1861 EREMITAGE, 5.3.44)

LITERATUR: Cat. Séguier 1686, S. 16; Montfaucon 1739, Bd. 2. S. 1108, Nr. 728; Gille 1860, S. 50, 51; Joly A.: Benoît de Sainte-Maure et le Roman de Troie ou les métamorphoses d'Homère et de l'épopée gréco-latine du Moyen Age. *Bd. 1. Teil 2. Paris 1870. S. 7; Bertrand 1874, S. 171; Benoît de Sainte Maure.* Le Roman de Troie. *Hrsg. von L. Constans. Bd. 1–6. Paris 1904–1912 (Bd. 6. S. 51, 52 über die Petersburger Abschrift). Beer R.: Les principaux manuscrits à peintures de la Bibliothèque impériale de Vienne. In: BSFRM. 1913. S. 26; Laborde 1936–1938, Teil I. S. 19, 20, Taf. XII; Panofsky E., Saxl F.: Classical Mythology in Medieval Art. In:* Metropolitan Museum Studies. *Bd. 4. New York 1933. Teil 2. S. 262, Anm. 40, Abb. 49; *Dobiasch-Roshdestwenskaja, Lublinskaja, Die französischen Miniaturen, 1939, S. 864; Saxl F.:* The Troy Romance in French and Italian *Art. In: Lectures. The Warburg Institute. Bd. 1, 2. London 1957. S. 137, 138, Taf. 80, 81; Buchthal H.: Historia Troiana. Studies in the History of Medieval Secular Illustration. London/Leiden 1971. S. 14; *Besproswannaja I.M.:* Künstlerisches Konstruieren des handgeschriebenen Buches »Roman über den Trojanischen Krieg« von Benoît de Sainte-Maure. *In:* Probleme des Studiums von handgeschriebenen und Altdruck-Fonds aus der Sicht der Quellenforschung. *St. Petersburg 1979. S. 155–171 (russ.); A. Pianosi,* Il Messolo dell'Ambrosiana, il Tristan di Parigi et un capolavoror sconosciuto nella miniaturea bombarda trescentesca, in Artecristiana, *n° 748, 1992, S. 9-24.*

317

318

317. Bl. 13v: KASTOR, POLLUX UND HERAKLES AUF DEM WEG NACH TROJA

Gesondert ist ein Stadtbild, ähnlich Blatt 1r, gezeigt. Die Miniaturen der Handschrift umgeben dünne rechteckige farbige Rahmen, doch die Maler gehen oft über diesen rigorosen Zwang hinaus und lassen die Schiffsmasten aus dem Rahmen herausragen, in anderen Fällen sind es Bauten oder Bäume.

318. Bl. 17v: PRIAMOS UND DIE ANKUNFT DER GESANDTEN IN GRIECHENLAND

Beispiel für eine kompositorisch komplizierte Schmuckseite. Außer der Ankunft der Gesandtschaft Antenors in Griechenland (unten), sehen wir in der Miniatur, die in die Textkolumne eingefügt ist, den König Priamos mit seinem Gefolge. Der Beginn des Abschnitts wird durch eine ornamentale Initiale vermerkt.

319. Bl. 23v: DIE TRAUUNG DES PARIS UND DER HELENA

Das Randornament auf diesem Blatt und auf den nächsten Blättern ist besonders üppig, sogar überladen. Der obere Rahmen der Miniatur ist in eine Festungsmauer mit Türmchen verwandelt, durch deren Fenster Genreszenen zu sehen sind.

S. 248

320. Bl. 86v: SCHLACHT DES AGAMEMNON UND MENELAOS GEGEN TROILOS UND DIOMEDES

Auf der unteren Blattseite ist eine der unzähligen Schlachten gezeigt, von denen im Roman berichtet wird und die in den Miniaturen dargestellt sind. An dieser Schlacht nahmen auf griechischer Seite Agamemnon und Menelaos, auf der trojanischen Troilos und Diomedes teil. Oben stehen der König Priamos und der sich in die Schlacht begebende Hektor.

Il tot seul la conduit et maine.
Molt la conforte et mult la prie.
Qelle ne soit de nen smaie.
Assez li ot li rois promis
Qe dame sera dou pais.
Tant chevauchierent et parlerent
Qe es gins mes de troie entrerent.
Onqes nus hom en icel ior.
Ce nos raconte li auctor.
Navoit encore oi parler.
De si grant ioie demener.
Com il firent de lor amis.
Molt par ot grant ioie ou pais.
La nuit furent bien celebree
Et assaucie et honoree.
Mes lendemain a grant leece.
A grant ioie et a grant hautece.
De paris bellaine esposee.
Li rois prians li ot donee.
Molt li oit neches noces faites.
Iames tels ne sera retraites.
Tor cels de troie celebrerent
Huit iors aine un ne trepasserent.
Grant ioie ont fete qe paris
Desfimenez lor anemis.
Por le esauchement de lor glour.
Et par lonor de la victoire.
Furent feste huit iors et plus.
Si com il avoient en us.
Hellaine fu mout honoree
Et mult ioie i usse et mlt amee.
Dou roi prians et de sa feme.
Et des tor les autres dou regne
Les freres paris lorent chiere.
Et ses serors de grant maniere.
Fors la devine cassandra.
Molt grant duel en demaina.
Car qi qen fust liez et ioios.
Elle faissoit duel merveillos.
A haute vois a tot disoit.
Qe tot certenement savoit.
Qe ore seroit troie de fete.

Iames ne seroit restoree.
Mout ne stoit la fin proceaine.
Et maudisoit sovent hellaine.
Et maudisoit li mariage.
Qeli avoncheoit li domage.
Qui lor venroit prochainement.
Et duroit pourablement.
Hellisse chetive qiel dolors.
Hair qnt cherront cels hautes tors.
Qnt verai cheoir ces meisons
Et cels paleis et ces doions.
He qiel dolor qnt mi freit.
En seront mort avec mon pere.
He tant se clamera chaitis.
Qnt illes vera tor ocis.
Ecuba meir qiel pecchie.
Tant aurez iiit aterine.
Tant aura ci forte avanture.
Com dolorcuse porteure
As fete meir de tes enfanz
Tolluz les ta li rois prianz.
Qe cist mariages ot aioste.
Dex tant plaing la noble cite
Com grant dolor qnt penra.
Iames nul la refera.
Franches dames franches pucelles.
Com aura ci males novelles.
Qe vos auriez de vos amis
Qe par noient seront ocis.
Fugiez vos en bien est li tenes.
Ou prendrez vos tant de lermes.
Com vos convendra a plorer.
Sovent vera lune pasmer.
Lautre de vos ai li cuer dolent
Mout de suiasse hastivement.
Mort aucour se stre peust.
Ainz qe li temps venuz fust.
Qi sa partilla chascun ior.
Amer la mortel dolor.
Ensint crioit ensint braioit.
Si fettement se dementoit
Cassandra la respous neust.

Ne dois fere a tort ni a droit
Chosse qe mes pleisir ni soit.
Sor toi aurai tiel poeste.
Qe mi ustras hui de la cite.
Voi qel merveille et qel criee.
Ont ces dames entr'elles levee.
Voi com chascun ne crie et bret.
Sor hetel na rien pitie nen het.
Va descendre chier fil amis.
Adonc fu hector entre pris.
Loure son pere nose affrandre.
Et il ne soit comant remaindre.
Honz qi de estre en faute.
Si ne fet il tiel follie.
Com fu solamant por pansee.
Par une folle desvee.
Qe son songe vos ot retret.
Dentremetre vos en tiel plet.
Nen avenist pas iol di por voir.
Trop i porai grant honte avoir.
Se ie remaing por tiel afaire.
Mes pas ne vos deust desplaire.
Se ie allasse nos genz aidier.
Qe hui en auront grant mestier.
Destorice noit priamz curr.
Ainz li prie tant et ouure.
Qe il lo fet torner arrier.
Tant par eit fier en mi la chiere.
Qe nel ousse nul esgardier.
Nesse veut pas desarmer.
Fors sollemant de sa ventaille.
Puans en voie a la bataille.
Tor ceus qe en mer i puet.
Tote la ville sen esmuet.
Tor sen eussent fors a devise.
Lomg as champs lor armes prise.

Com achilles li fel en trahison mort li buen hector qe un roi de grant nere de soi tenoit.

Jornee dollorouse.
Pesme cruelle et tenebrosse.
Com fu pessant destinee.
Qant hector uit a la meslee.
Qe destorne il ne puet estre.
Hui mes vos dirai dou tot lestre.
Ceus de lost sont aprosmez.
Ceus dedenz bien q sont armez.
Diomedes ot buen conroi.
Et achilles buen endroit soi.
Et thellamon et aiax.
Agamenon et menellax.
Et li tres preu pallamides.
Buens chrs estoient ades.
Les buenes heumes o les iumz
Et lor despagne o les famz.
Resplendissent por la campaigne.
Diomedes o sa compaigne.
Et troylus o les frisans.
Assemblerent as premerans.
Ices dos conrois sentre vindrent.
Et mult serrez amb dos se tindrent.
Les chevals movent devant soi.
Delonc en oit hom le tresoi.
La terre font sor els bondir.
Hausent les fuz au venir.
Froissent lances et escartellent.
Et cors de chrs desseullent.
Au bien atandre et au iostier.
Enconvient maint enversier.
De tiels qe puis ne relievent.
Cels qi as lances escamperent.

321

322

323

324

325

326

327

S. 249
321. Bl. 18r: PRIAMOS HÄLT EINE REDE VOR LAOMEDON
Diese Szene erinnert an einen Universitätsdisput.

S. 249
322. Bl. 20r: PARIS BEGIBT SICH AUF DIE SUCHE HELENAS UND TRIFFT SIE, NACH DER TRADITIONS-GEMÄßEN IKONOGRAPHIE, IM TEMPEL (beliebtes Sujet der Illustratoren des Romans)
Diese Miniatur ist von einem größeren emotionalen Pathos als die übrigen erfüllt. Die Farbkontraste sind krasser, die Gesten energischer, auch ist der Typ der großäugigen und langnasigen griechischen Gesichter ein anderer. Womöglich hat gerade der Malstil dieses Meisters die Forscher auf den Gedanken gebracht, von dem Einfluß Sienas zu sprechen.

S. 249
323. Bl. 67r: DIE SCHLACHT
Auf der Seite der aus der Stadt reitenden Trojaner (sie sind auf der Miniatur durch ein Wappen mit zwei kleinen Kreisen und einem schrägen Streifen bezeichnet; das Wappen der Griechen trägt schräggezahnte Streifen) kämpft der König der Kentauren.

S. 249
324. Bl. 93r: BEWEINUNG UND BESTATTUNG HEKTORS

325. Bl. 103r: BEI ACHILL, DER BEIM SCHACHSPIELEN AUSRUHT, ERSCHEINEN DREI GRIECHISCHE BOTEN, DIE IHN ZUR TEILNAHME AN DER SCHLACHT AUFFORDERN

326. Bl. 144v: DIE GRIECHEN TEILEN DIE IN TROJA ERBEUTETEN GÜTER UND VERLADEN SIE AUF DIE SCHIFFE

327. Bl. 152r: GRIECHISCHE SCHIFFE, DIE IN EINEN STURM GERATEN SIND
Diese sehr expressive Miniatur berichtet von den Schiffbruch erleidenden Griechen, die das geraubte Gut über Bord werfen und die Kleider von sich reißen, in der Hoffnung, sich schwimmend zu retten.

328. Bl. 142r: DAS HÖLZERNE PFERD WIRD NACH TROJA GEBRACHT, WO ES VOM KÖNIG PRIAMOS IN EMPFANG GENOMMEN WIRD

142

Chascuns i tret bote et en paint.
A mult grant paine ont lour traite
Qe en forme de cheual est faite.
Si est haute si par est grant
Qe ne lauoit nus hom uiuant.
Qi nait meruelle et qi ne die.
Coment fu faite et establie.
O sons estrumenz o bauz
Fu amenez iusqe as portauz.
Troiens toz festiuoient.
Qe mult grant ioie lors fesoient.
O meruelleus desdoumenz.
Et o grant saetefiemenz.
Li alerent en contre hors.
Mes tant par auoit grant le cors.
Qe as portes ni en trast por nien.
Et qant ce uirent troien.
Con soull pasirent qe les terrar.
Abatoient et le portar.
Les biaus les gent qe neptunus.
Ot fet mil anz auoit et plus.
Et qe appollo oit dedier.
Molt en est li rois engigniez.
Comunemant sont deceu.
Qant li mur furent abatu.
Vlixes ot parle as suens.
Des or fet il est leus et tens.
Ni auons mes qe demorer.
Des auous qerre et demander.
Dementre qen si est li afair.
Ne lor leisserons mes refair.
Les murs ne tirer en le cheual.
Deuant qe tot nre uassal.
Aient lor dons et lor loiers.
Qe la nen faudra diniers.
Tot maintenant fu ce requis.
Cil qi sont fet dentre pris.
Ont tot li uit cest duel et mal.
Adonc fu tret en li cheual.
A si grant ueneration.
Et a si grant procession.
Qe nus ni conteroit la uoie.

Qe de mainent cil de troie.
Entre tant dis sont les naues
Refeites et appareillies.
Li grant auoir li grant tresor.
Qe a troie lor est rendu.
Est aportez et es nes mis.
Vn estrange conseil ont pris.
Qe helene pas ni perdoient.
Deuant qe la cite auoient.
Prise par force et abatue.
Car se il lauoient receue.
Lor seroit plus honte et tort.
Sil lauoient a mort.
Et il uoillent qelle soit dance.
Et de splait molt et de sagite.
A menellaus mes sachiez bien.
Qil nen puet estre autre rien.
Por lui nen fu ne plus ne maint.
Molt en fu uers caus dire plains.
A troie ont fet por traison.
A uoi priant qe thendon.
Conduiroient lor compaignes.
Tot lor gent et lor naues.
Puis manderont por hellaine.
Car ne uoillent li cheuetaine.
Qe le poples comuns la uoie.
Ne anul bair ne la uoie.
Car il ont par li perdu tant.
Qil noit au mont home uiuant.
Qe la peust de mort garir.
Sil la poient tenir.
Celeement i manderont.
Et en repost len amenront.
Ce uelt bien priant et troie.
Cil se metent a la uoie.
Qant orent lor buens a pluz.
Et lor naues furent garniz.
Si sont les legers armees.
Qe troie uoient les fumees.
Car grant leuent la fumee.
Qil lauoient de loing fait.
Molt estoient bien herbergie.

329-331
FRANCESCO PETRARCA
Von der Arznei gegen das günstige und ungünstige Schicksal
De Remediis utriusque Fortunae
Italien (Mailand). 1388.

141 Bll. 365 x 250 mm (Text 230 x 170 mm). Pergament. Latein
4 historisierte Initialen in Goldrahmen; die Blätter sind mit einer Bordüre aus Akanthusblättern in Blau, Rot und Fliederfarbe, mit Ranken und kleinen goldenen Sonnen geschmückt; am Anfang eines jeden Kapitels sind farbige Initialen mit Pflanzenornament auf blauem Hintergrund angeordnet. Einband: 18. Jahrhundert. Karton, mit rotem Saffian bezogen; goldgeprägter Rahmen. Der Vorderdeckel hat innen ein Exlibris von Peter Suchtelen
Lat.F.v.XV,1.

Der Codex ist eine der vier erhalten gebliebenen, genau datierten Kopien des Traktats von Petrarca, das 1366 zusammengestellt worden ist. Am Ende des Texts (Bl. 141v) gibt es eine Inschrift des Kopisten: ***Qui scripsit dego Andreas, prb. ego Mediolanum*** 1388. Sie zeugt davon, daß die Handschrift 1388 vom Mailänder Priester Andrea kopiert worden war, wahrscheinlich für das Adelsgeschlecht der Ghisilieri aus Bologna, dessen Wappen Gille auf zwei Blättern mit dem Bildnis Petrarcas identifizierte. Wegen dieses Wappens nahm Laborde an, daß die Handschrift in Bologna angefertigt wurde. Zweifellos ist, daß das Wappen später als die Illumination hinzugefügt wurde. Solch eine Randverzierung aus geschweiften, verschiedenfarbigen großen Akanthusblättern und kleinen goldenen Sonnen ist im 14. Jahrhundert typisch für Bologna, sie wurde aber bereits seit den 1380er Jahren in Padua und Mailand verwendet. Allein das Kopieren der Handschrift fand in Mailand seinen Abschluß, wo übrigens in den Jahren 1368 und 1369 Handschriften für Petrarca illuminiert wurden (Berlin, Hamilton 493; Paris, Nationalbibliothek, ms.lat. 7880). Das Schicksal der Handschrift in den folgenden Jahrhunderten ist nicht festgestellt. Seit dem Ende des 18. Jahrhunderts gehörte sie zum Bestand der Bibliothek des Grafen Mac-Carthy. Zu Beginn des 19. Jahrhunderts wurde diese Bibliothek durch die Pariser Antiquare Gebrüder de Bure verkauft. Bei ihnen hat auch höchstwahrscheinlich Graf Suchtelen den Codex erworben.

GELANGTE 1836 IM BESTAND DER SAMMLUNG SUCHTELEN IN DIE KAISERLICHE ÖFFENTLICHE BIBLIOTHEK

LITERATUR: Catalogue des livres rares et précieux de la Bibliothèque de feu M. le comte de Mac-Carthy Reagh. *Bd. 1. Paris 1815. S. 239, Nr. 1511; Gille 1860, S. 49, 50; *Jaremitsch 1914, S. 42; Laborde 1936–1938, S. 44, 45; Branca V.: Manoscritti petrarcheschi nelle biblioteche di Leningrado e Stoccolma. In:* Lettere Italiane, *1966. Bd. 18; Bernadskaja E.: Manoscritti del Petrarca nelle Biblioteche di Leningrado (URSS). In:* Italia medioevale e umanistica. *1979. Bd. 22. S. 547, 548; *Bernadskaja 1984–1985, S. 193–195.*

329

329. Bl. 4r: INITIALE ZUM ERSTEN BUCH MIT DEM BILDNIS PETRARCAS IN EINEM HERMELINBESETZTEN KAPUZENMANTEL

330. Bl. 6r: INITIALE ZUM ERSTEN KAPITEL DES ERSTEN BUCHES MIT DEM BILDNIS PETRARCAS

S. 254

331. Bl. 72r: ANFANG DES ZWEITEN BUCHES MIT EINER MINIATUR, AUF DER PETRARCA AN EINEM PULT IM STUDIO GEZEIGT IST

Am unteren Rand wurde später das Wappen Ghisilieri hinzugefügt. Die Malerei der Miniatur zeichnet sich durch ein erlesenes Zusammenwirken von hellen Farbtönen aus. Auf allen Bildnissen Petrarcas treffen wir die gleichen feinmodellierten Gesichtszüge: eine kurze Nase, leicht gedunsene Wangen. Da diese Bildnisse des Dichters anderen bekannten Darstellungen aus dem 14. Jahrhundert sehr nahekommen, ist anzunehmen, daß sie auf das wahre Aussehen Petrarcas zurückgehen.

71

De omnibus que uel michi lecta placuerunt uel audita nichil pene uel insedit altius uel tenacius inhesit uel crebrius ad memoriam redit quam illud eracliti. Omnia secundum litem fieri. Sic est enim et sic esse prope modum uniuersa testantur; Rapido stelle obuiant firmamento. contraria inuicem elementa confligunt. terre tremunt maria fluctuant. aer quatitur. crepant flamme. bellum immortale gerunt uenti. tempora temporibus concertant secum singula. nobiscum omnia. Ver humidum. estas arida. mollis autumnus. hiems hispida. et que uicissitudo dicitur pugna est; Hec ipsa igitur quibus insistimus. quibus circumfouemur. et uiuimus. que tot illecebris blandiuntur. quam si irasci ceperint sunt horrenda. indicant terremotus. et concitatissimi turbines indicant naufragia. atque incendia seu celo seu terris sementia; Quis insultus grandinis. quenam illa uis imbrium. qui fremitus tonitrui. qui fulminis impetus. que rabies procellarum. qui feruor. qui mugitus pelagi. qui torrentium fragor. qui fluminum excursus. qui nubium cursus et recursus. et concursus. Mare ipsum preter apertam ac ruptam uim uentorum atque abditos fluctuum tumores incertis uicibus alternantes certos statutosque fluxus ac refluxus habet. cum multis in locis. tamen conspectius in occasu. quem dum manifesti motus latens causam queritur; non minorem prorsus in scolis quam fluctuum ipso in pelago litem mouit. Quid quod nullum animal bellis uacat; Pisces fere uolucres serpentes homines. una species aliam exagitat. nulli omnium quies data; Leo lupum. lupus canem. canis leporem insequitur; Est et canis stirps audentior. non lupis modo resistere. sed leones pardos apros ursos insectari solita atque aggredi; Quendam uero tam generosa ferocia et tam nobilis fertur elatio. ut ursos aprosque fastidiant. In solosque elephantes aut leones dignentur irruere. Qualem unum alexandro missum regi. contemptuque tali male cognito. contemptum occidique iussum legimus. consilium quid inter alterum probatumque qua decuit dilectumque regi unice atque in deliciis habiti; Nam ipsius canis erga hominem cui fertur amicissimus. quanta sit caritas. nisi quod conciliat spes tibi. preter mores ac saturatus implacabiles. Non tantum Actheonis fabula. sed discerptus uere probant emptores. uulpina fallacia Una quidem ex multis audita est. piscatores cum ad urbem piscem deferrent. quod estate libenter noctu faciunt. aliquanto uulpeculam ceu exanimem calle medio transuersam iacuisse. quam ereptam decoriaturi ex commodo cum suis sarcinam processisset. Illam ubi se piscibus affatim ipse set. subito prosiluisse. mirantibusque illis atque indignantibus effugisse. Iam quod odia uulpium doli. qui luporum ululatus. quod murmur ad caulas. que coruorum miluorumque circa columbarum domos pulorumque nidos uigilantia. quod inter se ut probibent naturale atque eternum odium. Alter alterius inuadit nidum. effractisque ouis spem prolis interimit; nam

ac

332
FRANCESCO PETRARCA
Liederbuch. Die Triumphe
Canzoniere. Trionfi
Italien (Florenz). 1450-1470

199 f., 223 x 155 mm (texte : 150 x 170 mm). Parchemin. Italien.
199 Bll. 223 x 155 mm (Text 150 x 70 mm). Pergament. Italienisch
Zwei Titelblätter in ornamentiertem Rahmen; eine dunkelblaue Initiale an jedem Gedichtanfang
Einband: 16. Jahrhundert. Pappe, mit braunem Saffian bezogen; das geprägte Goldornament ist typisch für den Lyoner Bibliophilen Jean Grolier; vergoldeter Schnitt
Ital.Q.v.XIV,1.

Die Handschrift ist eine vollständige Kopie des Canzoniere (317 Sonette, 29 Kanzonen, 7 Balladen, 4 Madrigale); im *Triumph der Liebe* sind die Kapitel umgestellt; vorhanden sind nur die ersten Kapitel des *Triumphs des Todes* und des *Triumphs des Ruhms*.

Die Titelblätter der Handschrift sind ein vorzügliches Beispiel für jenen Gestaltungsstil des humanistischen Buches, der in Florenz Anfang des 15. Jahrhunderts aufkam, sich aber endgültig im zweiten Viertel einbürgerte. Die Blütezeit dieses Gestaltungsstils fällt in die 1450er–1470er Jahre, mit denen man auch die vorliegende Handschrift datieren kann. Hier läßt sich ein Anklang an die Illuminierung der Manuskripte feststellen, die für den berühmten Verleger und Buchhändler Vespasiano da Bisticci (1422–1498) vom führenden Florentiner Buchmaler Francesco d'Antonio del Cherico angefertigt wurden. Durch Vermittlung des Kardinals Jouffroy versah Vespasiano den französischen König Ludwig XI. mit humanistischen Büchern.

Der Auftraggeber dieser Handschrift ist unbekannt. Sein Wappen auf dem ersten Blatt ist ausgelöscht. Im 17. Jahrhundert gehörte sie Séguier. Auf dem Vorderdeckel ist die für seine Sammlung typische Chiffre 795 erhaltengeblieben. Im Katalog von Montfaucon ist im Verzeichnis der Bücher, die nach Saint-Germain vom Herzog Coislin, dem Enkel Séguiers, gelangten, diese Ziffer nicht vorhanden. Es ist möglich, daß zum Zeitpunkt der Bestandaufnahme der Codex fehlte, da der Vermerk *p. 2373* immerhin davon zeugt, daß die Handschrift sich in Saint-Germain befunden hatte. Ende des 18. Jahrhunderts erwarb sie Dubrowsky.

GELANGTE 1805 IN DIE KAISERLICHE ÖFFENTLICHE BIBLIOTHEK
(1849–1861 EREMITAGE, 5.2.58)

LITERATUR: Gille 1860, S. 75; Laborde 1936–1938, S. 86, 87; Branca V.: Manoscritti petrarcheschi nelle biblioteche di Leningrado e Stoccolma. *In:* Lettere Italiane, *1966. Bd. 18. S. 5; Bernadskaja E.: Manoscritti del Petrarca nelle Biblioteche di Leningrado (URSS). In:* Italia medioevale e umanistica. *1979. Bd. 22. S. 547, 548; *Bernadskaja 1984–1985, S. 195, 196.*

332

333
GIOVANNI BOCCACCIO. Filocolo (5. Buch)
Il Philocolo. Libri 5

Italien (Florenz). Mitte bis zweite Hälfte 15. Jahrhundert

212 Bll. 305 x 210 mm (Text 205 x 135 mm). Pergament. Italienisch
Die Vorderseite des ersten Buchblattes ist vergoldet und trägt eine historisierte Initiale und einen Rahmen; Buch zwei bis fünf beginnt mit Goldinitialen vor einem Flechtwerk in Weiß, Blau und Rot mit kleinen goldenen Sonnen; kleine Goldinitialen vor grünem, rosa-, fliederfarbenem und blauem Grund mit weißem Muster
Einband: 17. Jahrhundert. Karton, mit braunem Leder bezogen; goldgeprägtes Wappen Séguiers auf dem Vorder- und Hinterdeckel und Monogramme auf dem Buchrücken
Ital.F.v.XIV,1.

Das Buch ist eine ins Italienische übersetzte Adaptation des französischen anonymen Romans des 13. Jahrhunderts »*Floir et Blanchefleur*«. Er berichtet von der idyllischen Liebe des Sarazenenprinzen Floir und der gefangenen Christin Blanchefleur, die alle Hindernisse auf ihrem Weg überwinden.

Die prächtige Gestaltung des ersten Blattes vereint in sich die in Florenz in der Mitte des 15. Jahrhunderts ausgearbeitete Illuminierungstechnik mit der prunkvollen Ausschmückung der Exemplare, welche für die Hocharistokratie bestimmt waren. Die herrlichen ornamentalen Initialen am Beginn der übrigen Bücher unterstreichen den Paradecharakter der Handschrift. Laborde nennt den Illuminierungsstil neapolitanisch, Bernadskaja dagegen ist der Meinung, daß er zur florentinischen Schule gehört. Das phantastische »Porträt« Boccaccios mit dem realistischen ausdrucksvollen, nicht mehr jungen Gesicht und den gekrümmten Augenbrauen sowie die Tiere im Rahmen sprechen von nördlichen Einflüssen. Die Handschrift könnte aber auch in Neapel hergestellt worden sein, wo seit der Mitte des 15. Jahrhunderts Meister arbeiteten, die aus dem Norden kamen, und florentinische humanistische Ornamente in Mode kamen. In der Umrandung ist ein geteiltes Wappenschild der Familien Aragon und Anjou abgebildet, das zu Unrecht als das Wappen René d'Anjous bezeichnet wurde, in Wirklichkeit aber das des aragonischen Königs von Neapel ist. Ob die Handschrift für ihn angefertigt wurde, ist indes nicht sicher, denn weder das Palmenemblem noch der Wahlspruch Accadera, der in den Medaillons desselben Blattes erscheint, entspricht einem der von den napolitanischen Herrschern gewählten Wappenmotiv. Im17. Jahrhundert gehörte die Handschrift dem Kanzler Séguier, sie gelangte 1735 nach Saint-Germain-des-Prés und wurde Ende des 18. Jahrhunderts von Dubrowsky erworben.

GELANGTE 1805 IN DIE KAISERLICHE ÖFFENTLICHE BIBLIOTHEK
(1849–1861 EREMITAGE, 5.42.60)

LITERATUR: Séguier 1686, S. 102; Montfaucon 1739, Bd. 2. S. 1108, Nr. 745; Gille 1860, S. 76; Lecoy de La Marche A.: Le roi René sa vie, son administration, ses travaux artistiques et littéraires. *Bd. 2. Paris 1879. S. 189; Laborde 1936–1938, S. 87; *Jaremitsch 1914, S. 42, Abb. zwischen S. 41 und 42; *Schischmarjow 1927, S. 184–186; *Bernadskaja 1984–1985, S. 206, 207.*

S. 255

332. Bl. 1r: TITELBLATT

Der Rahmen ist von einem typisch florentinischen, humanistischen Ornament aus einem Flechtwerk von weißen Stiel-Banderolen (*bianchi girari*) ausgefüllt, in die Vögel und Putti eingefügt sind. Dieses Motiv, das die Humanisten für ein Merkmal antiker Werke hielten, geht in Wirklichkeit auf die ornamentierten Initialen der romanischen Epoche des 11. und 12. Jahrhunderts zurück. Die Umrahmung enthält auch ein Wappen (ausgelöscht) und das Bildnis Petrarcas in Gestalt eines schlohweißen Humanisten mit einem Buch in den Händen. Hier findet man selbstverständlich keine porträthafte Ähnlichkeit. Die Schmuckseite mit ihrem edlen transparenten Kolorit, dessen Blau, Hellgrün, Weiß und Gold mit dem Weiß des feinen Pergaments harmoniert, und dem zierlich gezeichneten Ornament und der viel freien Raum lassenden Schriftart (littera antiqua) zeugen von der hohen ästhetischen Kultur des humanistischen Buches im Quattrocento.

333. Bl. 1r: ANFANGSBLATT DES FILOCOLO
BOCCACCIO ERSCHEINT IN DER INITIALE M. ER TRÄGT EINEN LORBEERKRANZ, EINEN ROTEN MANTEL UND HÄLT EIN BUCH IN DEN HÄNDEN

In dem reich ornamentierten Rahmen sind nackte wie auch in farbige Wamse gekleidete Putti sowie Hirsche, Hasen, ein Bär, ein Pfau, Medaillons mit Palmen und die Devise *Accadera* sowie das Wappen der Aragon abgebildet.

COMINCIA IL PHILOCOLO DI MESSERE GIOVANNI
BOCCHACCI :~

334-347
CATON SACCO. SEMIDEUS
Drittes Buch
(Über die Kriegskunst)
Semideus. Liber tertius de re militari

Italien (Mailand). 1438 oder später.

116 Bll. 270 x 190 mm (Text 90 x 75 mm). Pergament. Latein
30 Miniaturen und Zeichnungen
Einband: Anfang 19. Jahrhundert (von Dubrowsky bestellt).
Pappe, mit grünem Saffian bezogen; geometrische Goldprägung; Goldschnitt.
Lat. Q. v.,.XVII, 2.

Das dritte Buch des *Semideus* ist ein unveröffentlichtes Traktat über die Kriegskunst von Caton Sacco (gest. um 1463), der italienischer Juriskonsulte in Pavia war. Geschrieben wurde es 1438 zu Ehren des Herzogs Gian Galeazzo Visconti mit einer Widmung für seinen Sohn Filippo-Maria Visconti. Dem Haupttext ist die Darstellung des Stammbaums der Herzöge von Mailand, die Widmung für Filippo-Maria Visconti und ein Gebet zur Jungfrau Maria vorangestellt.
Die Illuminierung des Codex besteht ihrem Charakter nach aus zwei Teilen. Der Haupttext des *Semideus* ist mit freien, aquarellgetönten Federzeichnungen illustriert. Sie sind auf den Blatträndern angeordnet und allem Anschein nach von den Gehilfen des Hauptmeisters ausgeführt worden. Dieser schuf die Gestaltung des ersten Buchteils, auch sind ihm die auf mehreren Blättern des *Semideus* zu findenden Darstellungen der Maria in der Glorie zuzuschreiben. Er zeigt besondere Virtuosität bei der Ausführung feinster Zeichnungen, zeigt eine Vorliebe für Blau und kompakte Kompositionen sowie für effektvolle Bordüren mit zahlreichen eingeschlossenen Wappen. Man kann schwerlich Laborde beipflichten, der ihn für einen "recht guten florentinischen Künstler" hielt. Wir haben es zweifellos mit einem vorzüglichen Beispiel jener raffinierten höfischen Kunst der Lombardei zu tun, deren Entwicklung in erster Linie mit den für die Familie Visconti tätigen Meistern Giovanni dei Grassi (gest. 1398), Michelino de Besozzo (der von 1388 bis 1415 in Pavia und Mailand lebte) und Luchino Belbello da Pavia (tätig zwischen 1430 und 1462) verbunden ist. Auf die lombardische Herkunft der Handschrift weist auch die Art der Zeichnungen des zweiten Meisters sowie die künstlerische Anlage des Blattes hin, auf dem der Text eine relativ kleine Fläche einnimmt und viel Platz für die Illustration läßt. Angesichts des Künstlers und des Umstands, daß die Handschrift für den Herzog von Mailand bestimmt war, kann man zuverlässig davon ausgehen, daß der Codex in Pavia oder Mailand illuminiert wurde, wobei die stilistischen und typologischen Eigenheiten der Miniaturen der schöpferischen Manier von Belbello am nächsten stehen.
Die Handschrift wurde 1458 dem Francesco Sforza geschenkt und befand sich in der herzöglichen Bibliothek im Schloß von Pavia (war im Verzeichnis von 1459 vermerkt). 1499 entführte Ludwig XII. die Bibliothek der Mailänder Herzöge nach Blois in Frankreich. Es ist unbekannt, wann dieser Codex ausgesondert wurde und in den Besitz der Familie Baugency überging (Baugency bzw. Burgency ist eine unweit von Blois gelegene Lehnsherrschaft, die mit dem Haus Orléans verbunden war). Auf dem ersten Leerblatt des Codex sind viele Eintragungen der Hauschronik erhalten geblieben: Geburts- und Todesdaten der Familienmitglieder. Um die Wende zum 17. Jahrhundert gehörte die Handschrift einem gewissen Charles Le Manier, der seine Unterschrift, ein Akrostichon und Sentenzen in lateinischer und französischer Sprache hinterlassen hat. Ende des 18. Jahrhunderts wurde die Handschrift von Dubrowsky erworben.

GELANGTE 1805 IN DIE KAISERLICHE ÖFFENTLICHE BIBLIOTHEK
(1849 BIS 1861 EREMITAGE 5.2.37)

*LITERATUR: Gille 1860, S. 74; *Nikolajew 1904, S. 119; *Lublinski W.:* Semideus des Sacco Caton. (Ein unveröffentliches Traktat des 15. Jahrhunderts über die Kriegskunst. *Handschrift der Öffentlichen Bibliothek. Lat.Q.v.XVII,2). In: Das Mittelalter in den Handschriften der Öffentlichen Bibliothek. Hrsg. von O.A. Dobiasch-Roshdestwenskaja. Leningrad 1927. Lief. 2. S. 95–118; Laborde 1936–1938, S. 83, 84, Taf. XXXV–XXXVI; Gallinoni B.:* Di un trattato militare inedito del sec. XV. *In:* Rivista storica italiana. *1938. Bd. 3. S. 87–90; Pellegrin E.:* La bibliothèque des Visconti et des Sforza, ducs de Milan, *au XVe siècle. Paris 1955. S. 57, 317, Nr. 599; *Bernadskaja 1984–1985, S. 279, 280.*

334. Bl. 9r: INITIALSEITE ZUM GEBET AN DIE JUNGFRAU MARIA (*AD LAUDEM VIRGINIS*)

In die Initiale ist die Verkündigungsszene gesetzt. In der Bordüre erscheinen die Wappen der Visconti: Das sind ein Wappen mit stilisierter Sonne und ein Wappen mit blauer Schlange, die einen Säugling verschlingt (die berühmte »Biscia«, »givre«), sowie die herzöglichen Wappen mit den Adlern des Heiligen Römischen Reiches, die dank den Bemühungen von Giangaleazzo Visconti 1395 in das Wappen aufgenommen wurden. Diese herrliche Schmuckseite ist sowohl aus der Sicht des Ornamenttyps, der expressiven Behandlung der Verkündigung als auch dem Kolorit nach sehr nah dem Kreis von Belbello da Pavia. In rein lombardischem Stil sind Reh und Hunde dargestellt. Sie erinnern an Giovanni dei Grassi, dessen Illuminierung im Visconti-Stundenbuch Belbello in den1430er Jahren beendet hat.

335. Bl. 39r: DEM REITER ERSCHEINT DIE VON ENGELN UMGEBENE MADONNA MIT KIND

Der andächtig zur wunderbaren Erscheinung hinaufschauende Ritter mit dem Visconti-Wappen auf der Brust ist offenbar Giangaleazzo. Typisch für ihn sind Bart und Schnurrbart, die wir auch auf anderen Darstellungen finden. Anlehnend an diese Komposition ist zu bemerken, daß Giangaleazzo besonders zum Marienkult neigte. Daraus erklärt sich, daß er beiden Söhnen den zweiten Namen Maria gab.

336. Bl. 59r: EROBERUNG EINER STADT

Die Truppen stürmen die Stadt. Ihre Schilde sind mit dem Visconti-Wappen geschmückt. In diesen vitalen Federzeichnungen gibt es viele genau beobachtete Details der Kriegsführung jener Zeit (interessant ist hier z.B. der Versuch, im Grundriß einen mit Bombarden bewehrten Radturm zu zeigen), doch erlangen Landschaft und Städte einen phantastischen, märchenhaften Anblick, ganz im Sinne der lombardischen Kunst.

337. Bl. 64r: ÜBERQUERUNG EINES FLUSSES

Rechts oben erscheint die Madonna mit dem Jesuskind und mit goldenen Engeln als Beschützerin der Truppen Viscontis. Der Glorienschein, der Maria umgibt, erinnert in seiner Form an die heraldische Sonne der Visconti.

334

335

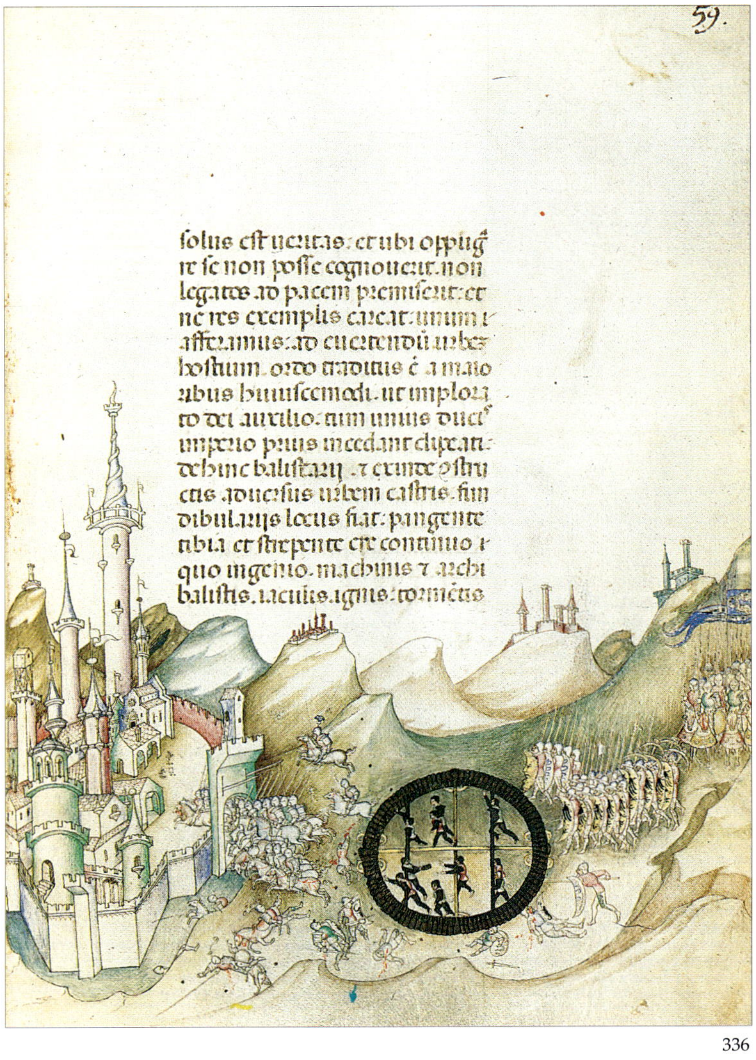

336

337

338

339

340

338. Bl. 69r: KAMPFSZENE
Der Maler benutzt drei Randfelder, um den Heereszug vor der Schlacht zu zeigen. Das feindliche Heer wird durch Wappen mit einem Skorpion und einem Mohrenkopf bezeichnet (so wurden zu jener Zeit die Türken gezeigt). Der Belagerungs-Turm ist mit Bombarden bewehrt.

339. Bl. 74v: FELDLAGER AM FLUSSUFER
Diese Illustration ist besonders reich an wahrheitsgetreu dargestellten Alltagsepisoden, wie z.B. Baden der Pferde, Spiele, Ringen, Gespräche, Akrobatenszenen.

340. Bl. 79v: SCHLACHT IN DEN BERGEN
Das linke Randfeld des Blattes zeigt mit viel Geschick eine Bergstraße. Der Reiter rechts im Helm mit Federbusch ist der Anführer des Visconti-Heeres.

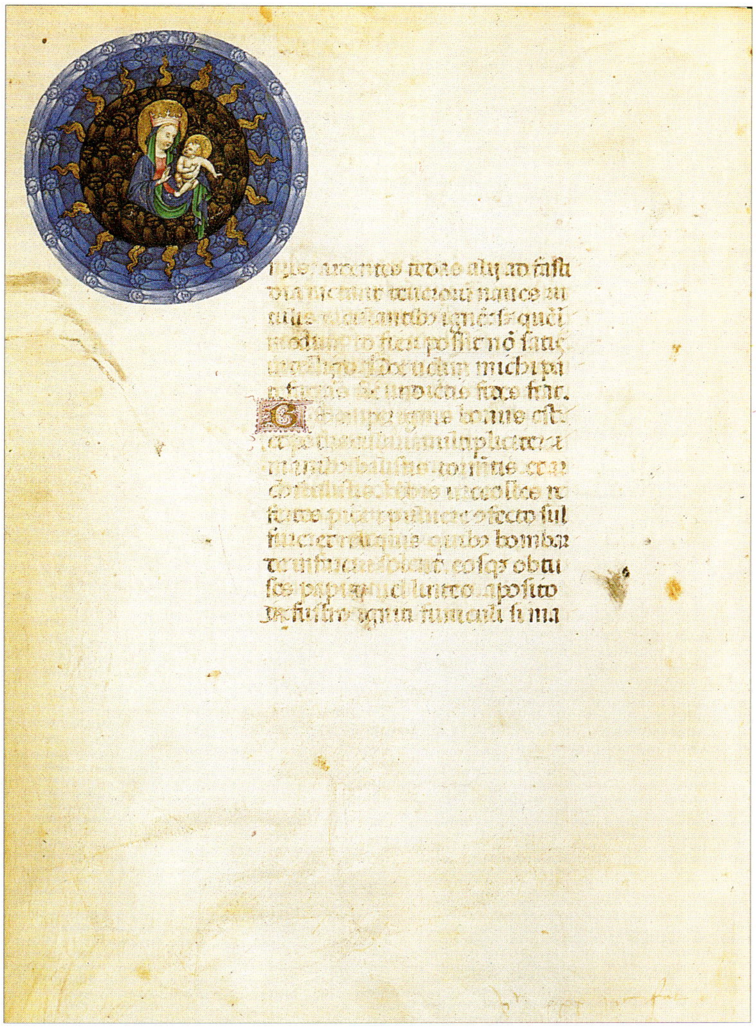

341

342

343

341, 342. Bll. 88v–89r: MADONNA IN DER GLORIE MIT KIND UND BELAGERUNG EINER STADT

Die Vereinigung dieser Sujets auf einer Doppelseite sollte abermals beweisen, daß die Kriegsunternehmen der Visconti ständig unter dem Schutz der Jungfrau Maria gestanden haben. Zu bemerken sei, daß Sacco den Semideus verfaßt hat, um Philipp-Maria zur Teilnahme am Kreuzzug zu bewegen. Das Blatt 89r ist eine einmalige Erscheinung in der Illuminierung der Handschrift, die eine ganze Seite in Anspruch genommen hat. Die belagerte Stadt ist moslemisch, worauf die mit Mondsicheln gekrönten Kuppeln hinweisen. Ein interessantes Detail ist, daß bei der Belagerung Töpfe mit Schlangen verwendet werden.

343. Bl. 100r: SEESCHLACHT

344

345

346

344, 345. Bll. 91v–92r: BELAGERUNG EINER FESTUNG

Diese Seite gibt interessantes Anschauungsmaterial zur Kriegsgeschichte. Auf Blatt 91v ist das Heranbringen von Teilen der Belagerungsmaschinen gezeigt, die auf Blatt 92r zusammengebaut und in Aktion zu sehen sind.

346. Bl. 106v: ÜBERSETZEN ÜBER EINEN FLUSS MIT HILFE VON PONTONS UND FASCHINEN

347. Bl. 99r: GALEERENFLOTTE AUF DEM FLUSS

Die Illustration umrahmt den Text von allen Seiten. Dabei ist die Landschaft kartographisch aus der »Vogelperspektive« dargestellt. Außer den Schlangentöpfen wird bei den Kampfhandlungen eine Art von griechischem Feuer eingesetzt.

sem dimittat in carine et terrestrem
exercitum exageraverit nauticis
remigibus navarchys et tetrarchis
sub utrique confligat illud eveniet
ut prius sint hostes superati quam
potuerint sibi ullo consilio prospi
cere. Ceterum si eiusmodi ces
saret occasio talibus propugna
culis utendum videtur. primum
ut cataractasque focosque et lampa
des ardentes iaciant et vascol
los quales supra declaravimus.
Hanibal autem regi antiocho mon
stravit ut vascula viperis plena
in hostium classem iacerent idem

348-351
TITUS LIVIUS
Geschichte der Stadt Rom seit ihrer Gründung
Historiarum ab Urbe condita. Libri I-X, XXI-XXXII, XXXIV-XL

Italien. Zweite Hälfte 15. Jahrhundert

462 Bll. 320 x 228 mm (Text 210 x 155 mm). Pergament. Latein
Eine Miniatur am Anfang der Handschrift; 28 farbige Initialen mit Gold am Anfang jedes Buchs, 26 Blätter mit vegetabilischen Bordüren, einige Blätter mit Landschaften, Pfauen, Löwen und Vögeln geschmückt
Einband: 17. Jahrhundert. Pappe, mit Pergament bezogen; auf dem Buchrücken Heftbünde
Cl.lat.F.v.2.

Titus Livius war ein altrömischer Historiker (59 v. Chr. bis 17 n. Chr.), geb. in Patavium (heute Padua). In seiner berühmten »Römischen Geschichte« behandelt er die Geschichte Roms — von der legendären Gründung der Stadt bis zum Jahre 9 Jh. v. Chr. Von den 142 Büchern sind nur 35 erhalten geblieben: die ersten 10 Bücher (bis zum Dritten Samnitischen Krieg) und Bücher 21–45 (vom Beginn des Zweiten Punischen Krieges bis zum Sieg Roms über Makedonien). Die *Römische Geschichte des Livius* war sehr populär in der Renaissance. Es sind viele humanistische Kopien des 15. Jahrhunderts erhalten geblieben, unter denen der Petersburger Codex ist.

Auffallend für die Illuminierung dieser Handschrift sind die mannigfaltigen Bordüren, welche die ersten Seiten der einzelnen Bücher der *Geschichte* schmücken. Es gibt hier große, farbgesättigte Ornamente aus Akanthusblättern sowie ein feines vegetabilisches, in Gold ausgeführtes Rankenornament und für Italien typische kleine Sonnen, landschaftliche Elemente, ganze Szenen, Vögel und Tiere lombardischen Typs, goldene Löwen, Engel und die für die Miniaturen des Quattrocento typischen Putti. Offensichtlich haben an der Illuminierung der Handschrift mehrere Meister unterschiedlichen Ranges gearbeitet. Laborde datiert die Illuminierung ins Ende des 15. Jahrhunderts und verlegt sie nach Norditalien, wahrscheinlich wegen dem Charakter einiger Umrahmungen. Allein Putti, Tiere und Pfauen sind auch auf den Randfeldern im humanistischen florentinischen Buch für die Patrizierkreise seit den 1450er Jahren vereint.

Der nördlichen Herkunft der Handschrift widerspricht die Miniatur, die den Codex eröffnet. Diese Miniatur, dem Geiste nach humanistisch, zeugt von einer relativen Kenntnis des perspektivischen Aufbaus. Die warme Farbskala beruht auf braunen Tönen. Hierbei sei bemerkt, daß die Darstellung des hl. Hieronymus auf dem zweiten Altarflügel in St. Lorenzo Maggiore (Neapel, Galleria Nazionale in der Villa Reale di Capodimonte), die der neapolitanische Künstler Colantonio gemalt hat, ähnelt. Zweifellos kann die Handschrift nicht früher als in die zweite Hälfte des 15. Jahrhunderts datiert werden. Sie ist für einen Bibliophilen angefertigt worden, der einen hohen Posten bekleidete.

Die Herkunft der Handschrift ist nicht genau bekannt. Auf den Blättern 1r, 178r, 292r und 452r gibt es ausgelöschte Wappen, wahrscheinlich des ersten Besitzers. Dubrowsky nahm an, es sei Lorenzo Medici gewesen. Die im 15. Jahrhundert in Italien angefertigte Handschrift befand sich bereits seit der ersten Hälfte des 16. Jahrhunderts in Frankreich und gehörte zum Bestand der Vendôme-Bibliothek der Maria von Luxemburg (Gemahlin des François de Bourbon, Graf von Vendôme). 1588 erwarb sie Laurent Bochel (Boucel), ein Pariser Advokat, von dem der Codex zum Kanzler Séguier, 1735 jedoch nach Saint-Germain-des-Prés gelangte. Dubrowsky behauptete, daß der Codex 1750 dem bekannten französischen Bibliophilen Marquis de Paulmy gehörte und danach zu Court de Gebelin und Jean-Jacques Rousseau überging. Letzterer schenkte ihn 1778 Dubrowsky.

GELANGTE 1805 IN DIE KAISERLICHE ÖFFENTLICHE BIBLIOTHEK
(1849–1861 EREMITAGE, 5.3.23)

LITERATUR: Cat. Séguier 1686, S. 16; Montfaucon 1739, Bd. 2, S. 1090, Nr. 300; Gille 1860, S. 71, 72; Laborde 1936–1938, S. 112, 113; Lublinski W.S.: Jean-Jacques Rousseau. In: Unveröffentliche Briefe ausländischer Schriftsteller des 18.—19. Jahrhunderts aus den Leningrader Manuskripte-Sammlungen. *Hrsg. von M.P. Alexejew. Moskau/Leningrad 1960. S. 127, 128; Bernadskaja J.W.:* Italienische Humanisten in der Handschriftensammlung der Öffentlichen Saltykow-Stschedrin-Bibliothek. *Leningrad 1981; Bernadskaja 1984–1985, S. 85–88.*

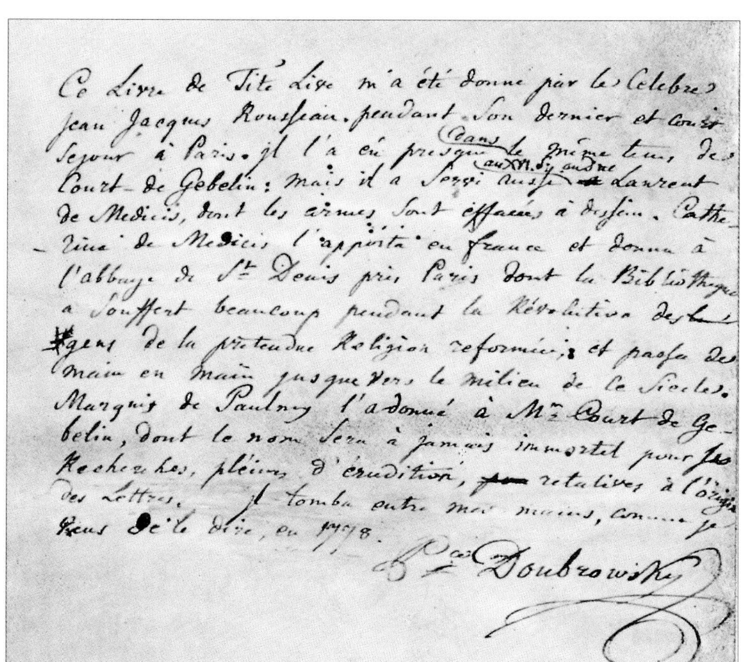
Ce Livre de Tite Live m'a été donné par le Celebre Jean Jacques Rousseau pendant son dernier et court sejour à Paris. il l'a eu presque dans le même tems, de Court de Gebelin: mais il a servi aussi au XV. s. audit Laurent de Medicis, dont les armes sont effacées à dessein. Catherine de Medicis l'apporta en france et donna à l'abbaye de St. Denis près Paris dont la Bibliothèque a souffert beaucoup pendant la Révolution des gens de la prétendue Religion reformée; et passa de main en main jusque vers le milieu de ce siecle. Marquis de Paulmy l'a donné à Mr. Court de Gebelin, dont le nom sera à jamais immortel pour ses Recherches, pleines d'érudition, relatives à l'origine des Lettres. Il tomba entre mes mains, comme je viens de le dire, en 1778.

P. Doubrowsky

348

349

350

351

348. AUTOGRAPH DUBROWSKYS AUF DEM MANUSKRIPT VON TITUS LIVIUS

349. Bl. 1r: ERSTE TEXTSEITE. IN DER KOPFLEISTE ERSCHEINT DER AN SEINEM WERK ARBEITENDE VERFASSER
Die Darstellung des gelehrten Humanisten in seinem Arbeitszimmer ist vorzüglich. Der warme Farbton der Miniature verschmilzt mit dem Gold des Textes und der Initiale wie auch mit der in Farbe und Gold gehaltenen Bordüre.

350. Bl. 178r: ANFANG DES 21. BUCHES
Der Dekor dieser Schmuckseite ist sehr mannigfaltig. Neben dem Pflanzenornament und den kleinen Sonnen erscheinen auf dem Randfeld Landschaftselemente und vier Wappen (ausgelöscht), wobei auf dem Randfeld die Wappen von einem Kreuz und Engeln begleitet sind, oben wird das Wappen von nimbierten Engeln getragen, unten ist es in eine heraldische Komposition mit einem Ritterhelm eingefügt, den ein goldener Löwe krönt. Flankiert wird diese Komposition von einem Bildnis des schreibenden Autors und einer allegorischen Figur. Der Buchstabe X ist originell mittels nackter Figürchen gestaltet.

351. Bl. 443r: ANFANG DES 29. BUCHES.
Das erlesene vegetabilische Goldornament mit roten Blüten wird geschickt von Puttifigürchen und Vögeln ergänzt.

352-354
LACTANZ. WERKE
Firmianus Lactantius. Opera

Italien (Neapel). Mitte 15. Jahrhundert

229 Bll. (Bl. 1 ist verschollen). 350 x 235 mm (Text 220 x 130 mm). Pergament. Latein
4 Miniaturen; Bl. 117 und die folgenden Blätter haben goldene Initialen mit einem Pflanzenornament vor rotem und grün-blauem Grund
Einband: 15. Jahrhundert. Holz, mit braunem Leder bezogen; goldgeprägter Rahmen; auf dem Buchrücken Heftbünde; Goldschnitt.
Lat.F.v.I, 100.

Lucius Caecilius Firmianus Lactantius (um 250 bis etwa 325) war ein lateinischer Kirchenschriftsteller, Verfasser einer Reihe von theologischen, grammatischen und historischen Werken, von denen das zwischen 307 und 310 geschriebene Hauptwerk die sieben Bücher *Institutiones divinae* (Göttliche Werke) sind. Außer diesem Werk beinhaltet die Handschrift weitere Traktate von Laktanz, wie *De ira Dei* (Vom Zorn Gottes), *De officio Dei* (Vom Werke Gottes). Die Werke des Laktanz wurden erstmals bereits 1465 in Italien gedruckt.

Die Manier des Illuminators ist sehr individuell. Ungewöhnlich ist die Komposition der Sujets sowie die massiven, kraftvoll modellierten Figuren mit fast karikaturhaften Gesichtszügen, insbesondere der Weisen und des Laktanz selbst.. Die gotisierenden Gewandfalten, der franko-flämische Typ der Bordüren und die blütensprossenden Ecken anderer Miniaturen sind Züge der nördlichen Kunst. Dagegen sind die klare Schrift und die Initialen mit bianchi girari im zweiten Teil der Handschrift ein typisches Beispiel für die Gestaltung des humanistischen Buches, wie sie in Italien seit der Mitte des 15. Jahrhunderts verbreitet war. Der diesen Maler auszeichnende Stil läßt sich nach F. Avril in einer Reihe in Neapel zur Zeit Alfonso I. von Aragon illuminierter Handschriften erkennen, insbesondere in einem Stundenbuch des letzteren, das in der Biblioteca nazionale von Neapel (ms. I.B. 55) aufbewahrt wird sowie in einem weiteren Stundenbuch, dessen Auftraggeber unbekannt ist, heute im J. Paul Getty-Museum in Malibu (ms. Ludwig IX.12), dem Renée Katzenstein kürzlich eine Studie widmete (*A Neapolitan Book of hours in the J. Paul Getty Museum*, in: The J. Paul Getty Museum Journal, Bd. 8, 1990, S. 69-97). Obwohl alle Manuskripte, auf denen sich die Handschrift dieses Künstlers erkennen läßt, eindeutig in Neapel angefertigt wurden, wäre dennoch denkbar, daß dieser Buchmaler in Valencia ausgebildet wurde, der Hauptstadt und Wiege der Dynastie Aragon, deren Künstler besonders empfänglich für das Schaffen der flämischen Maler waren.

Der erste Besitzer der Handschrift ist nicht festgestellt. Im 17. Jahrhundert gehörte sie dem Kanzler Séguier, 1735 kam sie in die Bibliothek Saint-Germain-des-Prés. Ende des 18. Jahrhunderts wurde sie von Dubrowsky erworben.

GELANGTE 1805 IN DIE KAISERLICHE ÖFFENTLICHE BIBLIOTHEK

LITERATUR: Cat. Séguier 1686, S. 97; Montfaucon 1739, Bd. 2, S. 1084, Nr. 37; Golenistschew-Kutusow 1972, S. 76, 128 (Bl.33r); Bernadskaja J.W.: Italienische Humanisten in der Handschriftensammlung der Öffentlichen Saltykow-Stschedrin-Bibliothek. *Leningrad 1981; Bernadskaja 1984–1985, S. 99–101.*

352. Bl. 33r: TITELBLATT ZUM ERSTEN BUCH DER GÖTTLICHEN WERKE

Neben der Initiale Q ist in einem Rahmen die Zelle eines Gelehrten gezeigt. Der kniende Autor reicht seine geöffnete Handschrift zum Segen der. Durch das Fenster sieht man den gestirnten Himmel, der diese Szene mit der Hauptminiatur vereint, in der der thronende Christus das Werk des Laktanz segnet.

S. 268-269

353, 354. Bll. 90v-91r;
ENDE DES DRITTEN UND ANFANG DES VIERTEN BUCHES

Auf dem Doppelblatt hat der Künstler eine komplizierte Komposition aus mehreren Bildern aufgebaut: Links sieht man eine Sibylle, welche die Geburt Christi voraussagte, daneben die Jungfrau Maria und Joseph; rechts, über einer Zelle, die der mit Laktanz auf Blatt 33r gleicht, ist ein bei den Theologen beliebtes Sujet gezeigt: Der zwölfjährige Christus predigt vor den Schriftgelehrten im Tempel.

QVANQVAM
LIBROPRIMO
RELIGIONIS
decorũ falsas esse monstraue
ri qd hi qrũ uarios dissilesq;
cultus per uniuersam terram consensus hominum stulta per
suasione suscepit mortales fuerint. functi que uita diuine nec

quibus est cura sapientie conferamus an expectabimus donec socrates aliquid sciat. aut anaxagoras in tenebris lumen inueniat. aut democritus ueritatem de puteo extrahat. aut expedocles dilatet animi sui semitas. aut archesilas & carneades uideant sentiant. percipiant. Vox ecce de celo ueritatem docens & nobis sole ipso clarius lumen ostendens. Quid nobis iniqui sumus & sapientiam suscipere cunctamur. quam docti homines contriti in querendo etatibus suis nunquam reperire potuerunt. Qui uult sapiens ac beatus esse audiat dei uocem. discat iustitiam. sacramentum natiuitatis sue norit. humana contempnat. diuina suscipiat. ut summum illud bonum ad quod natus est possit adipisci. dissolutis religionibus uniuersis & omnibus quecunque in earum defensione dici uel solebant uel poterant refutatis deinde conuictis philosophie disciplinis ad ueram nobis religionem sapientiamque ueniendum est. quoniam est ut docebo utrunque coniunctum ut eam uel argumentis uel exemplis uel ydoneis testibus asseramus & stultitiam quam deorum cultores obiectare non desinunt ut nullam penes nos sic totam penes ipsos esse doceamus & quamquam prioribus libris cum falsas arguerem religiones & hic cum falsam sapientiam tollerem ubi ueritas sit ostenderim planius tamen que religio que sapientia uera sit liber proximus indicabit.

Sibilla

OGITANTI MIHI ET Cum aio
meo sepe reputanti priorem illu
generis humani statum & mirum
pariter & indignum uideri solet.
quod unius seculi stultitia religi
ones uarias suscipientis. deosq:
multos esse credentis in tantam
subito ignorationem sui uentum est. ut ablata ex oculis uerita
te neque religio dei ueri. neque humanitatis ratio teneretur ho
minibꝰ non in celo summum bonum querentibꝰ sed in terra. qua
ob causam profecto seculorum ueterum mutata felicitas est.

355

AGOSTINO BARBADIGO, DOGE VON VENEDIG

Anweisungen für Angelo Gradenigo
Instructiones datae Angelo Gradenigo

Italien (Venedig). 1492

61 Bll. 213 x 141 mm (Text 150 x 50 mm). Pergament. Latein
Eine Miniatur am Anfang der Handschrift
Einband: Zeitgleich der Handschrift. Karton, mit hellbraunem Leder bezogen; gemusterte Goldprägung, venezianische Arbeit; Spuren von zwei seidenen Schnürbändern; Goldschnitt
Lat.Q.v.II, 12.

Das Buch enthält Instruktionen für den Kapitän von vier Galeeren, der nach Beirut in den Krieg zog. Die Maler gestalteten gewöhnlich nur die ersten Widmungsblätter (pagina dedicata) solcher Buch-Dokumente (Eidesformeln, Aufträge, Instruktionen). Sie gehören zu den besten Beispielen der venezianischen Miniatur um die Wende zum 16. Jahrhundert. G.M. Zuccolo-Padrona bestimmte das Blatt als Frühwerk des führenden venezianischen, aus Padua gebürtigen Meisters Benedetto Bordona (gest. 1530). Am produktivsten arbeitete sein Atelier im zweiten Jahrzehnt des 16. Jahrhunderts, doch seine frühen Arbeiten zeichnen sich durch einen besonders strengen Aufbau, eine weiche Modellierung und ein erlesenes Kolorit aus. Unter den großen Meistern, die den Stil Benedettos beeinflußten, sind Mantegna und Giorgione zu nennen.

Die Handschrift befand sich im Besitz der Familie der Grafen Gradenigo. Ende des 18. Jahrhunderts wurde sie von Dubrowsky erworben.

GELANGTE 1805 IN DIE KAISERLICHE ÖFFENTLICHE BIBLIOTHEK
(1849—1861 EREMITAGE, 5. 2.33)

*LITERATUR: Gille 1860, S. 86; *Jaremitsch 1914, S. 43. Abb. zwischen S. 41 und 42; Laborde 1936—1938, S. 127, Taf. LI; Zuccolo-Padrona G. M., Sull' ornamentazione marginale di documenti dogali del XVI secolo. In:* Bolletino dei museo civici Veneziani*. 1972. Nr. 1/2. S. 23, Nr. 16; Bernadskaja 1984—1985, S. 291—293.*

355

356-359
PORTULAN VON BATTISTA AGNESE
Portolano di Battista Agnese
Italien (Venedig). 1546

21 Bll. 360 x 250 mm. Pergament. Italienisch
3 zweiseitige Illustrationen. Einband: 16. Jahrhundert. Holz, mit braunem Leder bezogen; Goldprägung; auf dem Rücken Bünde; Goldschnitt. Erem.ital.14.

Der Portulan (Schifferhandbuch) besteht aus 13 Navigationskarten und ist in der Werkstatt von Agnese ausgeführt worden. Battista Agnese war Genueser und bereits in seiner Heimatstadt bekannt. Er übersiedelte nach Venedig und fertigte dort zwischen 1536 und 1564 eine große Anzahl von Portulans für auserwählte Auftraggeber an (uns haben 71 Exemplare erreicht). Seine reichverzierten Atlanten auf Pergament waren nicht für Schiffer bestimmt, sondern dienten als prächtige Nachschlagewerke für das venezianische Patriziat, für Heerführer und Politiker, für Reeder und Kaufleute, für Lehranstalten. Die Karten sind fein gezeichnet und in lebhaften Farben gehalten. Agnese beschränkte sich dabei nicht nur auf die reine Ausschmückung der Karten, sondern bemühte sich auch, neuen geographischen Entdeckungen gerecht zu werden. Der Petersburger Portulan gehört zu den schönsten Exemplaren seiner Werkstatt. Außer dem Wappen des Auftraggebers auf dem ersten Blatt enthält er drei Doppelblätter mit allegorischen Sujets, die mehr an eingefügte Tafelbilder (zwei sind in eine Rahmenimitation eingeschlossen) als an Illustrationen in einem Codex erinnern. Diese Bilder, die um die Mitte des 16. Jahrhunderts entstanden, sind typische Beispiele für den italienischen Manierismus. Sie sind meisterlich ausgeführt, doch in den Figuren, ja sogar in den ganzen Kompositionen sieht man bisweilen »typische« Motive, die namhaften Malern entlehnt sind. Trotz der mangelhaften Zeichnung, gelingt es dem Künstler, das Gefühl eines licht- und lufterfüllten Raumes oder eines dramatischen Effektes zu erzielen. Die Datierung des Portulans wird durch die Eintragung von Agnese bestimmt, der wie üblich das Abschlußdatum vermerkte: *Baptista Agnese Janiensis fecit Venetiis 1546 die 26 mai.*

GELANGTE 1861 IM BESTAND DER EREMITAGENSAMMLUNG (1.31) IN DIE KAISERLICHE ÖFFENTLICHE BIBLIOTHEK

LITERATUR: **V. Tschurkin*, Die Leningrader Ausgaben der Portulans von Battista Agnese, *in:* Historische, naturwissenschaftliche und technische Fragen, *Moskau, 1965, Nr. 18, S. 135-136; * Bernadskaja 1984—1985, S. 295, 296, Nr. 36;* Portolano di Battista Agnese *1546 (facs.). Commentary on the fac-similé edition by Tamara P. Woronowa, Groz, 1993..*

356

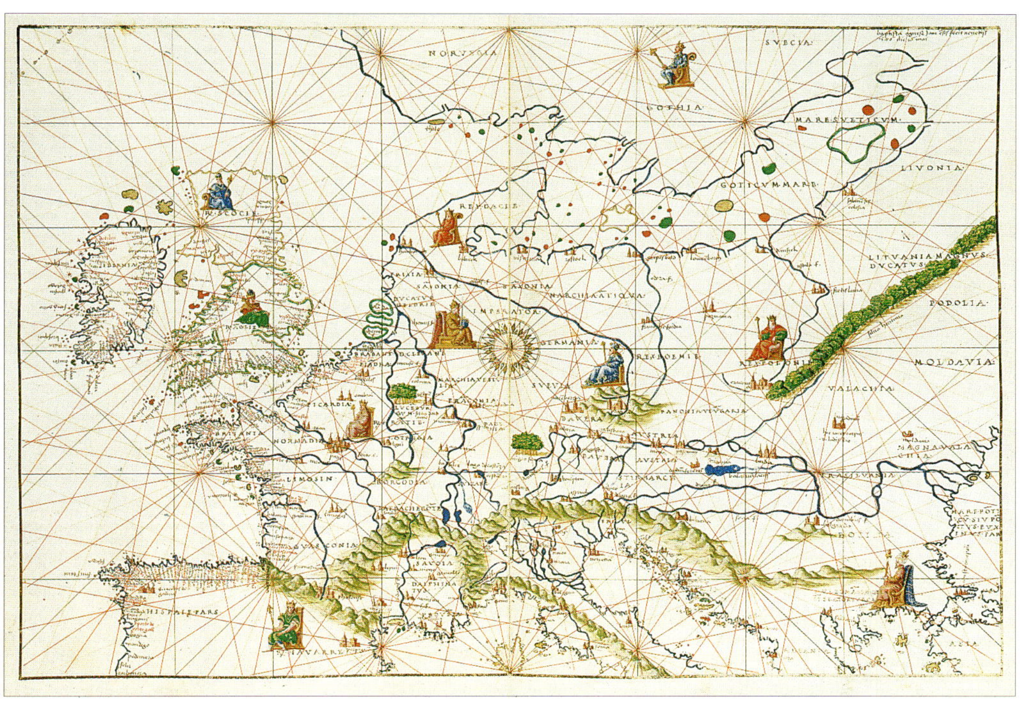

355. Bl. 1r: DER DOGE ÜBERGIBT ANGELO GRADENIGO SEINE ANWEISUNGEN

Die ganze Seite hat der Künstler auf einem architektonisch durchdachten Zusammenwirken von Illuminierung und Text aufgebaut Kennzeichnend für Bordona ist das im Renaissance-Stil gehaltene Ornament aus goldenen Kandelabern vor tiefblauem Grund mit eingefügten antikisierenden Motiven. Im oberen Teil überreicht der Doge dem Galeerenkapitän Angelo Gradenigo der in den Krieg gegen Beirut zieht, Instruktionen. Unten sieht man das Wappen der Grafen Gradenigo.

356. Bl. 7v: LANDKARTE VON WESTEUROPA (EINE GESONDERTE KARTE FÜR ITALIEN)

357

357. Bll.1v-2r: AUFBRUCH JASONS, UM DAS GOLDENE VLIES ZU HOLEN

Tritonen, Najaden, Delphine, Seelöwen und der in der Ferne sichtbare Neptun mit seinem Dreizack wünschen den Argonauten eine glückliche Fahrt.

358

358. Bll.19v-20r: ATLAS, DIE ERDKUGEL TRAGEND, UND ARCHIMEDES, SIE MIT EINEM ZIRKEL VERMESSEND

Diese Szene umrahmt ein Portikus, dessen Gebälk durch Löwenmaskarone, Blumen- und Fruchtgirlanden sowie Putti geschmückt ist. Unten sieht man allegorische Figuren, die wie Reliefs behandelt sind.

S. 274-275

359. Bll.18v-19r: KAMPFWAGEN NEPTUNS

Der Maler nutzt die Kontraste der hellen Figuren und der Gewitterwolken, der schroffen Felsen, des dunklen, stürmischen Meeres, um einen dramatischen Effekt zu erzielen. Die Verwendung von Gold (Wagen, Zügel, Dreizack) geht auf die Traditionen der Buchmalerei zurück.

360, 361
ALOISIO MOCENIGO
Anweisungen für Catarino Contarini
Instruzioni date al podesta di Lendinaria Catarino Contarini

Italien (Venedig). 1571

101 Bll. 223 x 148 mm (Text 140 x 90 mm). Pergament.
Italienisch. 2 Miniaturen
Einband: 16. Jahrhundert. Karton, mit braunem Leder bezogen;
gemusterte Goldprägung, venezianische Arbeit
Ital.O.v.II,1.

Instruktionen, die 1570 von Aloisio Mocenigo, dem Dogen von Venedig, dem Catarino Contarini bei seiner Ernennung zum Podesta von Lendinara in der Provinz Rovigo der Republik Venedig erteilt wurden.

Die Handschrift gehörte den Contarini, einer bekannten Patrizierfamilie aus Venedig. Sie wurde Ausgang des 18. Jahrhunderts von Dubrowsky erworben.

GELANGTE 1805 IN DIE KAISERLICHE ÖFFENTLICHE BIBLIOTHEK
(1849—1861 EREMITAGE, 5.2.108)

*LITERATUR: Gille 1860, S. 98; * Jaremitsch 1914, Abb. zwischen S. 41 und 42, S. 43; Laborde 1936—1938, S. 167, 168, Taf. LXXI — LXXII; * Bernadskaja, E. 1984 — 1985, S. 293, Nr. 34.*

360

360, 361. Bll. 1v-2v: DOPPELSEITE AM ANFANG DER HANDSCHRIFT

Die Doppelseite ergibt eine einheitliche Komposition: Links auf den Stufen des Portikus empfängt eine in antike Gewänder gekleidete Menschengruppe (Einwohner von Lendinara?) freudig die Botschaft von der Ernennung Contarinis zum Podesta. Der Bote ist eine allegorische Figur, die auf Contarini hinweist. Sie ist in einer effektvollen Wendung gezeigt. Rechts am Fenster sitzt Contarini. Er hält in der Rechten ein Schwert als Machtsymbol, sein Gesicht ist dem Betrachter zugewandt. Auf dem Tisch steht ein Kruzifix als Zeichen seiner Gottesfurcht. Zu seinen Füßen ist ein Wappen zu sehen. Das fein gemalte Gesicht trägt zweifellos Porträtzüge. Auf dem karmesinroten Gewand hebt sich ausdrucksvoll die aristokratische Hand eines Patriziers ab. In der ausladenden, freizügigen Technik sowie im Kolorit zeigt sich eher die Manier eines Malers als eines Miniaturisten. Nicht von ungefähr hat Laborde im Zusammenhang mit diesem Codex von einer Malerei »im Geschmack von Veronese« geschrieben.

362-373
WELTCHRONOLOGIE
Chronologie universelle

Flandern (Brügge). Zweite Hälfte 15. Jahrhundert (um 1480)

47 Bll. 570 x 385 mm (Text 330 x 270 mm). Pergament. Französisch.
22 Miniaturen; 51 Medaillons mit Darstellungen biblischer und historischer Gestalten
Einband: 16. Jahrhundert. Holzdeckel, mit braunem Leder bezogen;
Blind- und Goldprägung; auf dem Rücken Bünde; Goldschnitt
Fr.F.v.IV,12.

Der Codex ist in Form eines Stammbaums von Adam bis Jesus Christus zusammengestellt (Baum Jesse oder Baum der biblischen Geschichte), deshalb durchzieht alle Blätter die Darstellung eines Baumstamms mit Medaillons, in denen biblische und historische Gestalten erscheinen. Der Baum verbindet nur die direkten Ahnen Christi männerlichseits, ihre Verwandten und die Personen, die die biblische und evangelische Geschichte beeinflußten, werden durch Inschriften angezeigt oder auf Nebenmedaillons dargestellt. Die Illustrationen mit dem entsprechenden Kommentar beginnen mit dem Bericht von der Weltschöpfung. Am ausführlichsten wird die jüdäische Geschichte behandelt, die sich dann mit der römischen verflicht und mit der Geburt Christi abschließt.
Die Petersburger Handschrift ist ein äußerst seltenes Beispiel für die Darstellung eines Stammbaumes in From einer Schriftrolle. Die Rolle scheint gleichsam geschnitten und gebunden zu sein. Die nächstliegende Analogie einer solchen Codex-Konstruktion sind die Chroniques de Jérusalem abrégées (Wien, Nationalbibliothek, cod. 2533), die von Maître de Girard de Roussillon nach 1455 illuminiert wurden. Doch unterscheidet sich die Ausführungsmanier der Miniatur in der Petersburger Handschrift von den Wiener Illustrationen. Die zurückhaltende graue Farbskala, die Stadtlandschaften mit Kanälen, auf denen Schwäne schwimmen, die charaktervollen Gesichter gestatten, als wahrscheinlichsten Entstehungsort die Stadt Brügge und als möglichen Autor den sogenannten »Meister Eduards IV.« zu nennen, aus dessen Atelier in den 1470er-1480er Jahren eine Reihe von reich illustrierten, großformatigen Codices hervorgegangen ist.
Gille und Laborde nahmen an, daß der Codex für Philipp den Guten, Herzog von Burgund, angefertigt wurde, was allerdings angesichts des wahrscheinlichen Entstehungsjahres und der Schaffensperiode des Künstlers unmöglich ist. Im 17. Jahrhundert gehörte die Handschrift dem Kanzler Séguier. Sie gelangte 1735 nach Saint-Germain-des-Prés und wurde spätestens 1792 dort von Dubrowsky erworben.

GELANGTE 1804 IN DIE KAISERLICHE ÖFFENTLICHE BIBLIOTHEK
(1849—1861 EREMITAGE, 5.3.40)

*LITERATUR: Séguier 1686, S. 12; Montfaucon 1739, Bd. 2. S. 1116, Nr. 1291; Gille 1860, S. 74; Bertrand 1874, S. 109; Laborde 1936—1938, S. 113—115, Taf. XLVII; * Nikolajew 1904, S. 97, 114, 115; Lutz-Perdrizet: Speculum humanae salvationis. Mülhausen. 1907—09, Abb. 128—136; * Jaremitsch 1914, S. 41; Winkler Fr.:* Die flämische Buchmalerei des 15.—16. Jahrhunderts. *Leipzig 1925. S. 137; Gilhofer H., Ranschburg H.:* Bibliotheken aus Österreichischem und Russischem Kaiserlichem Besitz. *Luzern 1933. S. 52.*

362

362. Bl. 24r: MEDAILLON AUF DEM SEITENZWEIG DES BAUMES: »BENADAB, KÖNIG VON SYRIEN«

363. Bl. 1r: EINLEITUNGSBLATT ZUM CODEX. ERSCHAFFUNG DER WELT

Oben auf den Bändern die Inschrift: In principio-creavit celum etterram (Am Anfang schuf Gott Himmel und Erde). Vor dem bestirnten Himmel schafft der Herr mit der einen Hand Sonne und Mond, mit der anderen die Erde, wo zwischen den Tieren die Figur Adams erscheint. Die Inschriften um den Zentralkreis bedeuten die Himmelsrichtungen (Septentrio - Norden, Orient - Osten, Midi - Süden, Occident - Westen). Das Pflanzenornament mit Blumen, Schmetterlingen und Vögeln ist im Geist der illusionistischen Bordüren der Genter Buchmalerei ausgeführt. Unten auf den Bändern die Titel-Inschrift: *c'est la descripcio(n) du monde universel* (dies ist die Beschreibung der gesamten Welt).

364

364. Bl. 1v: ERSCHAFFUNG EVAS, SÜNDENFALL, VERTREIBUNG AUS DEM PARADIES

Die Wurzeln des Baumes sind der Anfang des genealogischen Baumes Jesse, der weiter den gesamten Codex von Adam bis Jesus Christus durchzieht.

365

366

365. Bl. 13r: ILLUSTRATION ZUM EXODUS
In der Tiefe »ein Tisch aus dem Holz Sitim« (Akazienholz), auf dem 12 Schaubrote liegen, im Vordergrund wird Myrrhe gekocht. Rechts ist der Räucheraltar zu sehen.

366. Bl. 12r: ILLUSTRATION ZUM EXODUS
Bezalel fertigt unter der Aufsicht von Mose den siebenarmigen Leuchter (mit Lilien) und Geschirr »aus Gold und Silber auf Geheiß des Herrn« für das Heiligtum an. In dieser Serie von »erläuternden« Miniaturen folgt der Maler nicht den in der Bibel enthaltenen ausführlichen Hinweisen, sondern seiner eigenen Lebenserfahrung und verwandelt die Illustrationen zum Exodus in Alltagsszenen.

367

368

369

370

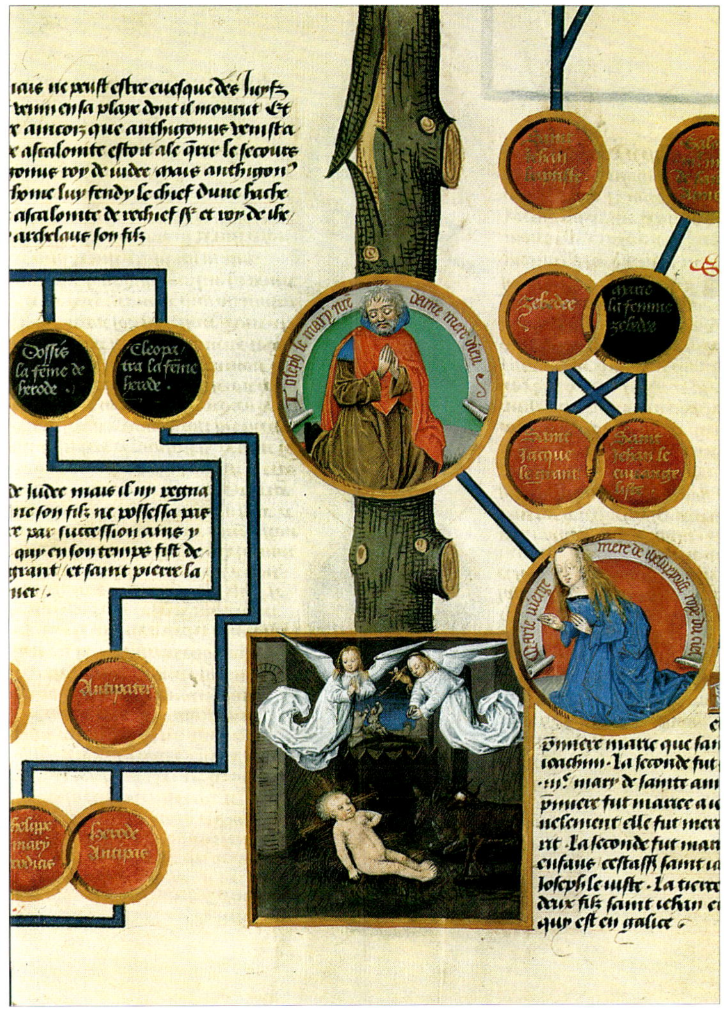

371

372

367. Bl. 32r: ZEDEKIA, KÖNIG VON JUDÄA
Zur Zeit dieses Königs eroberte Nebukadnezar Jerusalem und führte die Judäer nach Babel. Die Stadtlandschaft, die eher an Brügge erinnert, illustriert die Babylonische Gefangenschaft. Auch die Bibelhelden tragen in diesem Codex modische Gewänder des 15. Jahrhunderts.

368. Bl. 12v: ILLUSTRATION ZUM EXODUS
Im oberen Teil steigt Mose mit den Gesetzestafeln vom Berg Sinai herab, im unteren legt er die Tafeln in die Bundeslade.

369. Bl. 35v: ILLUSTRATION ZUR GESCHICHTE JUDITHS
Judith läßt den Kopf des von ihr enthaupteten Holofernes in einen Sack fallen, den eine Magd bereithält.

370. Bl. 41r: HELIODOR, UNTERDRÜCKER DES VOLKES ISRAEL
Er ist in vollem Ritterrüstung gezeigt, doch hängt an seiner Seite ein Sarazenen-Schwert.

371. Bl. 47r: DAS LETZTE CODEXBLATT
Der Baum Jesse schließt mit mit drei Miniaturen ab: Oben im Medaillon ist Joseph, der Mann der Gottesmutter dargestellt, im Nebenmedaillon erscheint die Jungfrau Maria, die Mutter Jesu Christi, unten ist das Christuskind gezeigt. Alle drei Kompositionen bilden die Komposition Geburt Christi, in die der Künstler sehr geschickt eine selbständige Szene, Verkündigung an die Hirten, eingefügt hat.

372. Bl. 39v: ALEXANDER DER GROSSE, KÖNIG VON MAKEDONIEN

373

373. Bl. 36: ILLUSTRATION
ZUR HEILIGEN STADT
JERUSALEM UND IHRER TORE

374
PROSAÜBERSETZUNG DER METAMORPHOSEN DES OVID
Métamorphoses d'Ovide, traduites en prose
Flandern (Brügge). Um 1470-1480

254 Bll. 450 x 335 mm (Text 265 x 195 mm). Pergament. Französisch
1 halbseitige Miniatur, zahlreiche rote und blaue große Initialen mit Gold; die Illuminierung der Handschrift ist unvollendet; der Initialengrund ist leer gelassen; vor dem Beginn der Bücher und der Abschnitte 48 Leerplätze für die Miniaturen. Einband 18. Jahrhundert. Karton, mit dunkelrotem Leder bezogen; Goldprägung auf Rahmen und Mittelstück; auf dem Rücken Bünde und gemusterte Goldprägung; Vorsätze aus marmoriertem Papier; Goldschnitt
Fr.F.v.XIV,1.

Die französische Übersetzung der *Metamorphosen* Ovids besteht aus 15 Büchern. Es gibt viele Übersetzungen der »Poeten-Bibel«, wie man dieses Meisterstück Ovids nennt, sowohl in Prosa als auch in Versen. Die Petersburger Handschrift ist offensichtlich eine Paraphrase, ausgeführt von Thomas Walleys, übersetzt und veröffentlicht 1484 in Brügge von Colard Mansion. Der Codex ist für Wolfert van Borssele, Ordenskavalier des Goldenen Vlieses, angefertigt worden (sein Wappen ist auf dem einzigen Miniaturblatt dargestellt). Er war der Schwager des berühmten Bibliophilen Ludwig von Brügge.

Die Miniatur ist ein gutes Beispiel für die flämische Illuminierung am Ende des 15. Jahrhunderts, die früher als 1487, dem Todesjahr Wolferts, zu datieren ist. Laborde nimmt nicht ohne Grund als ihren Herstellungsort Brügge oder Gent an (eher Brügge), indem er sie mit dem in der Utrechter Bibliothek (ms. lat. 42) aufbewahrten Exemplar *Der Gottesstaat* des hl. Augustinus vergleicht. Die Pariser Nationalbibliothek besitzt eine andere Kopie davon, sie stammt aus der Sammlung von Ludwig von Brügge und ist womöglich eine Kopie des Petersburger Manuskripts. Laborde nahm an, daß die Petersburger Kopie durch die Hände eines anderen Bibliophilen, Antoine von Burgund, gegangen sein könnte, der mit Anna, der Tochter Wolferts, verheiratet war. Das Schicksal des Codex im 17.-18. Jahrhundert ist ungeklärt. 1824 ist der Codex von P. Suchtelen bei der Versteigerung der Bibliothek des holländischen Sammlers Meerman erworben worden.

GELANGTE 1836 IM BESTAND DER SAMMLUNG SUCHTELEN
IN DIE KAISERLICHE ÖFFENTLICHE BIBLIOTHEK

LITERATUR: Catalogus codicum manuscriptorum quos reliquit vir nob. Johannes Meerman, *1824, Nr. 841, Bibliotheca Meermanniana, Bd. 4;Bertrand 1874, S. 171; Laborde 1936—1938, S. 117, 118, Taf. XLIX; * Schischmarjow 1965, S. 37.*

374. Bl. 13r: EIN VORNEHMER SEIGNEUR, VERMUTLICH WOLFERT VAN BORSSELE, MIT GEMAHLIN UND GEFOLGE BESUCHT EINEN HUMANISTEN

Derartige Besuchsszenen sind gerade für den burgundischen Hofstil typisch. Hinter dem Rücken des Autors (Übersetzers?) sind die sieben astrologischen Planeten (Venus, Mars, Merkur, Neptun, Saturn, Uranus und Jupiter) dargestellt.

Cy commence le liure inti
tule Ouide de methamorpho
se qui contient en somme
quinze liures. Et sensieut
le prologue sur le premier.

Toutes escrip
tures soient
bonnes ⁊ mau
uaises sont
pour nostre prouffit ⁊ doc
trine faittes. les bonnes
affin de prendre exemple
de bien faire. et les mau
uaises affin que on se
garde et abstienne de mal
faire. ¶ On dit commu
nement ⁊ il est vray que
sens repost et muchie est
perdue et chose moult a
despriser. et pour ce ne le
doit on receler ains publier
et monstrer a ceulx qui ne
le sceuent. Pour laquelle
cause je vueil retraiter selon

VERZEICHNIS DER ABGEKÜRZTEN LITERATURQUELLEN

(Die russische Literatur ist ins Deutsche übersetzt und mit einem Sternchen versehen)

Avril, F., Reynaud, N.,
Les manuscrits à peintures en France, 1140-1520, Paris, 1993

Barrois, J.,
Bibliothèque protypographique ou Librairies des fils du roi Jean, Charles V, Jean de Berry, Philipppe de Bourgogne et les siens. Paris, 1830

***Bernadskaja J.W.,**
Italienische humanistische Handschriften in der Sammlung der Öffentlichen Saltykow-Schtschedrin-Bibliothek (Leningrad). Beschreibung. In: Mittelalter. Moskau 1984-1985. Lief. 47, 48

Bertrand, G.,
Catalogue des manuscrits français de la Bibliothèque de Saint Pétersbourg. Paris 1874

Delisle, L.,
Le Cabinet des manuscrits de la Bibliothèque Impériale Nationale. 4 Bde. Paris 1868-1881

***Dobiasch-Roshdestwenskaja,**
Ausstellung der westlichen Stundenbücher mit Miniaturen in der Öffentlichen Bibliothek. 28. März bis 4. April 1926. In: Bibliotheks-Rundschau. Buch 1, 2 Leningrad 1927

***Dobiasch-Roshdestwenskaja, O., Lublinskaja A.,**
Französische Miniaturen aus sieben Codices der Öffentlichen Bibliothek. In: Literarisches Erbe, Bd. 33/34. Moskau 1939

***Dobiasch-Roshdestwenskaja O. A.,**
Die ältesten lateinischen Handschriften der Öffentlichen Bibliothek. Katalog. Teil 2 (8. bis Anfang 9. Jh.). Leningrad 1965

Doutrepont, G.,
Inventaire de la "Librairie" de Philippe le Bon (1420. Brüssel 1906

Gille, F.,
Musée de l'Ermitage Impérial. Notice sur la formation de ce musée et description des diverses collections qu'il renferme. St. Petersburg 1860

Gillert, K.,
Lateinische Handschriften in St. Petersburg. In: Neues Archiv der Gesellschaft für ältere Deutsche Geschichtskunde. 1880. Bd. 5, H. 2, 3; 1881. Bd. 6 H. 3

***Golenistschew-Kutusow, I.N.,**
Mittelalterliche lateinische Literatur Italiens. Moskau 1972

***Jaremitsch S.,**
Miniaturen der westeuropäischen Handschriften des 13.-16. Jhs. In: Staryje gody, 1914, Januar

Laborde, A. de,
Les principaux manuscrits à peintures conservés dans l'ancienne Bibliothèque Impériale publique de Saint-Pétersbourg.a. Paris 1936-1938

***Lateinische**
Handschriften des 5. bis 12. Jhs. in der Öffentlichen Saltykow-Schtschedrin-Bibliothek. Kurze Beschreibung für den Gesamtkatalog von Handschriften, die in der UdSSR aufbewahrt werden. Zusammengestellt von J.W. Bernadskaja, T.P. Woronowa, S.O. Wjalowa. Leningrad 1983

Meiss, M.,
French Painting in the Time of Jean de Berry: The Late 14thCentury and the Patronage of the Duke. London 1968-1974

Meiss, M.,
The Limbourgs and their contemporains. New York 1974

Montfaucon, B.,
Bibliotheca bibliothecarum manuscriptorum nova. 2 Bd. Paris 1739

***Mokrezowa I.P., Romanowa W.L.,**
Französische Buchminiatur des 13. Jhs. in den sowjetischen Sammlungen. 1200-1270. Moskau 1983

***Mokrezowa I. P., Romanowa W. L.,**
Französische Buchminiatur des 13. Jhs. in den sowjetischen Sammlungen. 1270-1300. Moskau 1984

***Nikolajew, P.,**
Mittelalterliche Poesie in Miniaturen. In: Mir iskusstwa, 1904, Nr. 6

¨Romanowa, W. L.,
Das handgeschriebene Buch und die gotische Schrift in Frankreich im 13.-14. Jh. Moskau 1975

***Schischmarjow, W.F.,**
Spuren der Bibliothek des René von Anjou in den Handschriften-Sammlungen der Öffentlichen Bibliothek. Lief. 2 Hrsg. von O.A. Dobiasch-Roshdestwenskaja. Leningrad 1927

*** Schischmarjow W.,**
Lesebuch zur Geschichte der französischen Sprache. 9.-15. Jh. Moskau, Leningrad 1955

***Schischmarjow.**
Das Handschriftliche Erbe Schischmarjows im Archiv der Akademie der Wissenschaften der UdSSR. (Beschreibungen und Veröffentlichungen). Zusammengestellt von M.A. Borodina und B.A. Malkewitsch. In: Arbeiten des Archivs der Akademie der Wissenschaften der UdSSR. Moskau, Leningrad 1965. Lief. 21

Séguier.
Catalogue des manuscrits de la bibliothèque de défunt monseigneur le chancelier Séguier, Paris 1686, S. 119, 48, 36, 45

Séguier.
Inv. des miniatures. Catalogue des manuscrits de la bibliothèque de défunt monseigneur le chancelier Séguier, Paris 1686, S. 1-48

Staerk, A.,
Les manuscrits latins du Ve au XIIIe siècle conservés à la Bibliothèque Impériale de Saint Pétersbourg. 2 Bde. St. Petersburg 1910

Zimmermann,
E.H., Vorkarolingische Miniaturen. Berlin 1916